本书受国家社科基金重点项目"信息文明的哲学研究"和国家社科基金重大项目"基于信息技术哲学的当代认识论研究"的资助

肖峰◎著

信息的哲学研究

XINXI DE ZHEXUE YANJIU

中国社会科学出版社

图书在版编目(CIP)数据

信息的哲学研究/肖峰著.—北京:中国社会科学出版社,2018.1
ISBN 978 - 7 - 5203 - 1489 - 3

Ⅰ.①信… Ⅱ.①肖… Ⅲ.①信息学—哲学—研究
Ⅳ.①G201

中国版本图书馆 CIP 数据核字(2017)第 279408 号

出 版 人　赵剑英
责任编辑　田　文
特约编辑　陈　琳
责任校对　张爱华
责任印制　王　超

出　　　版　中国社会科学出版社
社　　　址　北京鼓楼西大街甲 158 号
邮　　　编　100720
网　　　址　http://www.csspw.cn
发 行 部　010 - 84083685
门 市 部　010 - 84029450
经　　　销　新华书店及其他书店

印刷装订　北京君升印刷有限公司
版　　　次　2018 年 1 月第 1 版
印　　　次　2018 年 1 月第 1 次印刷

开　　　本　710×1000　1/16
印　　　张　16.5
插　　　页　2
字　　　数　279 千字
定　　　价　69.00 元

前　言

　　"信息"无疑是信息时代最基本也是最重要的学术研究对象，由于其含义复杂、歧见纷争，同时又成为一个引人入胜的探索领域。围绕信息的概念和各种信息问题，当代学术界展开了多学科多视野的持续研究，不断深化和拓展着我们对信息现象的认识与理解。

　　从哲学的角度展开对信息的研究构成了信息哲学的主题，信息哲学通常要从本体论、认识论、价值论等角度对信息加以研究；除此之外，对信息进行哲学研究还可以按照哲学的分支或部门学科来展开，例如本书的信息研究就是从分析哲学、生态哲学、技术哲学、文化哲学和人本哲学几个方面来进行，以求对信息的哲学研究从更多的方面得到拓展。

　　第一章是对信息的分析哲学研究，主要是用分析哲学的方法对信息的哲学语义进行一种力求明晰的界定，这是对信息进行哲学研究的基础性工作。在语义分析的基础上，关于信息的一些属性描述还是和特定的语境相关的，例如信息是否具有实在性就是一个语境性极强的问题；对信息进行分析哲学的研究，还可以形成一种"信息分析"的视界，以此作为一种新的分析工具，可以对诸如"是论"之类的哲学理论进行一种新的解读。

　　第二章是对信息的生态哲学研究，主要是探析当信息成为"环境"之后的价值和意义，此时"信息生态"的概念和相关问题就在生态哲学的视野中涌现出来，自然生态与信息生态之间的哲学关系以及由此衍生的生态文明与信息文明的关系问题随之产生，其中的重要哲学启示就是，我们和周围的信息生态是相互建构的，因此需要像保护自然生态那样建构一个良好的信息生态，要竭力克服像网络失范一类的信息生态失衡。

　　第三章是对信息的技术哲学研究，进一步将研究的视野从"信息"拓展到"信息技术"，类似信息包含哲学语义和哲学特征的问题，信息技术的哲学含义与哲学特征理所当然也是本研究的重要课题；此外，信息技术的哲学分类、信息技术的存在论和现象学分析等，在展示信息技术中的丰富而复杂的哲学问题时，也使得关于信息的若干前沿性的哲学问题得到挖掘。

第四章是对信息的文化哲学研究，主要引入了由信息时代所带来的文化和文明转型的哲理性思考，这就是对信息文化和信息文明的哲学探究，尤其是在新的文化和文明时代所凝聚的新的价值取向，更具有新时代的精神标志的意义，本书将其归结为"信息大于物质"、"互联重于拥有"、"差异性优于齐一化"，并对其主要表现加以了分析。

第五章是对信息的人本哲学研究，主要揭示了信息与人的互构关系，其中人对信息的建构导向的是人本信息观，信息对人的建构导向的是"信息人"；由此还进一步延展到信息技术与人的互构，尤其是当代信息技术所导向的人的数字化发展，赛博人的出现等，从而对整个信息时代与人的生存和发展方式之间的生动交互加以了刻画。

第六章是关于信息哲学的地位研究，探讨了信息哲学与信息主义之间的关系，质疑了将信息哲学的地位加以任意抬高的一些夸张说法，如认为信息哲学导致了一场全新的哲学革命，信息哲学成为第一哲学等等，主张将信息哲学置于合理的地位，作为一种部门哲学意义上的"关于信息的哲学"（philosophy of information）的理解，而不是作为一种"信息性的哲学"（informational philosophy）来理解，尤其要避免在这个过程中走向本体论信息主义，即"唯信息主义"。

当然，关于信息的哲学研究还可以有很多的分支哲学视野，本书所选取的只是笔者较为熟悉的一些视角，更多的视角还有待更多的研究者尤其是有志于信息哲学探索的青年学者们加盟拓展。

目　录

第一章 信息的分析哲学研究

"概念澄清"和"语义清晰"通常是学术研究的起点，而作为某一对象的哲学研究，其开端无疑是对该对象进行概念分析，亦即对该概念进行语义哲学研究，这也是分析哲学所采纳的研究视角，可视其为哲学研究中一种奠基性、前提性的工作，由此构成了本书首先要探讨的问题：信息概念的语义问题。同时，分析哲学的推进，不仅要搞清楚概念的语义，而且更要研究使用概念或做出论断的语境，例如"信息是否具有实在性"就是一个语境性极强的问题，因此也构成了对信息进行进一步分析的哲学研究；在此基础上，如果将我们对信息的分析哲学研究作为一种新的工具，还可以对诸如"是论"的哲学理论进行一种"反馈性"的哲学探询，从而将关于信息的分析哲学研究推向新的论域。

第一节 信息概念的语义分析

在信息时代，"信息"是一个我们再熟悉不过的字眼。它最初从日常生活领域进入科学技术研究领域，再进入哲学领域，使得"信息是什么"成为一个重要的哲学问题，对信息的哲学含义的探讨随之持续不断。尽管这种探讨已经进行了好几十年，但是迄今我们对此并没有取得多大的共识，如同著名信息哲学家弗洛里迪所说："我们知道信息必须是可量化的、可加的、可储存和可传输的。除此之外，我们对信息的特性似乎还是缺乏更清晰的认识。"① 尤其是在哲学上信息概念引起了无数的歧义和争论，同时也产生了数不清的误解，以至于很难找到第二个像"信息"这

---

① ［英］弗洛里迪：《信息哲学的若干问题》，刘钢译，《世界哲学》2004 年第 5 期。

样重要但对其含义的理解又如此不确切的词，如同罗斯扎克在《信息崇拜》中所转述的马克卢普的话所说："信息"一词已经脱离了其固有的意义，它被广泛地然而却是错误地使用着，以至于它作为一个"内涵广泛"但又"词不达意"、"模棱两可"、"使人误解"的概念而"开了术语史的先例"①，一些极端化的信息主义思潮也是基于这些误解产生的，而一些信息哲学或信息世界观所描述的"全新的哲学革命"似乎也缺乏清晰一贯的"信息"基础，这对我们恰当地理解世界造成了新的障碍。所以，今天对信息的哲学含义加以语义分析显得尤为重要。

一　信息是等同于物还是有别于物？

自从维纳提出"信息就是信息，不是物质也不是能量"② 后，一般从哲学上就不再将信息等同于物质本身，当然也还有变相地主张信息是某种特殊物质的观点，如认为信息是以"场"的形态存在的物质，故称其为"信息场"，但这样的看法并没有得到更多的赞同，也没有产生多大的影响。

无论从具体科学还是从哲学的层面，人们在将信息区别于物的同时，又承认信息的存在离不开物，必须以物质为自己的载体，完全脱离物质的"裸信息"是不可能存在的。但是，正是在从哲学上揭示信息的这种既不同于物、又离不开物的特性时，不少看法最后还是走向了将信息归结为物。

例如，在许多关于信息的哲学定义中，虽然并没有说信息就是物质本身，但大多会说信息是物质的"属性"、"状态"、"结构"、"形式"、"规律"等，也包括认为信息是集合的变异度、是系统的复杂性、是物质和能量在时间和空间中分布的不均匀性、是存在于时空中的超时空存在、是物的影子……，而最有代表性的为："信息是一切物质的普遍属性"③，"信息是事物运动的状态、方式"④，信息"是物质的特征参量，是物质

---

① 参见［美］罗斯扎克《信息崇拜》，苗华健等译，中国对外翻译出版公司1994年版，第9页。

② ［美］维纳：《控制论》，郝季仁译，科学出版社1963年版，第133页。

③ 王雨田主编：《控制论、信息论、系统科学与哲学》，中国人民大学出版社1986年版，第361页。

④ 贾尚礼：《试论信息》，《理论研究》1987年第6期。

与能量的取值"，是"物质的确定性、有序性、组织程度以及物质之间的差异性"①。"物质的实在状态（有关特征参量的取值）及其相关规律，正是信息的含义"，因此应该"把物质的'运动和变化的规律'理解为物质的'信息'"②；或者说，信息"表述它所属的物质系统，在同任何其他物质系统全面相互作用（或联系）的过程中，以质、能波动的形式所呈现的结构、状态和历史"。③ 在这些看法中，信息虽然没有与物质本身直接等同，但却与物质的某一个方面直接等同起来，是变相地将信息归结为物质。

在这些变相的等同论中，最被认同的可能是"形式"、"结构"或"组织"说，即认为信息是物质能量的组织结构形式，信息交换和传递就是物质能量的"结构形式"从一种物质能量系统向另一物质能量系统的流动，因而被称为"形式的流动"（flow of form），这种"形式说"在维纳那里就是"模式说"和"组织说"：信息"本身就是一种模式和组织形式"④，"一个系统中信息量是它的组织化程度的度量，一个系统的熵就是它的无组织程度的度量"⑤。既然信息被看作是组织的程度，那么传统的"物质＝物体＋能量＋组织"这个公式，正为"物质＝物体＋能量＋信息"的公式所取代⑥。在弗洛里迪看来，信息对象是一种结构性存在，"信息实在论"（information realism）是"结构实在论"（structure realism）的一种形态。视信息为组织、结构或形式的观点也为国内的学者所赞同，如认为"信息是物质与能量的存在和运动具备的形式"⑦，"物质系统内部的结构称模式或组织形式，信息同物质系统的内部结构密切相关，结构决定信息，信息是结构的表征，结构不同则信息不同"⑧。如此等等。

上述关于信息的界定至少会引出这样一个问题：究竟是结构、组织和

① 石宝华：《论信息的本质及其作用》，《内蒙古社会科学》1990年第4期。
② 罗先汉：《物信论——多层次物质信息系统及其哲学探索》，《北京大学学报》（自然科学版）2005年第3期。
③ 黎鸣：《论信息》，《中国社会科学》1984年第4期。
④ ［美］维纳：《维纳著作选》，钟韧译，上海译文出版社1978年版，第7页。
⑤ ［美］维纳：《控制论》，郝季仁译，科学出版社1962年版，第11页。
⑥ ［苏］索科洛夫：《信息是现象，是功能，还是假象？》，舒白译，《世界哲学》1991年第2期。
⑦ 陈一壮：《再论信息的本质》，《河北学刊》2008年第5期。
⑧ 石宝华：《论信息的本质及其作用》，《内蒙古社会科学》1990年第4期。

形式本身还是关于它们的表征（被反映出来的结构或被认识了的形式等）才是信息？两者是显然不同的。其一，如果"表征"是信息，就可以走向对信息的"认识论理解"；而如果说结构、组织和形式就是信息，那么对于结构、组织和形式的认识又是什么？再则，如果只将信息和结构、组织、形式等联系起来，即使加上"反映"之类的限制来表明它不是这些结构、组织和形式本身，那么如果所反映的不是对象的结构状态而是质料之类的状态，这样的反映所得是信息吗？因此，从形式和质料皆为物质的层面来说，也不能在界定信息时只见形式而不见质料。其二，如果因为结构不同导致信息不同就认为结构是信息，那么同样的理由：质料不同也会导致信息的不同，岂不是质料本身也就是信息吗？就是说，结构能决定信息，难道质料就不能决定信息吗？为什么只将结构视为信息而不将质料也视为信息呢？这里明显地存在解释的不对称，从而是无法接受的解释。至多可以说结构对应的是结构信息，质料对应的是质料信息。同理，对于维纳的第二段话，很容易理解为"组织化"（结构、形式等的同一序列概念）本身就是信息，但如果联系到"度量"来理解，即只有对组织化的度量才是信息，而"度量"就是一种特殊的认识，即走向量化的认识，由其所得到的是量化的信息——信息量，那么其中隐含的，便在于"组织本身"并不是信息，而只有对组织的认识才是信息。

在我们今天的哲学概念中，物质的结构和形式就是物质的要素（质料）的排列方式，是物质本身的一个方面。我们知道，改变了物的结构和形式就改变了物质本身，即它们与物质是直接同一的；但信息则与物不是直接同一的，改变了关于物的信息，并不能直接改变物，例如无论我们将冥王星看作是行星还是非行星——由此形成了关于冥王星的不同信息，但冥王星作为物（无论是质料还是结构方面）都没有丝毫的改变。

视"形式"、"结构"为信息也与我们今天理解的信息相龃龉。例如，作为语义的信息是非广延性的存在，它是"与笛卡尔所谓的'广延物体'的任何以往形式都不相似"[①] 的东西，所以是"看不见""摸不着"的一种无形的"虚在"。所谓"看到"或"听到"什么信息，其实那并不是"信息"，而是信息的载体，信息本身则是神经中枢对这种载体所形成的刺激加以"意义"性的"理解"，这种"理解"中存在的意义是我们用

①　[美] 马克·波斯特：《信息方式》，范静哗译，商务印书馆2000年版，第3页。

任何仪器都不能直接观察到的，即不具有广延性。但形式和结构则是有广延性的，通常是可感的，直接与空间分不开，是实实在在的一种存在，甚至在"形式"一词的最早提出者亚里士多德那里，形式也是实体，并且是第一性的起决定作用的主动的实体，相比之下质料只是第二性的被决定的被动的实体。在这个意义上更不能将物的结构、形式与信息混为一谈，即"无形"的信息不能被归结为"有形"的形式、结构等等物质本身的组成部分。

由此，也不能一般地说信息是物质的属性。除了上述的原因之外，还因为属性是由负载属性的主体所决定的，如"导电是金属的属性"就是如此。如果说"信息是物质的属性"，就会"有什么物质就会有什么信息"，关于物质的信息就是统一的而不会有歧义了。但如同前面所举的事例，同一个冥王星为什么会有"它是行星"和"它不是行星"两种不同的信息呢？显然信息并非单是由物质来决定的，所以不能将信息简单地归结为物质的属性。

上述的混同从总体上属于将信息归结为"物质对象"的情形，即把信息所要表征的东西（物质或物质的某种侧面）当作了信息本身。除此之外还有另一种典型的混同：将信息和传输信息的载体混为一谈，从而将信息归结为传输信息的物质媒介。如通常认为人类感官感觉不到的 X 射线、紫外线、红外线、γ 射线等，均是潜在性的信息；还有的人把信息变成了载有代码、符号、序列的电信号，例如，将书上的文字、十字路口的红绿灯本身都看作是信息。其实，符号、声音、文字、图形图像等都是信息的载体，其本身并不是信息，只有从中理解和辨识出来的意义才是信息。在上面的误解中，信息大有被载体化的趋势，载体化就是物化的一种方式，信息一旦被物化，就不再是信息本身，而是信息的某种表现方式，将信息的表现方式当成信息本身，与将信息当成物质本身是一回事，其结果是"得形忘意"、失去意义从而失去真正的信息。

还需指出，严格地说，"载体"分为两种，一种是信息的载体，如符号、信号等；另一种是符号或信号的载体，如纸张、导线、电波等。所以，载体所"载"的不一定直接就是信息，而常常是信号。但由于信号毕竟"载"有信息，所以无论哪一类载体，我们从归根到底的意义上又认为它是"载"有信息的。将信息区别于载体，不仅要区别于书本、导线这样的"硬载体"，还要区别于符号、信号这样的"软载体"，否则，仍然会把握不住信息的真义。

总之，信息不是脱离于物的，但却是有别于物的，任何物自身，以及物的直接属性（如结构、形式，以及与此并列的质料）等等，都不能视其为信息，因为那样的现象都不能与物本身形成区别，将它们视为信息都会在最后将信息归于物质本身。由此，在揭示信息的哲学含义时，一个最起码的原则就是，在不脱离物质的情况下，一定要体现出信息相对于物质的"区别性"或"特殊性"来，从而不能直接或间接地以及变相地将信息归结为物；凡是能导致这样去理解的现象，都不是信息。还原论的或物理主义的信息观所最终导致的都是取消信息的存在。

二 信息是既成的还是生成的？

在探讨信息的哲学含义或"信息究竟是什么"时，还蕴含"信息究竟在哪里"这样一个问题。通常认为信息是"对象的信息"，因此信息就在对象之中，于是"信息总是某种已经现实存在的东西"①。换句话说，作为对象的物本身是"凝结"着信息的，说得复杂些就是"相互作用之物以其结构和状态的相应改变凝结了其在相互作用中所同化或异化的信息"②，所以物才能向我们"发射"、"发出"信息，并形成像电流、气流那样的"信息流"；由此导致这样一些想当然的或习惯性的看法：信息是"质量和能量的系统"所"发射出来的"，"一切物质形态作为信息的载体都是一个信息'发射'装置，世界上各种物质形态以不同的形式向周围环境发射信息"③。这个过程也被说成是对象的信息向我们的"自我显示"："信息，就是该事物运动的状态和状态改变的方式的自我表述/自我显示"④；或"信息是物质自身显示自身的属性"，"它是物质（直接存在）存在方式和状态的自身显示"⑤。这样，信息就应该是为物所固有的或内在既成的东西。前面所列举的"信息是结构和形式"之类的观点就体现了这一主张。

① 刘长林：《论信息的哲学本性》，《中国社会科学》1985 年第 2 期。

② 邬焜：《试论信息的质、特性和功能》，《安徽大学学报》（哲学社会科学版）1996 年第 1 期。

③ 石宝华：《论信息的本质及其作用》，《内蒙古社会科学》1990 年第 4 期。

④ 钟义信：《信息科学原理》，北京邮电大学出版社 2002 年版，第 50 页。

⑤ 邬焜：《信息哲学》，商务印书馆 2007 年版，第 45、46 页。

首先我们来分析"发射说"。凭借常识我们就知道，能够"发射"的，一定是某种具有"实在性"的东西，"虚"的东西是不可能有"发射"现象的，而信息就是一种区别于"实在"的"虚在"，所以至少它不可能有直接的"发射"现象。我们常常从广播电台、电视台向外"发射"节目而推论信息是可以发射的，就像节目在发射之前就先在于广播电台、电视台中存在一样，信息也是在从物中发射出来之前就先在于物中存在着的。然而，事实是，广播电台、电视台向外发射的并不是节目本身，而是负载着信号的无线电波；推而广之，能够从物质中"发射"出来的，不是实体性的物，就是各种辐射的波，都是"物"，而不是能够和物形成区别的"信息"。信息本身没有质量、能量或空间广延性，凡引起感知的"发射物"都不是信息；相反，信息是被某物所引起的感知，是物的被感知化，而感知化的物已不再是原来的物了，而是"信息化"了的物，即信息状态的存在。任何对象能发送给我们、并作用于我们感官的，从直接层面来说都是"运动着的物质"或"载体"，无论是声、光、电，还是符号、图像，它们本身并不是信息，只有接收者对其感知、解读、释义后，才使之转化为信息；如果不进行这样的活动，它们就只能是纯粹的物质现象。

从信息与物质的不同特性上看，如果信息是对象"发出"来"送"给我们的东西即某种"发射物"，对象在质量上就必有损失，尤其是"宏观信息"就更是如此。但我们知道，即使对象在没有任何质量与能量损失的情况下，我们也能获得关于对象的信息。这说明，我们从这些"发射物"中"得到"的信息，并不是它们本身"携带"的，而是我们"分析"出来的，而这样的"分析"对"发射物"来说是可以毫发无损的，所以对象及其"发射物"才可能不会从物质上有任何损失。这也表明，信息只是在有"感知能力"的获得者那里才存在。

信息的"发射说"还蕴含着这样的看法：信息是既成于物质内部的东西。如果信息是事物所固有的，有事物就有信息，可以推出"没有某种事物"就没有该事物的信息。但是，其一，有些不存在的事物我们照样有关于它们的信息，甚至我们还有关于"无"的信息，那就是我们对"无"的赋义；其二，有些"事物"如"UFO"是不是真实的事物我们还不知道，既有肯定其存在的说法，也有否定其存在的说法，那么它们都是关于 UFO 的信息吗？即关于某物是否存在都还在争议中的"事物"如果都"有"信息，如何能将信息视为是已有事物所固有的呢？

信息的"发射说"将信息视为物质中"本来就有"即对象自身固有的东西，它从对象中"流淌"出来，碰到人后，人就得到了该对象的信息，就像原封不动地得到某物那样，我们也可以"原封不动"地得到该物所附带的"信息"，意味着我们只是被动地接受这种客观的既成的东西，这就解释不了为什么相同的对象在不同的接收者那里可能产生出不同的信息，即不同的接收者（也包括同一接收者在不同的状态时）面对同一对象时往往会获得不同的信息，从而说明信息不可能是仅仅是从"原物"中"发射"出来的。由此也说明信息不是"对象中的信息"，而永远是"关于对象的信息"。如果信息是固着或凝结在对象中的，那么人接收信息，无非是载体中的信息像某种"流射"一样打入人的感官，这就从认识论上回到了古希腊的"流射说"，这样理解信息，必然要走向认为信息是某种"精细物质"的老路上去。

信息的"发射说"所隐含的信息寓于对象中的"既成说"还面临语义上的悖论：如果说对象中"存在"着信息，就是说广延性物中存在着非广延性的东西。而我们知道，除了神经中枢这种特殊的物质具有产生非广延性的信息之功能外，其他任何物质现象都不具有这种功能，即使通常被认为可以处理"信息"的计算机也是如此。严格地说计算机所处理和传输的只是一些物质性的机器编码，即信息的载体，如果将这些代码当作信息本身，就会认为机器中"有"信息，等于说"机器懂得编码的意义"或"机器会思维"一样，其实机器并不懂得符号的意义，只是根据符号的形式来操纵符号，所进行的只是对信息代码进行形式上的变换和处理，从语言学的角度看只是语形层面的运作，而并未进入作为信息的语义层面，所以计算机和人工智能专家以及大部分哲学家都认为，计算机不能进行创造，不能输出人没有输入的东西，也就是不能创生信息。此外当信息编码进入并被储存于计算机中时，就成了通常的"数据"，即物理性的符号串，而它们只有在输出后才可以再度被感知为信息，就是说只有信息代码产生出语义和语用效应后，才是真正意义上的信息。总之，广延性内部存在的，还只是广延性，所以对象中不可能天然地凝结着某种不具有广延性的信息。

这样，对象或物质本身并不固有什么信息，信息不是既成于对象中的，所以不可能由对象"发出"信息，也不能说对象中"包含"信息，甚至说物质"携带"信息或媒介中存在着"信息流"等等说法也是不确切的，这些说法都是在有意无意地将信息还原为物质；当然，说"符号携带信息"是大致成立的，因为符号中有人的赋义；推而广之，自然物只有变成符号后，才能说其"携带信息"。

然后我们来分析"自我显现说"。信息的"发射说"及其蕴含的"固有说"或"既成说"还必然会走向"自我显现说"。

信息的"自我显现"给人造成的明显感觉是，对象都是有自我意识的能动主体，如同"公布"或"发布"信息都是有主体的行为一样，于是任何事物都是无时无刻不有"表现欲望"的表达者或表演者，就像尼采所说的它们总是带着"强力意志"，在进行着"挤进"我们视界的努力。那么谁最后被我们所感知到呢？恐怕只有用达尔文的"生存竞争说"来加以解释：那些"显现能力"强盛的对象"打败"那些显现力弱小的对象而被我们所感知。"自我显现说"在这里用拟人化的方法来说明信息的哲学含义，而实际上，由于"显现"本身就是一个认识论范畴，只有在主体的认识活动中才会发生对象的所谓"显现"或"出场"，在这个意义上对象绝不可能有脱离主体（人）的"自我"显现或自身自动地"出场"，即使"静观"似的"格物"，也必须有"格"即"观察"的认识活动才能使对象显现出来，当然不是对象在那里"自动"或"自我"显现。

"显现"也是"表现"，于是信息也可以被理解为事物"表现出来"的现象，即使从这个意义上信息的产生也是孤掌难鸣的，因为从康德所说的"现象即表象"的角度看，信息作为现象也是人摄取和反映的结果，广义地说，是信宿摄取和反映的结果。即使是"被动地接受"，如果毫不注意，或没有理解或释义能力，没有意向性，那么信源的刺激无非是噪音，而不是信息。于是也可以说，信息是刺激和反映的共谋、共生现象，是摄取和理解的产物。所谓"没有人的主观干预下客体自身自动地'施放'出来的信息"即"自在信息"①是不存在的。即使有所谓"自在之物"，也不会有"自在信息"，有信息的地方一定有物质，而有物质的地方不一定有信息，因为一旦有信息，就标志了认识者在对物施加认识，就标志着该物纳入了人的认识范围，从而才产生了"关于该物的信息"即认识，因此就标志了感知者的在场以及使对象以信息的方式显现，这说明

①　杨富斌：《信息化认识系统导论》，军事科学出版社2000年版，第206页。

信息并不是产生于对象的孤芳自赏似的"自我显现"之中。

"可观察对象"与"不可观察对象"的区分也可以说明这一点。如果信息是由对象自我显现出来的，就不应该有不可观察的对象，因为任何信息不可能永远不会自动显现出来，如果真有那样的信息，我们也不能断定那就是信息，就像永远不说出来的话我们无法断定那就是"话"一样。但由于人的直接感觉能力的限制，确实存在着不能直接观察的对象，例如电子，使得我们不能获得关于电子的直观信息，而关于电子的直观信息并不跟电子作为对象实在相等同，而是我们希望"直观"电子的产物，当这样的产物不能出现时，我们就转向通过仪器和思维去获得。这样，无论是什么对象的信息，都离不开人的创生。其中，可观察对象由人的感官创生，不可观察对象由人所创造的仪器和思维创生，前者导致由经验语句负载的信息，后者导致由理论语句负载的信息。

信息的"自我显示说"和"发射说"一样，还导致消极的直观反映论，因为既然对象可以向我们"自我显示"出来，我们还要去进行能动的"发掘"信息的活动吗？结果只能是，"信息一到，认识便自动完成"。但实际上，如果我们不"动脑"，不能动地进行理解和辨识活动，是任何信息也得不到的。这就如同脑死亡的植物人，可以被动地接受作为物质的食物而维持生命，但"接受"不了任何的信息，因为他/她此时不再具有感知和辨识的能力，因此在其神经系统中产生不了任何信息，即使他/她是生活在各种信号源源不断刺激（如亲人对他/她的千呼万唤）着的"信息的海洋"中也是如此。

这样，对象本身是没有什么信息的，所谓"对象的信息"，无非是我们"关于对象的信息"。由此也引出"信息形成的机制是什么"这样一个问题。上述的分析表明信息不是事物本身就有的，不是在对象中先在地既成的东西，而是在特定的活动中生成出来的，是一种"有中生有"的结果，是从一种有（物质的实在之有）生出另一种有（虚在之有），而"生"的机制就是主体或信宿对"前有"的感知、辨识等。所以，如果问"信息置身于何处？"就可以说信息置身于感受者与对象的相互作用中，即主客体的相互作用中，是在这种相互作用中"突现"或"涌现"出来的。一句话，信息是生成的，而不是在物中先在地既成的。

三　信息是自然性的还是建构性的？

承认信息是物质的属性、是物质中既成的固有的，就必然导致承认"自然信息"的存在，从而主张信息具有自然性。然而，真的存在所谓"自然信息"吗？抑或：信息是我们把某种东西"当成"的现象，还是本来就存在的现象？于是又涉及到关于信息之哲学含义的另一个问题：信息是自然物自动产生出来的、还是主要由人来充当的信宿建构出来的？或者说，信息主要是一种自然现象，还是一种人工性的存在？

承接上一个问题的分析我们看到，信息并不是物本身中存在的，存在的只是信息的载体；即使承认物质有信息的特征，这种特征也不是自在性的，而是为我性的。普特南曾举例说，蚂蚁在沙丘上爬行过后偶然留下一个酷似丘吉尔头像的印迹，而实际上印迹与丘吉尔头像没有任何联系。"那条线'本身'并不表征某个确定的东西"，"任何物理对象本身无法指称此物而不指称彼物；然而，心中的思想显然确实能够指称此物而不指称彼物。"①这里也可看到信息产生的"非自然性"或"思想性"。所谓自然对象"有"信息或者"携带"信息从而认为存在着"自然信息"，都是不确切的说法。当我们说符号携带信息时，其中的信息既是人的赋义，也是人的释义；但"自然对象携带信息"，是否就只是"释义"而无"赋义"？如果不释义还有"义"吗？所以信息具有建构性，抑或说"信息在接受者的头脑之中"，"是人造物"②。

在认为有"自然信息"的看法中，往往是把自然现象本身当成了自然信息：如绿色的树叶——自然现象，当成"树叶是绿的"——关于树叶的信息，而后者实际上是对前者的反映，在色盲者那里则不具有这样的信息，而是别的信息。在此笔者同意陈忠的观点：并不存在所谓的自然信息，而只有自然的运动，宇宙中充满自然运动，只有那些被人认识到、又经过人的精神加工的才能成为信息。人们常说阳光中包含了太阳内部结构的信息，而人类出现之前太阳就存在好多亿年了。我们体会，他们指的这些与其说是自然信息，不如说是太阳与外界的某种相互作用如电磁作用、

①　[美] 普特南：《理性、真理与历史》，童世骏等译，上海译文出版社 2005 年版，第 1、2 页。

②　F. Dretske, *Perception*, *Knowledge and Belief*, Cambridge, Cambridge University Press, 2000, p. 211.

引力作用等。它们的确是不依赖于人而存在的。但是一到阳光给我们的启示时，那就已经不自觉地把人作为"信宿"和"主体"了，因此在信息的形成中不能不看到"人"这个主体的作用。①进一步说，认为自然的声、光、电携带什么信息，无非是人用自己的意识将其信息化的结果，而"将对象信息化"与"对象的信息"不是一回事，后者意味着对象本身有信息，而前者意味着对象的信息是人为建构的结果。主张自然有信息的信息世界观，往往是在两者不分的意义上，或者以自然的信息化取代自然信息的意义上，来理解自然信息的存在的。实际上，X 是不是信息，或是否携带信息，并不取决于 X 本身，而是取决于接收者是否具有将 X 信息化的能力。"自然信息"产生的认识论和方法论根源在于，本来是用信息方法或信息化视角分析自然现象，结果反过来把自然现象本身就看作是信息，这和前面把信息等同、归结为物本身的看法是一脉相承的。

由此我们也可以得到关于信息的一种哲学含义：信息就是将对象信息化后得到的东西；由于唯有思想才能使物理性的存在被信息化为信息，所以信息是一种思想对对象的建构。因此，自然信息就是信息化了的自然，自然物的信息就是信息化了的自然物，只有具有信息化功能的主体，才能造就（building）、建构（constructing）或制造（making）出信息。而且，信息也是交流中的信息，是为了交流而被创造出来的东西。无论是创造还是交流，都是建构活动，因此在这个意义上信息也不是自然先在地存在的，而是交流中或为了交流而建构的。树的年轮是自己表现出来的信息吗？不是！实际上它是被人联系和分析出来的，离开了人，就不存在有年龄意义的所谓"年轮信息"；DNA 是信息吗？也不是！实际上那是一堆分子，所谓"遗传信息"也是人的一种说法，或人的一种描述方式。对 DNA 的信息化，用弗洛里迪的话说，就是使事物在信息系统中得以呈现："任何事物均可以在信息系统中得以呈现，从一座建筑物到一座火山，从一片森林到一顿晚餐，从一个大脑到一家公司，而且任何过程均可以按信息的方式模拟出来：加热、飞翔和编织。"② 由此还可以知道，即使对象是唯一的，但由于信息化是多样性的，所以信息化后或在信息系统中出现的对象就不是唯一的。

---

① 陈忠：《信息究竟是什么》，《哲学研究》1984 年第 11 期。
② ［英］弗洛里迪：《信息哲学的若干问题》，刘钢译，《世界哲学》2004 年第 5 期。

还可以认为，对象的信息化可分为主动和被动两种，前者是对象作为主体所进行的表现和表达活动，后者是对象作为客体而被主体所信息性地"摄取"，是被主体所分析、认识和把握。唯有可称为主体的对象，才有信息表达的问题，对于"主体"的过渡阶段或前主体阶段来说，动物有前信息表达，高等动物有接近于原始人的信息表达。由此显示出信息产生于如同弗洛里迪所说的智能与自然的"临界处"①。

这样，如前所述，所谓"自然信息"并不是自然本身有什么信息，而"关于自然的信息"是作为信宿的人的头脑中留下的感知自然的某种人为建构起来的"虚在"，其表明的是关于自然的"知道"，即关于自然我们知道些什么。以"山雨欲来风满楼"为例，我们通常将"风满楼"视为"山雨欲来"的"自然信息"。但实际上"风满楼"本身并不是什么自然信息，只是一种自然的物质运动现象，是人将其与"山雨欲来"关联起来，"知道"了其先后相继的一定概率的联系，于是才有了"信息"（一种预测性认识）的性质；否则，如果没有人的把握，"风满楼"永远成为不了"山雨欲来"的信息。在这里，倒是可以借用休谟的话来说，信息无非是人对上面两种现象之间的"习惯性联想"，亦即一种思维的建构。

这样的特性表明，信息不具有自然物那样的纯客观性，即使有"客观信息"，如被人赋义后离开人而独立存在的那些载体（符号、磁盘等）中的信息（所谓世界3现象），但那也不再是"纯客观"的了，而是被人的主观性"染指"的现象，因此信息是离不开主观世界的建构的。之所以需要看到这一点，是因为"信息客观性的科学光环，导致它本身被扭曲成某种具体事物"②，进而再通过将这种具体事物"客观实在化"而成为本体论依托，从而走向本体论信息主义。

四　信息是泛宇宙现象还是属人现象？

在"信息为物所固有"的看法中，必然得出信息普遍存在的结论：只要有事物存在，只要事物在运动，就存在信息。由于绝对不运动的事物

①　［英］弗洛里迪：《信息哲学的若干问题》，刘钢译，《世界哲学》2004年第5期。
②　［美］丹·希勒：《信息拜物教》，邢立军等译，社会科学文献出版社2008年版，第24页。

是没有的，所以信息是普遍存在的，"在地球以外的广阔宇宙中，通过多层次物质携带的信息所实现的自然控制作用，是层出不穷的"①。也就是说，不论有没有接收者，信息都是存在的，在没有人之前，就有一个信息世界客观地存在着，这也是被苏联学者索科洛夫所称谓和否定的"泛信息主义"：信息"过去存在并将永远存在"，"物质世界的一切因素和系统中都毫无例外地包含着"信息，"信息贯穿于人的生命和社会的各个'时期'"，等等。② 一句话，"信息充满了整个宇宙"③，信息在世界中无处不在、无时不有。

认为信息是一种泛宇宙现象的理由还在于：因为"有相互作用就有反映，有反映就有信息，相互作用的普遍性决定了信息的普通性"。而反映的一般方式就是物和物在相互作用中留下的印痕："印痕与作用物体的属性相似，但不是等同，印痕中包含的相似性是以被作用物体特有的反应和变形对作用物体属性的再现，是被反映出来的作用物体的属性。应当承认它们就是存在于被作用物体上的关于作用物体的信息。"④ 但显然，印痕就是印痕，它是物质性的存在，如天外陨石落到地球上时将其撞个大坑，大坑就是印痕，但并不是什么信息，只有对大坑加以分析从而对其"知道"了些什么时，才获得了"关于大坑的信息"，否则一个人掉到这个大坑里就是掉到信息里了？ 而且，如果物质间相互作用的印痕就是信息，那么这样的信息（例如那个大坑）就应该具有唯一性，因为那个大坑是唯一的。但事实上关于那个大坑的信息很可能是多样性的。

也有从自组织与信息的关系来界定信息是一种泛宇宙现象的，如奥地利当代著名信息哲学家沃尔夫冈·霍夫基尔奇纳（Wolfgang Hofkirchner）就认为，信息出自任何自组织发生的地方，在物质和信息之间没有明显的差异，后者源于前者，也就是说，如果物质超越了规定的限制，并开始进行自组织的话，那么信息就产生了；这一看法的哲学背景是涌现主义，它们不是"作为结果而产生的"，而是由"涌现发生的"，并且还不能"还

---

① 罗先汉：《物信论——多层次物质信息系统及其哲学探索》，《北京大学学报》（自然科学版）2005 年第 3 期。

② ［苏］索科洛夫：《信息是现象，是功能，还是假象？》，舒白译，《世界哲学》1991 年第 2 期。

③ 刘长林：《论信息的哲学本性》，《中国社会科学》1985 年第 2 期。

④ 同上。

原"到它们的原因上去。从涌现观点来看，在物质（它是自组织的）和信息（它也是自组织的，而且一定要以物质作为前提条件）之间也存在着一个连续统一体，尽管它们之间也存在着不连续性。① 其实，自组织后会出现许多新的特性，如果所有特性都是信息，反而使我们不知道信息究竟是什么了，所以只能按"连续性"将其终极性地理解为物质本身，而这样的话也是从实质上否认了信息的存在。

前面所说的"信息的显现"实际上就是信息的被开发被摄取，它不是一种主动性的存在，不会由对象自动流射出来，即不会自行显现出来，而只能是被信宿所把握的东西，即信息是信宿所反映的信源的性状。实在只能是"被"信息化，而不可能自主地信息化。只有人才能主动信息化，即信息地展现自己；而作为无信息能力的对象及物，只能被人信息化。如果信息是信息化的产物，那么一切信息都是一种被动存在，它作为对象的"显现"，其是否显现和显现的程度与信宿——通常是人——的开发和摄取能力即认识能力有关。从这个意义上，即使信息是关于对象的，也是属人的，这也意味着一切信息都是人对对象的非中立性改变，所谓作为对象之"真值"的信息是不存在的。一定意义上可以说人是信息存在或不存在以及这样存在或那样存在的尺度，所以不断改变信息出现方式的并不只是对象本身，而且还是人，人的状况可以决定对象的信息状况。这样，信息也是与人的意向性联系在一起的，人可以从无信息的对象中看出信息来，如前例所说蚂蚁碰巧在沙滩上爬出丘吉尔的头像来，再如远处的岩石看上去像一尊卧佛等等，就是看者的意向性单向造成的；如果信源也是有意向性的人，那么在接收者那里所形成的信息，则是信源和信宿的双向的意向性造就的。这样，信息无非是人把握物和对象的一种方式，是人对客体属性、功能和一切状态的一种把握，无主体则无信息，信息不应有"无人"的特征。

科学中的信息概念常有"无人"的特征，或者说信息的"非人化"尤其体现在将信息概念的"科学化"过程中，而一些人从哲学上探讨信息的特征时，又乐于直接将科学对信息的这些特征移植过来，于是也形成

①　Rafael Capurro, Peter Fleissner and Wolfgang Hofkirchner, Is A Unified Theory of Information Feasible? A Trialogue, in *The Quest for A Unified Theory of Information*, The Netherlands: Gordon and Breach Publishers, 1999, pp. 9–30.

了对信息的哲学含义的无人化处理。

"信息"本来是一个日常概念，和人的生活与经验紧密相连，但后来经科学家的"提升"而逐渐成为一个"科学概念"："大多数人总以为信息是指发生在谈话过程中谈话者和受话者之间的交流。而出身于贝尔实验室的申农则对连接谈话双方的电话线中会发生什么变化更感兴趣。在他的论文中，信息论的基本概念——噪音、冗余度、熵——汇集在系统的数字表达式中，作为二进制数的信息量的基本单位的比特也第一次出现了，它是一个纯计量单位，它使所有通信技术的传输能力都可以量化。"①于是最后在申农那里，信息成为两次不确定性之差；在维纳那里，信息是系统的组织程度、有序程度的标志；在阿希贝那里，信息的本性在于事物本身具有的变异度；此外还有说信息是物质和能量在时间与空间中的不均匀分布，是负熵，是事物系统的组织性程度，是被结构化的数据，是"比特流"等等。他们在给这个词增加了以前没有的数学精确性即"科学性"的同时，渐渐地也变得与人的日常生活和用法相脱节。这些专注于对信息的"科学解释"或"技术性说明"的努力，也形成了一种"祛魅化"地理解信息的进路，使信息成为一个脱离人的"纠缠"的客观可度量现象。例如按申农的观点，只要有人愿意传输，即便是对人毫无意义的噪音也可以是"信息"②。因此在申农那里，"减少不确定性"虽然是针对人而言的，但对"所减少的不确定性"的度量又是排除了人的，使得"信息"最终还是不属人的。

科学性的信息观通常以客观性为诉求，由其所看待的信息通常是独立于信息的接收者，独立于人们能否对其观察或抽取。在这样的视野中，信息先于信息接收者而存在，并对所有接收者产生相似的影响；信息具有客观的基础，它与观察者无关，与情境无关，所以信息对所有人都是有效的和确定的，信息的意义作为确定的感觉形式是早已确定了的，这种观点被称为信息的客观主义，或者科学主义。③

如前所述，科学性的信息要消除不确定性和追求精确性，而从人文的

---

① ［美］罗斯扎克：《信息崇拜》，苗华健等译，中国对外翻译出版公司1994年版，第8—9页。

② 同上。

③ 参见王素、汪胤《从经验主义到现象学：一种新的信息哲学观》，《上海交通大学学报》（哲学社会科学版）2007年第3期。

视角则包容这种不确定性和模糊性：为什么在信息交流中会有"言外之意"？为什么会"话中有话"？为什么同样的话，不同的人说出来会有不同的效果？这些都是信息"背后"的人文因素造成的，所以单一的科学的信息概念不能简单地移植作为一个哲学概念来使用，①哲学上的信息不应该是一个纯科学概念，而应包含人文含义。甚至可以说，凡是人使用的信息，都带上了人文的特性。哲学的信息概念必须是科学的信息概念与人文信息概念的概括，而信息的"属人性"就是这种概括后的产物之一。

信息的属人性不仅表现为作为信息之"科学性"的必要补充的"人文性"，而且从更深层上表现为"人本性"：无人或无主体则无信息，严格意义上的信息都是人为的或为人的；物质世界可以有无人的状态，但严格的信息世界，就一定是属人的世界；换句话说，信息是"我们"参与而形成的。

维纳的信息观中也有这一方面的展示，他认为："信息这个名称的内容就是我们对外界进行调节并使我们的调节为外界所了解时与外界交换来的东西。"②这个意义上的"信息"是离不开作为人的"我们"的，其中就间接包含了"没有人就没有信息"的人本主张。这也是"信息"的初始语义：信息均作消息讲。汉语如此（指人们在交往中互通情报、消息的意思，如"梦断美人沉信息，目穿长路倚楼台"，"雁过故人无信息，酒醒残梦寄凄凉"等等），所以有的学者按《说文解字》的方式来分析"信息"：可将"信"分解为"人"和"言"两字，"息"则分解为"自"和"心"两字，于是"信息"一词，可以进一步解释为："尽管听人所言，还须经自心体会。"③于是信息无非就是言传的消息和心想的事情，若合取两个字的偏旁部首，则可见信息与"人""心"有关。

西文亦如此，根据"知识产业理论"的创始人马克卢普（Machlup）的考证，英语中的"information"源于拉丁语中的"informare"（in + formare），意为"置于形式中"（to put into form），即形式被赋予物体之中，

---

① 申农本人也意识到"不能指望一个单一的关于信息的概念能够令人满意地对一般领域的各种可能的应用负责"，参见［英］弗洛里迪《信息哲学的若干问题》，刘钢译，《世界哲学》2004年第5期。

② ［美］维纳：《人有人的用处：控制论与社会》，陈步译，商务印书馆1978年版，第9页。

③ 秦殿启：《论叙事学理论对信息学研究的启发》，《情报杂志》2006年第3期。

并且是人将形式赋予物体中，使得物可以被理解，甚至可以因此而解释宇宙的秩序，由此信息与人的心智联系起来，衍生出思想、指令和概念等意义。基于此，"提供信息"（informing）带有"给予知识或指令"的意思，或者更通常的就是"告诉（某人）某事"的意思，于是"信息"就涉及告知或被告知的东西，这也是我们常识中关于"信息"这个概念的基础。①从维基百科所列举的用来说明信息的近义词中也能看到这种"属人性"的痕迹，这些词是：通信（communication）、控制（control）、数据（data）、形式（form）、指令（instruction）、知识（knowledge）、意义（meaning）、精神刺激（mental stimulus）、模式（pattern）、理解（perception）和表现（representation）等等。②

当我们说"自然信息"（其实是自然现象）的意义要由接收者来理解和解释、具有属人性，从而并不具有真正意义上的"自然性"时，也可能会看到有些"信息"也有非属人性，如有的"自然信息"也能被动物正确地理解，像对"地震信息"的正确理解；甚至人工信息也有非属人性，如信号被家养动物所理解。然而，这里的"理解"只不过是初级形式的"理解"，是人的那种"高级理解"的前身或生物学基础，或者说是一种与"准信息活动"相联系的"准理解活动"。

因此从狭义或严格意义上讲，信息是一种属人现象，而广义上是一种属于进化出神经系统的生命现象。所以回到"信息置身何处"的问题时就可以说：信息并不是像物质那样普遍存在的现象，并不是哪里有物质哪里就有信息，因此并不是物质的普遍属性，它至多存在于生命体与环境的相互作用中，而严格地存在于人对外界的感知和辨识活动中，是在这些活动中突现出来的。

五 信息是本体论范畴的还是认识论范畴？

上述问题最后还归结为一个核心问题：信息是一个本体论范畴还是一个认识论范畴？一般主张信息既是一个认识论范畴，也是一个本体论范

① Frits Machlup, Semantic quirks in studies of information. In Frits Machlup & Una Mansfield (Eds.), *The study of information: Interdisciplinary Messages* (641–671). 1983, New York: John Wiley & Sons.

② "information", http://en.wikipedia.org/wiki/Information, 29 August 2009, [2009-08-31].

畴，从而有所谓"本体论信息"和"认识论信息"，其中本体论信息是最根本层次上的信息，它不以认识主体的条件为转移。[①] "本体论信息无论有无信息接收者，它都客观地存在着。"[②] 从这种角度看信息，信息就是一种客观存在的现象，是事物的运动状态及其变化方式，不停运动着的事物不断产生本体论意义上的信息。当然也有不少研究者选取了认识论的角度，如认为信息是客观世界一切事物存在和变化状况与人的认识能力的交换。这个定义中包括两个要素：第一是客观事物，第二是人的认识能力。不过，在牵涉到信息的认识论定义与本体论定义的关系时，不少人通常将前者看作是对后者"加以限制"、加入"约束条件"的结果，这个约束条件就是"必须要有主体（如人、生物或机器系统）"，从而是次于本体论定义的一种定义，因此只是起"陪衬"作用。

如果认识论的信息是对本体论的信息加上约束条件的结果，那么这种"约束条件"是本来就应该的，还是额外的？于是认识论的信息定义与本体论的信息定义，哪一个定义的解释力更强？

如果认为这种"约束条件"不是可有可无的，人只有在这种约束条件下才能获得信息，信息也只有在这种约束条件下才"呈现"出来，才"是其所是"地"是起来"或得以存在，那就是承认认识论信息的存在，并且是唯一的信息类型，它是认识主体和本体论物质（而不是什么"本体论信息"）相互作用的产物，那就是走向一种对信息的真正的认识论解释。或者说，如果承认信息是一种建构，那么认识论信息定义就不再是次于本体论信息的定义，而是关于信息的终极定义，乃至唯一定义，也就是信息只能从认识论的角度去加以阐释。至于人之外存在于客观事物中的所谓"信息"并不是信息，而是属性。属性本身并不是信息，只有对属性的认识和理解才成为信息。说到底，信息是我们看出来、听出来和想出来的东西，是我们面对对象感知和思考出来的东西，而不是"本来就有"的东西，对信息只能做认识论的解读而不能做本体论的解读。而本体论意

---

① 国内著名的信息理论专家钟义信的广义信息论将信息分成若干层次，其中"本体论层次的信息"被他定义为事物运动的状态和状态变化方式的自我表述/自我显示；认识论层次的信息则被定义为指主体所感知或表述的关于该事物的运动状态及其变化方式，包括状态及其变化方式的形式、含义和效用。参见钟义信《信息科学原理》，北京邮电大学出版社 2002 年版，第49—52 页。

② 洪昆辉、杨娅：《论信息存在的复杂性》，《云南社会科学》2005 年第 6 期。

义上的"信息"都可以用其他词来代替，如习惯上常说的"DNA信息"就可以用"DNA物质"来代替，正如分子生物学的信息学派并不比其他学派（如生化学派和结构学派）更优越、更有说服力一样。总之，需要"把信息看成是个功能性的概念，而不是看作现实世界中的客体……它存在于认识主体的意识领域"①。

不少信息哲学研究者把"有意义"列为信息定义的充分必要条件，认为哲学所关注的信息不应该是一个技术概念，而是"有意义的信息"②，这就更使得信息与认识内在地关联起来，如认为"信息是那种给定了合适的接收者就能产生出知识的用品"③，"信息是以有意义的形式呈现给接收者的数据"④，信息是"具体物质（确切讲是物体）、能量的取值（参量）或取义（暗喻）"⑤，这里的"取"及"产生出知识"显然是一种基于实践的认识活动。同时，不存在没有信息主体的信息，数据不具有独立于接收者的语义，而意义只能存在于主体的心智之中，离开了认知主体，世界就是物质—能量的世界，信息也无从谈起。信息的界定从根本上说取决于主体的界定，缺少合理的主体界定，就无法得出有意义的信息定义。就人类信息活动而言，人类作为主体是信息和符号存在的先决条件，⑥当这一视域界认为"信息是一切物质和能量存在的意义"时，由于"意义"是人对对象（自然物或符号等）的理解（或如维纳所说我们同外部世界交换的内容），于是信息就是对象中所包含的人的理解，没有理解活动时就没有信息。克劳斯的看法也呼应了这一观点："什么是信息？纯粹从物理学方面看，信息就是按一定方式排列起来的信号序列。但光说这一点还不足以构成一个定义。毋宁说，信息必须具有一定的意义，必须是意义的

---

① ［苏］索科洛夫：《信息是现象，是功能，还是假象？》，舒白译，《世界哲学》1991年第2期。

② Patrick Grim, etc. , Information and Meaning: Use-Based Models in Arrays of Neural Nets, *Mind and Machine*, 2004, 14, p. 43.

③ Dretske, R. : 1981, Knowledge and the Flow of Information, MA. MIT Press, p. 47. See Olimpia Lombardi, What is information, *Foundation of Science*, 2004, Vol. 9, p. 116.

④ Jennifer Rowley, What is information? *Information Services & Use*, 1998, Issue 4, Vol. 18, p. 248.

⑤ 黄小寒：《从不同领域信息学的比较研究再论信息的本质》，《自然辩证法研究》2005年第12期。

⑥ 吕公礼：《语言信息新论》，中国社会科学出版社2007年版，第67页。

载体……由此可见，信息是物理载体和语义构成的统一整体。"①所以，从认识论意义上说，客体只是产生信息的"信源"，而主体才是决定"信息"之成为"信息"的关键性因素。

如果承认一切意义都是由解释而生成，而意义又与信息具有等价性，那么就是说一切信息都只能在认识中形成。不仅认识离不开信息，而且信息也离不开认识。用"知道"来看：信息是信宿被告知的东西，没有赋义者时，这种"被告知"就是"获知"，有赋义者时，就是信源"想要告知"的东西和信宿"被告知"之间的交集。英国著名系统理论家切克兰德（Peter Checkland）简洁地表述了"信息 = 数据 + 意义"，由于不同的人具有不同的价值取向、信念和期望，因此，不同的人从相同的数据中，可能产生不同的信息。也就是说，人们通过将意义附于数据，就产生了信息②，这里的数据就是载体，也可以广义地理解为对象。于是推而广之：信息是接收者对对象赋义的产物，赋义后的对象，就不再是孤立的物，而成为事件、过程、结构、关系，即使仅仅是"那里有一张桌子"，也不再是桌子本身，而是起到一种"告知"的作用，表明"我发现那里有一张桌子"，"我们有桌子可用了"等等意义，而这就是信息，不同于物自身的"纯粹存在"，而是与"我们"关联的信息！

由此可以说，信息是释义和（或）赋义的产物。这尤其典型地体现为以符号形态表现出来的信息，其中包含了对符号的赋义和释义的双重活动。赋义和释义是人的自觉行为，它使得信息是先行约定的后续效果，使得信息总是同"意义"联系在一起的，而"意义"又总是同认识活动联系在一起的，尤其是同"理解"联系在一起的，所以也有将信息定义为"被接受和理解的消息"③。当然，并不是所有的信息活动都是既有赋义者也有释义者的完整过程，如可能存在有赋义者但无释义者的现象，其表现于某些作为"私人作品"的谁也读不懂的记号或符号之中，它们未被释义或者不能被释义，别人即使触及到它们也不解其信息。这在一些古文

---

① ［德］克劳斯：《从哲学看控制论》，梁志学译，中国社会科学出版社 1981 年版，第 68 页。

② Peter Checkland, Sue Holwell. *Information*, *Systems and Information Systems*: *making sense of the field*. Chichester: John Wiley & Sons Ltd. 1998. p. 90.

③ "information is a message received and understood"， "information"， http://en. wikipedia. org/wiki/Information, 29 August 2009, ［2009-08-31］.

字、古符号的意义"失传"时也会出现，可统称这类现象为赋义与释义之间的脱节，而脱离了释义的赋义不是完全意义上的符号行为。

此外也可能存在无赋义者、但有释义者的现象，如对自然物的理解。它表明，凡被赋义的物质现象都成为符号，而未被赋义的现象就是非符号现象，对这样的现象的"释义"已不是严格意义上的释义，而是对对象物的感知，形成的是感知信息；当然，在此基础上可以加深对对象的理解，挖掘出其更多的价值和意义，但在进行这样的"加深理解"时，无疑要使用语言符号手段，就要以另一种方式涉及释义了。在如上的意义上，既无赋义者也无释义者的"信息"是不存在的，说宇宙中有大量自生自灭的"自在信息"是不成立的，信息必须是在认识中形成的，或者是形成于人与人的交流中、或者是形成于"格物"的活动中，前者是既有赋义也有释义的双向的认识活动，后者是只有释义的单向的认识活动。

本体论信息又被一些学者称为"实有信息"，认识论信息为"实得信息"。显然，一切信息都是"实得的"，而不是"实有的"，"有"和"在"是相同的（都为 Being），故"实有信息"就是所谓"实在信息"，这也违背了信息的本来意义：虚在而非实在，有别于物而非物本身！这也是在本章第一部分所指出的，在"实在信息"的说法中，包含了将实在当成信息、将信息当成实在（物质）的误解。当然，如果这里的"实在信息"是"关于实在的信息"而不是"实在本身的信息"，问题就回到了前面所说的："关于"就是辨识后的东西，就是认识现象。

如果视信息为反映者对被反映者意义的辨识，那么信息活动就是一种"辨识活动"，即使是刺激反应，也是对刺激源意义的辨识，辨识其"有害"时就避之，"有利"时就趋之和取之，所以"辨识"也可能发生在高等甚至低等生命身上，不过较之人的辨识要简单和低级得多。而一般动物的"处理信息"，无非是一种神经细胞的"刺激反应"。"本能的反应"是对原始意义的辨识，于是成为原始的信息活动，如被刺痛时的避开，这也类似于说"信息是反映出来的事物属性"[①]，抑或是探测（到）的差异，如此等等。

这样，信息就是信宿"阅读"载体时所得到的东西，严格意义上的信息就是人对对象的释义所得。信息作为认识论现象，简单地说就是

---

① 刘长林：《论信息的哲学本性》，《中国社会科学》1985 年第 2 期。

"知道了"；对象是否"有"信息，就是信宿是否能产生出关于对象的信息；在这个意义上，也不存在"自在信息"，只有"为我信息"，当自在之物从认识论上变为为我之物时，就是变成了信息。当我们说有限对象"包含"无限信息时，也只能从认识论上理解为：人能无限地认识对象，获得关于对象的无限多的信息，因此所真正表征的，并不是一个本体论上的信息量问题，而是一个认识论上的认识能力问题。总之，信息是一个认识论范畴，并且只能是一个认识论范畴。

认识论还包括对实践的研究，而控制行为就是属于实践范畴的现象，故信息也可以扩展到广义的控制行为上，因此控制论就成为说明信息特征的一个重要维度。控制论主张生命机体（或团体）之所以需要信息，是为了保障它得以随着周围环境的变化而进行调整或控制，以使它继续存在和进一步发展。所以"信息是生活主体和客观环境相互交换的内容，是控制系统用来控制受控对象的东西"①。而真正懂得"意义"的控制，狭义地说是人的活动，广义地说是有智能现象的生命活动，于是，借鉴信息哲学家弗洛里迪的说法："是否可以说，信息位于第三世界，可以由智能生物以智力的方式存取，但却不是本体论意义上依靠它们（柏拉图主义）呢？"②而进一步看，需要信息的原因是为了保障控制，而信息只有当其用于（或者它有可能被利用于）控制的目的时，才具有某种价值。这也是信息系统创始人戴维斯（Davis）为代表的信息观点所主张的：信息是那些实际可察觉的、有价值的并经过处理的数据，它对接收者当前的或潜在的行动或决策有意义。③而其中"决策"就是一种控制活动或行为。在没有反映系统、感应系统和控制系统的无机世界中，既不存在信息，也不需要信息；只是上述这些"信息系统"出现后，才出于其需要而产生了信息。于是，信息也是"通过符号系统传播的一种刺激"④，这就使信息与神经联系起来，因为只有针对神经或神经系统，才有所谓的"刺激"，为的是产生出相应的"反应"——控制。

再将控制和认识联系在一起，如果对对象的感知、辨识和释义属于狭

---

① 陈一壮：《信息的哲学定义和信息功能的历史演变》，《河北学刊》2006 年第 1 期。

② ［英］弗洛里迪：《信息哲学的若干问题》，刘钢编译，《世界哲学》2004 年第 5 期。

③ Davis G, Olsont M. *Management Information Systems: Conceptual Foundations, Structure and Development*. New York: McGraw-Hill, 1985. pp. 200–204.

④ 崔保国：《信息社会的理论与模式》，高等教育出版社 1999 年版，第 16 页。

义的认识的话，那么说获取信息的目的就是为了进行控制，无异于说认识的目的就是为了实践，于是辨识对象获得信息而用于控制，就形成一个相对完整的广义认识过程，从这个过程也可以看到信息的认识论属性。

相反，本体论信息观所蕴含的则是这样一个理解的链条：有本体论信息，因为物本身有信息，因此信息具有自然属性，信息可以离开人而独立存在，信息具有或可以具有纯客观性……而我们知道只有物质或能量才具有这样的纯客观性，由此本体论信息最后只能将信息还原为物质，才符合上述特征，否则，"虚在"的信息如何可能是纯客观的呢？这种虚在如何可能离开人而存在呢？本体论信息实际上最后是取消了"信息"作为一种可以区别于物质存在的权利。所以，只要还想保持信息与物质的区别性和特殊性而不将信息最后归结、彻底还原为物质，就必须拒斥所谓的"本体论信息"，而只承认有"认识论信息"。

六 几点归结

归结前面的分析，从哲学含义上我们可以明确"信息不是什么"的几个方面：信息不是物质和能量本身，也不是结构、形式等等物质的这种或那种形态及组成部分本身；信息还不是物质所固有的或内在既成的东西，从而也不是从物质中"发射"或"自我显示"出来的东西；信息不是纯粹的自然现象，它既不是对象的自然属性，也不是自然对象的固有属性，从而也不是可以离开人或主体而独立存在的纯客观现象或无处不在的普遍现象，故不存在什么"自然信息"；而所有这些归结起来就是不存在什么"本体论信息"，或者说信息不是一种"本体论现象"，从而也不是一个本体论概念。

以上也可视为一种反向理解信息是什么的思路。在此基础上还可以将前面的分析加以"正向"的归结：信息是一种非物质的存在，是信宿或广义的反映者对对象意义的辨识和感知，也是广义的控制系统的一种机能，尤其是神经系统的一种机能，是辨识和控制活动中的一种主体性建构；信息是主体赋义的结晶，也是信宿的释义所得；狭义地讲，信息是一种属人的认识现象，从而是一个认识论范畴。那种将信息视为一种本体论上存在的东西、凝结于物中的某种实在现象，实际上是用物理主义看信息的结果，是在哲学上简单移植物理学和通信技术中对"信号"等理解的产物①，从哲学上理解信息显然不能局限于这个角度。

哲学上的信息应具有两个重要的特征：认识论性和属人性，并且两者之间具有内在的关联：信息作为认识论范畴，就必然具有属人性，亦即一切信息都是属人现象，某一现象只有和人关联起来之后才可能成为信息，因此属人的信息就是全部信息；离开人来谈信息是不可想象的。信息什么也不是，不过是人和对象的一种关系——一种信息关系，一种扩大了的反映和认识关系；而说到底，信息就是人的"感知"、"反映"、"知识"等广义的心智现象，借用海德格尔的术语，可以认为信息是此在（人）处理存在的一种方式，是被此在在"虚在"的层次上把握了的存在者。正如人的哲学（人学）反对那种见物不见人的哲学视野一样，哲学信息观也应该是一种反对只见信息不见人的信息哲学。

哲学上信息的属人性特征也使得我们在理解信息的含义时不能与它在生活世界中的"日常用法"完全脱钩。那些过于"科学化"和过于"本体论化"的理解使"信息"离它的日常用法（如"消息"）越来越远，反倒使其失去"生活世界"的基础，显然这也不是哲学的信息概念所应该追求的。

当然对信息的属人特征的理解也不能与其生物学基础完全割断。通常认为动物中尤其是高等动物中存在着"信息交流"现象，如果从人本信息观的角度，这至多是人的信息交流的初级阶段，类似于动物感知、动物心理与人的感知和思维的关系一样，前者是构成后者的"生物学基础"。由此一来，动物中存不存在信息现象，与如何看待动物中存在不存在意识现象一样。一些动物经过人的训练甚至可以具备一些初步的与人交流的信息能力，这些或许可视为"准信息现象"。推而广之，我们还可以认为蜜蜂间的"交流"所用的也是这种"准信息"，如此等等。

"准信息"现象也可能存在于人自身的一些信息行为中。信息只有在交流中才是真正意义上的信息，也就是需要在信源和信宿之间传递才有现实的信息，在人和人之间"对话"才出现可观察的信息活动，从而可以认为"信息是由于群体成员间的相互作用而涌现出来的"②。但我们也可能看到只有发送者（信源）而无接收者（信宿）的信息活动，如我们作

---

① Olimpia Lombardi, What is information, *Foundation of Science*, 2004, Vol. 9, p. 124.

② 武夷山：《两种基本的信息观》，《科学时报》2009 年 2 月 6 日。

为地球上的智慧生物通过太空飞船向可能存在的地外文明发送的信息；还有，我对空无一人的群山振臂呼喊一声，抒发了我的情感，但没有信宿接收，这一声就可能称不上完整的信息，但又不能说完全不是信息，而是可以称为"准信息"。当然，对这种"信息活动"还可以有另一种解释：自我既充当信源又充当信宿，使得信息只在自我身上循环，这就是所谓的信息的"内部传递"活动，当作为信息主体的个体处于"信息处理"、"信息加工"的状态时，多是进行着这样的信息内部循环活动。

对信息的哲学含义加以上述的分析，可以避免信息的泛化，并避免走向本体论信息主义。

对信息的泛化一方面是对其存在的泛化，将其无处不在化，也把信息说成是无所不包的东西，形成了间接意义上的"一切皆信息"，它替代了"一切可表现为信息"的说法。这种将信息在存在上的泛化所导致的是取消了信息与物质的区别，由于这种主张它最终将信息与物质混为一谈，所导致的是适得其反，恰恰是消解了信息存在的价值，这一点在前面已有阐述。

另一方面，将信息作为一种无处不在的物质的普遍属性，往往是为了将信息作为万能的解释工具，从而导致"信息解释"的泛化：将一切从物质或能量层面还解释不清楚的机制都归结到信息之上去：从过去的"力比多"到今天的"信息比多"，信息成为能够解释一切的法宝，甚至说"山顶上的石头比山脚下的石头拥有更多的信息量，因为前者的熵小"①。由此走向方法论信息主义：信息无所不是，信息无所不能，有了信息无往不胜，信息方法被看成是解释乃至解决一切问题的"灵丹妙药"。其实，当我们用"信息"来解释物质和能量层面上所不能解释清楚的东西时，我们往往并不能获得什么"真正的信息"。将"信息"视为万能的解释装置，结果常常会适得其反，用信息什么也解释不了。方法论信息主义一定程度上使信息成了一个"大口袋"，成为解释力贫乏的避难所，以至于一切说明不了的都归结到信息那里：什么都没了，总还有信息，什么都化约了，总还有信息，什么都分析掉了，总还有信息。信息成为一个强制性解释的万能词，也是逃避清晰解释的遁词，如同麦克卢普所

---

① ［苏］索科洛夫：《信息是现象，是功能，还是假象?》，舒白译，《世界哲学》1991 年第 2 期。

说，信息成为一个"适用于一切目的的遁词"　（all-purpose weasel word）①。

对信息的泛化也导致"信息"的"空洞化"："这个词获得许多无所不能、包罗万象的定义，认为它会为人类带来各种好处。一个无所不包的词汇最终必然一无所指，而其空洞无物只会使人不知所云。"②可见，泛化信息并不能给信息带来更重要的地位和价值。让信息回归其本来的含义才更能凸显信息的价值和作用。

一些泛化信息的学者也力求避免在本体论上与唯物主义相矛盾，因此在世界的起原上并不否定物质的本体论地位，所明确主张的仍然是唯物主义的世界观，但在解释世界上一切现象的机制、原因时，则"言必称信息"，无论是宇宙的演化，还是生命的起源、进化以及本质，都归结为信息的"主导"。这样，信息虽然不是终极实体，却是终极原因，"通过它便可解释世界，它们已经形成一种元学科，具有统一的语言，这种语言已在包括哲学在内的所有学术领域畅通无阻"。这样的看法将信息视为"最强大的概念语汇"，以至于"只要我们无法对某系列事件达到完整理解和不能提供一种解释，就可以依靠信息的概念。在哲学上，这意味着任何问题实际上均可由信息的术语重新表述。"③就是说，信息正在成为一切解释的"元解释"，"今天，我们看到的是信息的神话，它正在压倒更为充实的解释"④；这样，信息具有了无可取代的崇高地位，其地位超过了物质和能量；甚至有了信息，就可以无中生有，给人类带来所需要的一切，"好像单纯的信息可以拼凑出任何东西"⑤。在此基础上完全可以走向"世界的本源是信息"的看法，成为哲学上彻底的世界观信息主义，从而最终走向了本体论信息主义。

本体论信息主义将信息视为世界的本源、基石、本质等等，于是也被称为"唯信息主义"或"唯信论"，当代德国著名信息哲学家拉斐尔·卡

---

① 吕公礼：《语言信息新论》，中国社会科学出版社 2007 年版，第 19 页。

② ［美］罗斯扎克：《信息崇拜》，苗华健等译，中国对外翻译出版公司 1994 年版，前言第 Ⅴ 页。

③ ［英］弗洛里迪：《什么是信息哲学》，刘钢译，《世界哲学》2002 年第 4 期。

④ ［美］约翰·希利·布朗等：《信息的社会层面》，王铁生等译，商务印书馆 2003 年版，第 32—33 页。

⑤ ［美］罗斯扎克：《信息崇拜》，苗华健等译，中国对外翻译出版公司 1994 年版，第 14 页。

普罗（Rafael Capurro）对这种唯信息主义（informatism）的归结是：万事万物都是信息，或者说物质过程主要是通过信息或类似信息的东西来理解的。①

　　哲学上有各种本体论主张，信息主义本体论或本体论上的信息主义出现得较晚，抑或是一种新的本体论。在本体论上主张信息主义也有不同的表现，主要是基于对"本体论"含义的理解不同，有的在世界的本原论意义上，主张信息是万物的来源；有的在世界的本质论意义上，主张一切皆信息；有的在实在论意义上，主张信息具有实在性，甚至认为信息比物质更实在；有的在存在论意义上，主张"是其所是"就是"是信息"；有的在一元论的意义上，认为世界是在信息一元化基础上被统一起来的，从而构成了本体论信息主义的不同侧面。而从总体上，本体论信息主义就是将信息视为世界一切现象中最基本、最重要的东西，用它去说明和解释万有的产生和存在。如果走向一种本体论上的"强信息主义"，将一切还原为信息，或只承认信息主义范式的唯一合理性，认为信息主义的视角可以取代其他一切视角，从而将其绝对化并走向与既有智力传统完全对立和排斥的偏激立场上去。目前用信息取代物质等传统的本体论承托的根据显然是不充分的，因此从本体论上"强信息主义"的说服力远不如唯物主义。还有，如果信息本身并不被视为一种终极存在，又如何可以作为一切现象的终极解释？当我们用信息来解释一切之后，又用什么来解释信息？虽然可以说"信息概念的使用是 20 世纪下半叶哲学领域最成功的事情"②，但在这种"成功"的背后，还有许多未尽问题留待我们进行更深入的探讨。

第二节　信息的"实在性"问题：一种语境分析

　　在探究信息的哲学含义时，有一种典型的观点是将信息归结为"客观而不实在"的存在，于是信息本身是不是一种"实在的"东西或是否具有"实在性"，就成为探讨信息的哲学含义时难以回避的问题，并且也

---

① Rafael Capurro, Peter Fleissner and Wolfgang Hofkirchner, Is A Unified Theory of Information Feasible? A Trialogue, in *The Quest for A Unified Theory of Information*, The Netherlands: Gordon and Breach Publishers, 1999, pp. 9 – 30.

② Frederick Adams, The Informational Turn in Philosophy, *Minds and Machines*, Nov. 2003, Vol. 13, Issue 4.

会引出对"信息"和"实在性"进行哲学解释时的种种相关难题。

一　信息的实在性

哲学信息观是多种多样的，其中有的信息观就主张信息是实在的，而且这种实在跟物质所具有的那种实在，在含义上是一样的。甚至有人还进一步认为，只有信息世界才是一个真实的、实在的世界，而物理的、有形的世界倒是应当由信息得到说明的东西。

为什么会认为信息是实在的呢？

一是从"意义世界"中，信息才是最真实的东西，而载体则是可替代性的东西。如弗洛里迪在其文章《论信息客体的内在价值和信息域》中，举了一个通俗的例子来说明信息客体的实在性。在我们的国际象棋中，一只卒子作为一个有形的、物质的对象实际上只是一个现象，而真正重要的是这只卒子所承载的一组对我们表现为信息的数据：即它被规定为只能前进不能后退，一次只走一个方格，它能够吃掉对角线上的棋子，并且如果它过了河就能够被提升为任何一个棋子（除了王）等等。因此对于棋手来说，物理的、有形的卒子只是一个"占位符"而已，它完全可以用软木塞之类的东西代替而不会有信息上的损失，因为卒子的本质在于它之所以成为卒子的那一组信息。弗洛里迪说："真正的卒子是一个'信息客体'，它不能用一个物质的东西而只能用一个贝克莱的术语所表示的精神的存在来填充。"① 可见在这里，信息客体或只有信息客体才具有真实性或实在性。

另一个重要原因，甚至更广义地看，认为信息是实在的，是源于对信息的"误解"，即把信息的载体跟信息混为一谈。尤其是当人们看到运载信息的声符、字符被转变成电信号，在发射端与接收端之间"实实在在"地传递和运行，就更是理所当然将信息看成物理现象，将电子运动看作信息运动，从而具有了实在性。例如克劳斯的信息概念就是如此："从纯粹

---

① Luciano Floridi. On the Intrinsic Value of Information Objects and the Infosphere , *Ethics and Information Technology*, Printed in the Nethelander Kluwer Academic Publishers. 2002（4）287 - 304。参见孙和平、盛晓明《弗洛里迪信息伦理学的主体间性本质评析》，《自然辩证法研究》2004 年第 11 期。

物理学上看，信息是按某种次序排列起来的一串信号。"① 这就是列维 -
斯特劳斯所说的："特别是因为信息（当其传送期间，它客观地存在于发
信者与收信者之外）表现出了信息与物理世界之间的共同性，所以……
错误地理解了物理现象……并将其解释成似乎就是信息。"② 这也就是由
于载体的实在性而导致认为信息的实在性的观点。

由"信息的载体化"还可以引申出"载体的信息化"，或者从信息与
载体的不可分、信息离不开载体推论出载体也离不开信息：有信息就必定
有载体、有载体就必定有信息，于是载体的客观实在性就意味着信息的客
观实在性。这也成为"信息与物质同在"的自然推论，就是有物质就必
然有信息，如果认为信息无非是物质和物质相互作用留下的痕迹，则更不
能否认"痕迹"的客观实在性。

再就是源于对"实在"的"扩大化"，认为思想、意识、精神现象也
是一类实在现象，那么信息自然也就具有这样的"实在性"。原则上这种
理解的意义不大，因为一种对实在性的"泛实在"解释几乎没有对实在
性做任何实质性的解释。

还有，从一些"边缘"现象中寻找信息具有实在性的根据。通常我
们会认为，相对于物质实在来说，信息是"虚"的，它只有依附或附载
在物质之上才能存在，离开物质载体的所谓"裸信息"是不可能存在的，
所以信息是不具有物质的那种实在性，它不是实体，无广延，具有不可耗
竭性，如此等等……从这里我们似乎发现了判断实在的标准，那就是是否
具有广延性。但是，如果以此来判别"时间"、"关系"、"规律"等，似
乎也很难说它们有广延性，难道它们都是不实在的吗？那么为什么还有
"关系实在论"？于是，如果认为"时间"、"关系"、"规律"这些物质的
"属性"是实在的，那么同样作为物质属性的"信息"也应该是实在的。
这样的"实在性"或许也是"被软化"的实在性。

在哲学上还有一种区分实在性是否存在的标准，那就是看一种现象的
存在是否要依赖于主观精神或意识而存在，由于意识本身有这种依赖性，
所以它是不实在的。如果用这一标准，那么当认为"信息是物质的自身

---

① 参见［荷］舒尔曼《科技文明与人类未来》，李小兵等译，东方出版社 1995 年版，第
262 页。

② ［法］列维 - 斯特劳斯：《野性的思维》，李幼蒸译，商务印书馆 1987 年版，第 308 页。

显示"时，或至少认为有这样一类信息时，信息就不能归类为精神现象了，此时，联系上面的那些理解，可以认为"信息具有物质的属性但不是物质，信息虽然不是物质但具有物质的属性（诸如遗传信息、生物信息等），它们是不依赖于人的主观意识而客观存在的，是与人的意识无关的。那些发生在人与外界联系的意义信息，又是某种物质与意识的特殊组合形式。虽然就其实质内容来说是观念性的，但却有完全的物质化的外在表现形式，就这点来说，它又有别于纯粹的意识现象。"① 更具体地说，在信息与物质的关系上，似乎不能像说"物质第一性、意识第二性"那样说"物质第一性，信息第二性"，也难以确定地说"物质决定信息"，就像我们并不说"物质第一性、运动第二性"一样，甚至把运动和时空也归结为"物质现象"，在这个意义上，信息当然也是广义的"物质现象"，这样信息具有客观实在性也就理所当然了。

还有一种信息的分类，更是将信息与实在性联系在一起。如把信息分为：实有信息（信源包含的全部信息）、实在信息（信道中存在的信息）和实得信息（信宿实际获得的信息）。其中"实在信息"显然就意味着信息是实在的，而"实有"和"实得"信息中的"实"无疑也是"实在"的实。再如将信息分为"客观的本征信息"与信宿的"主观信息"时，至少认可了前者是实在的，当然是通过后者的不实在来显示的。

此外就是从"真实性"意义上的实在性：当一则信息是真实而非虚假时，信息的"实在性"在这里主要表述的是关于"真实的事情、事实、事件、状态或性质"的信息。

二　信息的非实在性

国内一些学者认同东德的克劳斯的看法，将信息定义为"客观而不实在的东西"②，因此他们首先从定义上就将实在性排除于信息之外，或者由此可以派生出一种新的规定信息的思路：一切不实在的东西都是信息。关于信息定义的"表征、显示论"也无疑倾向于认为信息是不实在的。

通过对"实在"的定义也可以认为信息不具有实在性。"实在性"对

---

① 陈建民：《论信息对主客体的矛盾整合功能》，《现代情报》2005 年第 6 期。

② 黎鸣：《恢复哲学的尊严：信息哲学论》，中国社会出版社 2005 年版，第 9 页。

应的英文单词 reality，也可译作"真实性"、"现实性"，而真实、实在和现实在哲学实在论那里的意指也是基本相同的，指物理实体及其相互作用的现实情况、状态的实际存在，扩展开来便可解释为物理实体及其现象、本质、规律的实际存在。从"物理实体"的意义上理解实在性，是最"硬"的理解，被形容为将实在理解为"沉甸甸"的"硬块"，这种意义上的实在性当然为信息所不具有。而如果进一步再认为实在是不依赖于人而存在的，不依赖于主观、意识而存在的，或干脆将实在定义为信息以外的一切存在现象等等，抑或更简明地做出这样的界定：意识中的东西是不实在的，而意识以外的才是实在的，在这种对实在性的规定下，如果再将信息规定为智能主体的某种建构，从而是依赖于语义解释的现象，即是主观性的东西，那么信息当然也不具有实在性。

在比较彻底的"信息建构观"（建构主义信息观）那里，由于信息是依赖于人而存在的，只存在于人脑中，是人脑对意向性活动的对象的特征和关系的把握，所以是不实在的。当我们只能说某种东西中"包含"或"存在"信息、而不能说那种东西本身就是信息时，如交通中的红灯、一段文字、一个光盘等等，意味着什么？意味着信息是要靠人去把握的，没有人的主观解读，那些信号就是纯物质现象。也就是说，没有"独立于接收者的信息存在"，"信息是后于接收者而存在的"①，是依赖于能够解读对象之意义的某种智能主体（通常和主要是人）而存在的。

所以，凡是从"属人性"上界定信息时，就意味着对其实在性的排斥。维纳说"信息是我们适应外部世界，并且使这种适应为外部世界所感到的过程中，同外部世界进行交换的内容的名称"②，那么这就意味着信息是一种"内部"的东西，用来同外部交换，此时外部是实在的，而"内部"是不实在的。

即使不认为信息是纯主观的，它也是与主观介入分不开的，是一个我们必须参与形成的存在物，是我们的感知系统操作外界物质性刺激的精神表象，或者是我们的概念系统加工感性材料的知性成果，如果借助了仪器设备的话，则它是主体（通过仪器）对客体进行操作（变革）时共同制

---

① 王素芬、汪胤：《从经验主义到现象学：一种新的信息哲学观》，《上海交通大学学报》（哲学社会科学版）2007 年第 3 期。

② ［美］维纳：《维纳著作选》，钟韧译，上海译文出版社 1978 年版，第 4 页。

造出来的，即信息的存在与能动主体的目的性行为是不可分的，而并非原来就"客观"存在着，因此信息的生成过程就是主观的，或主体性的，是人通过将意义附属于信号或其他对象而产生出来的，这也是对信息的本质的看法中的一大流派。既然与主观性联系在一起，信息当然就与实在性无缘。

此外，像信息的一些属性，如"不守恒性"（维纳说："信息和熵都不是守恒的。"①），也和具有实在性的物质、能量不同，物质和能量在变化中是守恒的，尤其是不可能"无中生有"或"化为乌有"，但信息则是可以无中生有和化为乌有的，这一点也只有不具有实在性的现象如精神和意识才能"做到"。

三　信息的实在性与非实在性之间

从上面的讨论可以看到，无论主张信息具有实在性还是不具有实在性，都有自己的理由，其分歧很大程度上是由对概念的定义和用法的不同造成的。

通常主张信息是客观存在的人多偏向于信息具有实在性，而主张信息是主观建构的人则偏向于信息的非实在性。但是，问题在于，还有的人既主张信息的客观存在性，又否认信息具有实在性，即认为信息是"客观而不实在"的东西，这种观点常常会导致信息的实在性悖论。

例如，如果主张有客观信息，有不依赖主体主观意识的信息，那么同时由于"实在性＝在我们之外"②，就会由"我们之外有信息"而得出结论：我们之外的信息应该是"实在的"，否则就不是我们之外的，而是我们之内的。承认"客观信息"或"自然信息"或"本体论信息"，本身就意味着这样的信息可以离开我们而独立存在，不以我们的存在和意识为转移，这就是实在性。

也就是说，如果把"实在"按通常的理解界定为"某种独立于观念存在的东西"、"客观性的和作为事实的存在"，那么即使认为信息不具有实在性的学者也承认有存在于我们之外的信息（"客观信息"、"自然信

---

① ［美］维纳：《人有人的用处》，陈步译，商务印书馆1978年版，第93页。
② 如数学家哈代在描述数学的实在性时，就说"我相信数学的实在性是在我们之外"，参见［德］克莱因《古今数学思想》第4卷，上海科学技术出版社1981年版，第111页。

息"等），这样界定的信息和这样界定的实在之间无疑是集于一身的，因此至少有些信息是实在的！在这样的概念框架中，凡是判断物质具有实在性的那些理由，（自在）信息都具有，于是信息"应该"和物质一样是实在的，否则，世界上就没有（自在）信息。于是就引出了信息的"不实在"悖论，同时也是一种信息的"实在性悖论"，其中隐含的问题是，信息究竟是一种客观存在，还是一种主观解释，还是对客观存在的主观解释？否认信息的实在性，是否必定导致信息只依赖于人或感知主体而存在？因为把实在定义为不依赖于人的意识而存在的东西后，如果还认为信息不具有实在性，就是说信息是依赖于人的意识而存在的东西，没有人的意识就没有信息，就意味着人的外部世界并不独立地存在着信息，于是就必然走向与承认客观信息相悖的看法；但是，如果承认信息有实在性，那么至少"客观信息"就是一种客观实在的东西，就是等同于物质的东西，于是又取消了信息作为一种有别于物质现象的存在的看法。连同前面所述的"不实在悖论"，这就是更全面意义上的信息的"实在性悖论"。

更准确地说，信息的"不实在悖论"应称为信息的"客观而不实在悖论"。如果说信息是"客观而不实在"的，不实在意味着离不开人而存在，既然离不开人，就说明了信息对人的依赖性。于是信息成为具有诸多依赖性的概念：依赖于对象、依赖于信道信宿等等。虽然客观的不一定是实在的，但不实在的一定这样或那样地具有主观性，如别人的思想，好像是客观而不实在的，但在"别人"那里却是地地道道主观的。因此把信息说成是不实在的，就是不承认其主观性，即不承认其离不开人的属性，否则，就只能认为它是实在的。即使我们用"客观虚在"、对象的"影子存在"① 来表述信息的这种存在性加不实在性，但这样的表述不是更让我们联想到"意识"的特征（尤其是"别人的意识"）吗？故信息是一种依赖性（随附性）的存在，说到底就成为一种主观性的存在，就不可能是客观的，或绝对客观的。不实在的东西就是观念的东西，于是信息就是观念的东西，就是"知识"、"消息"、"数据"一类的东西。而且从"实在性"与"真实性"的等价性（reality）来看，如果承认信息的不实在，就是认为信息不真实，不真实就是虚假的，虚构的，于是，世界是不是"真的"有信息这种东西便是值得怀疑的。

---

① 洪昆辉、杨娅：《论信息存在的复杂性》，《云南社会科学》2005 年第 6 期。

　　这里尤其要分析的是主张信息的客观而不实在的邬焜教授的观点：他本人在否认实践具有实在性时，就是将"实在性"理解为我们上面所提到的含义："不能由此得出结论说，实践能纯粹独立于人之意识而存在，不以人之意识为转移"①，所以是否具有实在性的标准就是能否独立于人的意识；而他所主张的信息，尤其是"自在信息"或"信息第一性级的质"，则明确认为是"不以人的意志为转移的"②，那么显然是符合实在性的标准的，而不是什么不实在的东西。所以只有认定信息是实在的，才能主张人的主观之外有信息，否则信息就只能是主观性的、离不开人的内部状态的！另外，他一方面认为信息是客观而不实在的；另一方面又主张要把信息"首先看成是一种真实意义上的存在"③。那么"真实"（real）的东西还不是实在的东西吗？可见其主张中存在有难以克服的悖论。

　　归结起来，信息的实在性悖论就是说，承认信息具有实在性，就会抹杀信息与物质的区别，把信息归结为物质或一种物质现象，消解了信息的独立特性和独立存在的价值与意义；而否认信息的实在性，就必然否认信息的客观性，或否定有任何客观信息的存在。在这个意义上，只能认为信息是主观性的现象，或者离不开主观性的现象。换句话说，信息如果是实在的，它和物质还有区别吗？信息如果不是实在的，自然界还有信息吗？人之外不依赖于人的意识之处还有信息吗？

　　如果进一步分析，那么，关于信息有没有实在性，或信息是不是一种实在，涉及两个层次的问题：

　　第一，信息是不是一种实在，实在是不是一种信息？信息需要最终还原为实在（物质），还是实在（物质）需要还原为信息？还是两者互相不能还原？也可以变成这样一个问题：如果信息就是实在表现出来的现象，那么现象是实在的吗？

　　第二，即使信息和实在是两种不同的东西（如认为信息是一种非物理的抽象存在，凡信息都具非物质性），它们也在很大程度上是相互关联的，至少从"信息世界是实在世界的摹本"的意义上是关联的。更何况，实在的（被）信息化，以及信息的实在化，就更使其具有"相互转化"

---

① 邬焜：《信息认识论》，中国社会科学出版社 2002 年版，第 48 页。
② 同上书，第 24 页。
③ 同上书，第 4 页。

的关联性，前者是实在以信息的方式呈现（能设想不以信息方式呈现的实在吗？），也表明我们（只能）是通过关于实在的信息来了解实在的，因此在我们的视野中，实在总是信息化的实在；后者表示信息似乎成为了实在本身。由此引发的新问题是：信息世界和实在世界是合一的吗？两者之间谁决定谁、谁引领谁？为什么说，当你对世界的看法改变了，世界也就改变了？这是"信息主导实在"的含义之一吗？

此外，还有信息化实在的"定性问题"，它是实在还是信息？有没有独立于实在的信息？信息是否只能作为实在的信息？它是否只能置身于作为具体对象的实在之中？

四 信息实在性的语境相关性与"信息实在"

从语境论的角度看，信息的实在性与非实在性是可以依语境而定的。

例如，即使是作为"社会信息"的所谓"真相"，也包含我们如何理解它的问题，从而导致对信息是否具有实在性的不同看法。通常，如果某一事件的"真相"存在着但不为人知时，是否意味着"信息"存在着？真相就是存在的信息吗？许多"历史之谜"的"谜底"存在着但可能永远不为人知，即永远不能"被揭示出来"。那么从信息的角度，就有关于这些历史之谜的"真实的信息"与"虚假的信息"之分，此时"真实的信息"是被大多数人认可的解释还是被"权威人士"认可的解释？"认定"的状态与信息的是否真实是何关系？是人的"认定"决定信息的属性还是信息的属性决定人的认定？假如我们认为"真相"是真实发生的事件、实事，而不是信息，对"真相"的了解才是信息，那么"真相"就才是具有实在性的东西，而关于真相的信息，即使是"真实的信息"也不具有实在性，因为那也只是一种主观的认定；假如认为"真相"就是"真实的信息"，等待我们去发掘出来，则"真实的信息就具有实在性"，因为那是一种实在存在且独立于人的意识的东西，但这样的理解也类似于将载体混同于信息的观点：作为信息载体的事件、实事等在这里被当成了信息本身。

还有的用"水中月，镜中花"来说明信息的不实在。问题是，水中月镜中花是信息吗？其次，"水中有没有月"与"有没有水中月"是一回事吗？因为水中没有实在的月就能否认没有实在的水中月吗？水中月是不同于天上月的另一种实在的月——一种实实在在的水中月，而不是我们想象中的水中月，即一种实在的对象在一种实在的界面上发生的实在的光线反射现象，它也是不以我们的意志为转移的，因此也具有实在性。只能说我们看到的水中月（那才是真正的信息）没有实在性，而那和我们看到的空中月一样，当其是"看"的结果而被信息化后，同样不再具有实在性。

载体实在对现实实在可能还具有反向的消解或渗入的功能。在信息时代，一切都被符号化，人再也接触不到实在，早已习惯于把符号当成实在，把它制造的幻象世界当作真实的世界。载体和信息之间的区分最后也走向模糊，如文字符号是故事（信息）的载体，而故事又是主题（价值观等）的载体，于是，作为载体的故事是实在的吗？故事是信息还是事件抑或是载体？如果是载体而又具有非实在性，那么就是说存在着一种非实在性的载体？

载体与信息的界限模糊后，就可能认为信息具有实在的部分特征，也具有非实在的部分特征，是实在与非实在的交集，或实在与非实在的过渡环节。如虚拟实在是不是一种信息态？它既是声光电的聚集，也是信息世界的呈现，它具有可直接观察性和广延性的一面，具有"实在性"，但同时也需要人的感受，才能产生出相应的效果，否则就毫无意义，这又反映出它具有依赖于感受性的非实在性。

信息的这种实在性悖论是因为信息必须依赖于人的理解和解释才具有意义和存在价值的属性，它可以作为某种"实在"（人工实在）存在着，但又不能像客观实在那样可以离开人的精神而存在，而是必须依赖于人的精神而存在，因此它本身在本体论归属上带有双重性。而且，当"载体"介入到对信息的解释时，甚至也使得信息具有了"实在"和"虚在"的双重性，会因其针对性不同而有不同的相对性质。

信息是一种特殊的"人工制品"，我们制作它的目的并不是为了获取其物质形式，而是为了获取其中的意义即信息。无论是符号的意义还是虚拟实在，都是"人工制品"又不具有"物品"的属性，可以称其为人工制品的"附现象"或功能，是其有机整体的一部分，从这个角度也造成了信息似乎具有"实在"和"虚在"的双重属性。"说它真实地存在，但又能瞬间化为乌有，说它不存在，它就像在日常生活中，人们总是把二加二等于四，直径把圆分割为相等的两半，世界上存在着差别与同一、复多与单一、恒常与变异等诸如此类的关系作为客观现实的特性摆在我们面前"① 一样，具有客观实在性。

这一问题还可以加以进一步扩展，追问一切信息产品是不是人工制品？或人工制品被数字化、信息化后，还是本来意义上的人工制品吗？由于它们"与笛卡尔所谓的'广延物体'的以往任何形式都不相似"②，也与以往的任何人工制品形式都不同，这类人工制品的物质性如何理解？是具有虚在特点的实在？一种"信息实在"而非物质实在？或是基于物质实在基础上的派生实在？或许我们需要对人工制品进行进一步的分类才能解决这个问题，如在一般人工制品的基础上区分出物质性人工制品和信息性人工制品，在信息性人工制品中区分出形象性人工制品和符号性人工制品，如此等等。

总之，由于信息和实在性的含义的丰富与复杂，从"实在"的多面孔来看，从"思想也具有实在性"的意义上，信息是否为一种实在就是一种语境论或"视域"的事情了。通常，唯物主义认为信息不具有实在性，而信息主义通常认为信息具有实在性，而且是比其他现象更实在的东西。

一种超越单一视野的综合信息观告诉我们：信息是实在性和非实在性的交集，或信息在实在性上具有"流动性"、"摇摆性"；有的信息趋向于具有实在性，或处于实在性增强的过程中；而有的相反。例如，可以认为，信息不具有本体论意义上的实在性，但具有认识论意义上的实在性，此时的"信息"就成为认识论意义上的实在对象，具有不随认识主体随意改变、显示出一定程度上的离开感知而独立存在的实在性，甚至"它向我们呈现时所具有的经验直接性和客观性却不亚于物质世界现象。我们碰上它就完全像碰上石头或者墙壁一样，就是碰上某种真实存在着的、独立于我们的实在。"③

当然，信息即使是（被外化的从而外在于人的）客观信息，也是与客观实在无法在本体论上对等的，从而也是不具有本体论意义上的实在性的。人造的客观信息可视为对客观实在的否定之否定；相对于否定性的意

① ［俄］弗兰克：《实在与人》，李昭时译，浙江人民出版社 2002 年版，第 7 页。
② ［美］马克·波斯特：《信息方式》，范静哗译，商务印书馆 2000 年版，第 3 页。
③ ［俄］弗兰克：《实在与人》，李昭时译，浙江人民出版社 2002 年版，第 3 页。

识来说客观信息是对客观实在的回复，所以呈现出比纯粹的意识来说所具有的客观性和某种意义上的"实在性"，并与客观实在的相似性，这是造成将客观信息等同或等价于客观实在的根源之一。但由于是一种否定之否定，所以客观信息不可能是对客观实在完全的绝对的恢复，其中的差异性，就是本体论上的差异性。而且从自然实在先于人而客观人造信息后于人、自然实在可以从科学的意义上离开人而存在、客观人造信息则不能脱离人而存在，也可以判断两者的本体论地位是不可能对等的。

总之，信息是否具有实在性在很大程度上是语境依赖的，是分层次和分视界的，不同的视界从而不同的世界（如精神世界和物质世界）中有不同的实在性，而且是"不可通约"的，于是在一个世界中的实在性对另一个世界就是不实在性，于是信息实在与物质实在就不是同一种实在，就像时空实在和信息实在、物质实在也是不同的实在一样。所谓"信息的实在性"悖论就是这样产生的：一方面是"实在性"和"信息"本身的语义歧义引起的；另一方面还是由在不同对象性世界中无限制转换引起的。

信息与实在性的关系进而信息与实在的紧密相关，可启发我们提出"信息实在"这样的概念：它是关于实在的信息，或处于信息状态存在的实在，是实在的信息化形式，是实在以信息的方式呈现，其中"虚拟实在"就是一种现代的信息实在。一定意义上，从"对象就是被认识的对象"的意义上，我们所谈论的一切实在都是信息实在，因为我们显然不能设想不以信息方式呈现的实在，或者我们（只能）是通过实在的信息来了解实在。

信息实在显然不同于物质实在或物理实在，如鲁迅的阿Q是一种信息实在，其典型特征不能不说是真实的，但现实中作为物理实体的有血有肉的阿Q又是不存在的。物质（物理）实在是靠感官把握，信息实在是靠思想把握，这是信息与实在之间的微妙关系之一。信息实在也不同于纯粹的观念，一定意义上是两者的过渡环节，而且是作为两者之间，尤其是作为实在与被承认的实在之间的中间环节，是实在与虚在之间的过渡环节。如声称发现UFO，就是未被普遍承认的实在，但又不等同于虚在，于是可称之为信息状态的实在。

科学实在是一种典型的信息化实在。科学实在作为不能直接观察和经验到的实在，主要就是以信息实在的方式来表现的。但科学实在的实在性常常受到反实在论的质疑，使我们难免会问：能观察（经验）到的实在与不能观察（经验）到的实在有没有共同的本体论依托？或者可以认为它们的实在性含义是不同的，后者的主观性建构更多些，因此客观实在性程度要小一些。于是，实在性（相对于主观性）可能没有质的区别，却有量的区别：实在性在"程度"上可能存在差异。某种意义上，观察时附加的人工条件越多，其实在性就可能越弱。或者说，在不同的对象之间，当一个比另一个在更少需要附加人工条件的情况下就能产生实在感时，就具有更大程度的实在性，抑或说一个对象就比另一个更实在。举一个通俗的事例：风景照片是某一处风景的信息实在，对这张风景照片的绘画则是风景照片的信息实在，再在电脑中将风景画数字化后呈现出来则成为风景画的虚拟实在，从而是某一处风景的被多次信息化后的信息实在。在这个意义上，"信息实在"如果被信息化的环节、中介或次数越多，离物理实在的距离就越远，其实在性的程度就越低，于是"信息性"与"实在性"在此就形成一种反比关系。对实在的过度信息化所形成的信息实在，最后可能就是只有"信息性"而毫无"实在性"，成为完全虚假的信息，此即起到了弱化实在性乃至消解实在性的作用。

不仅在科学实在与日常实在的比较中，就是在信息实在本身的不同形式的比较中，或者说在社会的信息实在中，也会有"实在性"的差别。例如，纪录片和报告文学作为信息意义上的实在，与小说和故事片作为信息意义上的实在，通常就具有实在性程度的差别。虽然它们都是生活世界这种实在世界的信息化产物、都是源于生活和高于生活的混合体，但显然前者的"实在性"要大于后者。

再就是，如果对象可以区分出本质实在与现象实在时，显然所有的现象实在直接就是信息实在（因为现象就是人对对象所形成的表象，而表象无疑是一种信息态），而且本质实在是要靠理性才能把握的，于是也成为一种信息实在。推而广之，当我们只能通过信息实在去了解物理实在时，两者之间的区别又如何划分？尤其是两者的本体论区别与认识论区别如何界定？此时可能有康德式的解释：存在着物理实在，但我们永远只能停留在信息实在的"此岸"而无法达到物理实在的"彼岸"；也可能有休谟式的回答：是否存在物理实在我们无法知道；还可能有贝克莱式的解释：一切物理实在都是信息实在。所以，信息的"介入"使得实在和实在论问题无疑会呈现更加多元化的解释，尤其是在这个过程中，信息对实在是否产生了实质性的影响？由于我们是根据自己的"实在感"来判别某一对象是否具有实在性，那么当我们说实在感是一种信息状态时，是否意味着虚拟实在感是另一种信息状态？当信息化实在被区分为更多的类型时，如文字化实在，影像化实在，虚拟实在……那么它们之间的"实在性"或"实在感"又如何进一步区分？当信息实在被赋予如此多的形式和含义后，那么信息化是在建构我们获取实在感的更多通道吗？凡此种种，都是我们可以借助语境分析的方法去进一步探讨的问题。

第三节　基于信息分析的"是论"

本体论是哲学的基础，但对"本体论"的词源进行分析时，追溯到了"Ontology"，当它被一些学者主张译为"是论"后，又被另一些学者用于解决世界的"基质"和"本根"之类的"传统本体论问题"，形成了一种用"是"构造"万物"（或"万有"）的活动。但从信息的视域看，"是其所是"不过是一种"造句"和"完形"的语言信息活动，并非事物真正生成的实在过程。如果从语言活动中的信息生成来看待这一过程，可以更为令人信服地分析出"是论"的真谛，同时也可以为我们理解"信息"的本质提供一种用"是论"去进行分析的视角。

一　是论：本体论解读的疑惑

Ontology 究竟翻译成"本体论"还是"是论"，抑或"存在论"、"有论"，等等，其争议迄今在我国哲学界仍未平息。如果将这种争议集中为 Ontology 的直译"是论"（所谓"是派"的翻译法）和意译"本体论"之争，那么由此直接生产出来的问题就是"是论"是不是"本体论"？

"本体论"作为一个在 Ontology 翻译过来之前就存在的中文词，有其"土生土长"的含义，从其包含的本末之"本"、体用之"体"的构词分析中，就能"顾名思义"地知道它所要研究和解决的是世界的"本根"、"基质"等问题。由于 Ontology 所研究的 Being 不等于中国哲学的本体，"是"在中文里与"本体"并不相同①，"所以是论并不是我们通常所理

---

① 萧诗美：《是的哲学研究》，武汉大学出版社 2003 年版，第 24 页。

解的本体论"①；严格地说它是关于 Sein/Bing（存在、是）这个范畴以及与之相关范畴的哲学学说。

但即使如此，用"是论"来解决本体论问题的努力仍然不乏其例。这样做当然有一定的合理性，因为对 Being 的思考确实难以摆脱对世界"本根"的思考，无论这样的思考是否符合后来的本体论标准，它至少也成为了本体论的一种历史形态。这样，从语义上，如果坚持把 ontology 译为本体论，而且也遵从它的西文含义，即关于 Being 的学说，而且也不否定"中国化"的理解：既保留西文原文的语义，又引向中文对"本体论"的约定俗成的理解，那么我们就可称其为"作为是论的本体论"或"是论意义上的本体论"。

接下来的问题是，如果承认"是论"是一种本体论，那么它确实能解决本体论的问题吗？或者说，"这个通常用作系词的'是'为什么会有本体的意义？""为什么什么也不是的'是本身'具有本体的意义？"② "是"能否真正解决万有生成的本体论问题从而行使基质论或本根论的功能？

对此持肯定回答的学者近年来进行了种种哲学上的努力，力求使"是"成为一个能够承载万有之根、万物之源"重负"的范畴，从而使"是论"成为一种能够解决世界之基质问题的本体论理论，使"是"成为能够解释一切和构造整个世界的基石。

那么，"是论"是如何解决万物的本根和基质问题的呢？归结"是派"的看法，就是认为"是"作为系动词，总要"是其所是"；作为谓语，"是"始终虚位以待它的宾语，仅仅"是"本身不是个完整的句子，因此在语法上没有意义。③ 于是这个"是"总要摆脱自己的单独存在，总要"是"一点"什么"，而不能空洞无物，即什么也不是。那个是什么、是某某、是怎样的东西，就是"是"之所是，④ 没有"什么"的"是"总是在"等待着"、"生长着"它后面的宾词"什么"，这个什么就是"是者"。从外延上说，"是者"泛指一切东西，因而等于"万物"、"万有"（beings），即 Ontology（万有论、存在论、本体论、是者论）研究的

① 俞宣孟：《本体论研究》，上海人民出版社 2005 年版，第 18 页。
② 萧诗美：《论"是"的本体意义》，《哲学研究》2003 年第 6 期。
③ 宋继杰主编：《BEING 与西方哲学传统》，河北大学出版社 2002 年版，第 571 页。
④ 萧诗美：《是的哲学研究》，武汉大学出版社 2003 年版，第 192 页。

对象。换句话说，"是"必须指向"什么"，有"是"就必然有"是者"，必有其"所是"。抑或说，因为有了"是"，所以才会"是什么"、"是其所是"，才会有作为"是者"的万事万物的生成与出现。正是由于"是"的不断"是这是那"，导致了万事万物的生成。因此，"是"除了表达"是什么"以外，还有一种"使之是什么"的本体意义。① 另外，由于"是"是一个最高、最普遍的哲学范畴，因此其中逻辑地包容着一切所是，于是，从"是"便可"产生"或推出各种所是，如"一"、"善"，以及"偶件"、"实体"、"因果"、"现象"等范畴，其中，也包括"存在"范畴。如果将"是论"界定为"是"及各种"所是"的范畴间的相互关系的学说，由于其中"是"包含着一切"所是"，一切"所是"都是从"是"中产生出来的。② 也就是说，所有存在都是被"是"出来的，本来什么也不是的"是本身"，在"是其所是"的活动与过程中生成了所有的是者，由此就解决了本根论意义上万物或万有的生成问题。

上述过程可以大致描述为：

是——是起来——是其所是——是什么——是者——万有（万物）

然而，万物的生成果真能被"是论"如此变魔法般地解决吗？一个未完成的、不确定的词果真能创生一切吗？

从以上的分析中可以看到，由于"是"所指称的就是一个系词，于是所谓"是其所是"、"是起来"、"是什么"的过程，无非是我们使用"是"这个系词的过程，即用它来构造词组或句子的过程，亦即句子的完形或对句子"填空"的过程，如果我们限定在"系词的逻辑分析"范围内谈论"是"的价值，即通过它可以形式化逻辑化地建构某种范畴运演过程，那还是有一定意义的。但如果将其扩展为实在地解决万物之来源的本体论问题的途径，使世界的形成过程和句子的完成过程相一致，并且是从后者推知前者，就超出了"是"的本来意义和功能，从而失去了解释力和说服力。

"是"作为言说中的一个词，尽管其地位特殊，但毕竟是语言信息范围内的东西；"是其所是"的过程本质上是一种语言信息的操作活动，"是生万物"，实际上是"分析出"万物，或逻辑地推演出万物，而不是

---

① 萧诗美：《论"是"的本体意义》，《哲学研究》2003 年第 6 期。
② 俞宣孟：《本体论研究》，上海人民出版社 2005 年版，第 24—25 页。

真正地实际地生成了万物；我们如果仅仅停留在语言上，无论千遍万遍地去"是"，也不会"是"出任何实在的东西；故"是"只有在语言中才有意义。在这里，"是生万物"的"生"就是生成句子的"生"，这个"物"则是物的指称而非物本身；"是""等待"、"召唤"、"吸纳"宾词，无非是建构起一种可理解的语言形式，而并非一个真实的建构或"生成"某物的过程。可见"是"产生一切，并不是实在世界中的产生，而是语言世界中的产生，其描述的是一种运思或概念的逻辑推演过程。任何人不可能只要拥有一个系词"是"，就能呼风唤雨、点石成金、应有尽有……如果把系词"是出来"的"是者"作为实在的"有"，无异于认为画出来饼可以充饥；由此也联想到恩格斯对杜林的类似批判："杜林先生的世界的确是从这样一种'是'（Being）① 开始的，这种'是'没有任何内在的差别，任何运动和变化，所以事实上只是思想虚无的对应物，所以是真正的虚无。"② 可以说，对"是论"意义上的本体论体现了这样一种理论旨趣：将本体论和物质论通通存在论化，又将存在论语言化系词化，然后对系词"是"加以过度解读，赋予其无穷无尽的含义和功能，最后把本体论从一个事实问题变成了一个纯语言问题，从而成为一种系词决定论表现出来的"本体论"。

一些学者清醒地意识到"是论"可能对"是"的过度解读以及由此产生的本体论僭越，因此特别地提醒道，对于中国学者来说，如果我们要将 being 译为中文的"在"或"有"，我们必须意识到，那也仅仅是一种作为思想之对象的抽象的本质或概念的"在"或"有"，而非时间和空间中的现实的存在（existence），③ 而"可能世界中的必然推不出客观的实在性和效用，即逻辑的真推不出事实的真。"④ 也有的学者指出，将"是其所是"理解为万物的生成过程，这是一个本末倒置的过程，因为这样的理解将"存在的东西可由'是'来表述"变成"为'是'进行了表述所以有了存在"，用另一种说法：将存在性的"是"和表述性的"是"加

---

① 中文将杜林和恩格斯所用的 being 译为"存在"，笔者认为此处译为"是"更为贴切，似乎也更能成为直接针对"是论"的一种驳论。
② 《马克思恩格斯选集》第 3 卷，人民出版社 1995 年版，第 383 页。
③ 宋继杰：《BEING 与西方哲学传统》下卷前言，河北大学出版社 2002 年版，第 539 页。
④ 周迈：《论亚里士多德哲学中的存在（是）》，载宋继杰主编《BEING 与西方哲学传统》，河北大学出版社 2002 年版，第 810 页。

以了等同，而如此等同之后就把"是"的表述意义变为存在意义，这就是巴门尼德的做法，这是为后来的柏拉图加以澄清了的，而康德则通过证明从上帝的"是"推出上帝的存在的本体论是根本错误的，来切断了表述性的"是"与存性的"是"之间的联系。① 也就是说，"是论"不能用来解决本根论意义上的本体论问题。

从另一个角度看，系词"是"具有哲学的双重性。一方面由于系词不指称具体对象，因此它可以上升为一个最高范畴，达到本体论范畴所要求的功能；另一方面由于仅仅行使系词的功能，使其本身也具有有限性，并非万能，并不能解决一切问题。如果非要用它去解决超出其范围的问题，例如将有"是"参与的构词的语法规则的功能夸大，认为它不仅影响我们对世界的理解，还进一步决定世界"真实地"是什么，把思想中用系词推演的万有当成实际的万物，将"是"对于填词的需要变成了这个词的能动性，即"使之是什么"或"让其是起来"的能动性，并导致随后"生成一切"的现实性，就会牵强附会，难以令人信服。而且，如果"是"具有解释一切的功能，当我们问到为什么会有"什么"时，应该想到"是"是其根源，而问到为什么会有"是"时，就不应该再去想或者即使再想也想不出谁是"是"的根源。但我们显然会想到人是"是"的根源，没有人，何有"是"？但显然人也是一种"是者"，是由"是"所"是出来"的，于是人和"是"究竟谁依赖于谁？由此是否也进入了一种"解释学的循环"？

此外，还会使人质疑的是，语言中比较特殊和重要的词难道就一定在世界的生成中最重要从而成为万物的本体？如现代汉语中"的"这个字就很重要，甚至"的"的使用比"是"还多，但对应"的"的"本体论"地位在哪里？一点也看不到它在万物生成中的作用！所以它们起的毕竟还只是语义信息功能。

二 转向信息哲学的分析

"是论"力求将一个可作抽象分析的语词作为一切存在的根据，认为"是"作为一个系词，是动态的，所以是能生的，由于其后可跟一切词，

---

① 赵敦华：《"是"、"在"、"有"的形而上学之辨》，载宋继杰主编《BEING 与西方哲学传统》，河北大学出版社 2002 年版，第 108 页。

所以它具有能生一切的性质，这一点决定了它的"本体"属性，乃至基质的特性，这样，"是论"就可以走向汉语语境中的本体论。但如上所述，仅凭一个"是"并不能解决基质意义上的本体论问题，"是"在人的造句活动中的能生性，并不解决物质实在的根本来源问题。当然，由于"是"作为一个词的特殊性，在集合与建构信息的过程中具有独特的作用，所以如果加以信息视角的分析，即以信息为基地进行一种分析哲学的透视，则会发现其合理的价值与意义。

我们知道，"是"作为系词所生成的判断，是一种"断定"或"断真"的状态，也是将"是"的前后项联系起来的句子。可见，一方面系词是人认知、断定世界的语言性记载；另一方面它更是人的存在方式，表达了人的某种知晓、思想、相信等。① 故"是态"说到底就是一种信息状态，它"告诉"（inform）了我们某种"信息"（information），从而就有如下的说法：to be is to inform，以及 to be is to be information。

对于 to be is to inform，可理解为"是其所是"就是要"告知"，就是要使对象被注意、被认识，就是要引起一种信息行为。从词性上，如同王力所指出，系词是"主语和谓语之间的联系物"，它"把谓语介绍于主语"。② 这里的"介绍"也如同"告知"和"引起注意"。在具体的语境中使用这一系词及其构成的判断时，如在说"这是北京"时，所表达的是"我认为、我相信这是北京"，并且告诉说话的对象关于我的这种认为和相信。因此从语用上，"是其所是"所进行的就是一种"告知"类的信息活动，而并不是生成万物的"造物"活动。"是其所是"也常被"是论"者说成是事物的"显现"过程，而这里的"显现"无非是所指进入到被人认识的状态，即该物或对象的信息被人把握，或人对对象的信息化地把握。由此看来，"是"所生成的"万物"，乃是人对万物的认识与把握，所以作为显现意义上的"是起来"，也是自在的对象被人"信息化"的过程，即人信息性地表述对象并引起注意（告知）的过程，因此"是什么"就是对信息化对象的一种唤醒。用海德格尔的话，是起来就是"显现起来"（显现并存在），而显现就是可视化信息的出现。使是者"走

---

① 李洪儒：《系词——人在语句中的存在家园》，《外语学刊》2006 年第 2 期。
② 王力：《中国现代语法》，商务印书馆 1985 年版，第 52 页。

进了它的存在的光亮中"，"进入其闪耀的恒定中"。① 从语法的功能上，"是"在这里也充当了焦点记号，"焦点"从字面上看就是注意力的集中点，以句子而言，可以理解为说者希望听者特别注意的地方。② 总之，"是什么"使是者"明亮"起来，使其进入"无蔽"状态、澄明之境——成为认识视野和理解范围中的是者，这也正是福柯所说的，"语言离存在最近，语言最能命名存在，最能传达存在的基本意义并使之闪亮，最能使存在变得完全明显"。③

由于"是什么"作为一种语句无非是告知了我们某种信息，除非承认"万物都是信息"（Everything is information），否则很难理解"是其所是"就能是出万物。而承认了前者，就是承认了信息主义的本体论。从"是"（being）的词源和语义上看，"是"不是任何"是者"或具体的"有"，但是即使它是"无"，这个"无"也传达了某种意义，从而包含了信息。此时"是"不是物质，不是实体，只包含了"可以是一切"的这样一种信息，除此之外，就什么也不是。将什么也不是的"是"作为一切存在的基础时，也就是将一种信息作为了基础，所主张的就是一种"信息本体论"；如果万有是在"是其所是"的过程中"是"出来的，从而是"无"中生成的，那么由于无中包含着信息，因此也可以说是"信息中生出了万有"。这样的观点就是惠勒所表述的"万物源于比特"④。只有坚持了惠勒的这种"唯信论"，才能理所当然地理解"是"生万物。将一个可作抽象分析的语词作为一切存在的根据，将一个在信息含义上可以自由延伸的语词作为本体，将一个具有信息衍生能力的语词作为世界的

---

① ［德］海德格尔：《林中路》，孙周兴译，上海译文出版社 2004 年版，第 21 页。

② 周国正：《"是"的真正身份：论述记号——"是"的句法、语义、语用功能的综合诠释》，《语文研究》2008 年第 2 期。

③ ［法］福柯：《词与物》，莫伟民译，上海三联书店 2001 年版，第 130 页。

④ 美国物理学家惠勒认为，物理世界的所有单元（item），在根本抑或最基础的意义上具有非物质的来源和解释；也就是说，我们所说的实在，包括所有粒子、所有力场，甚至空时连续体本身，归结底产生于是—否问题（yes-no questions）的提出及其所激起的仪器反映的记录，或归因于通过仪器作出的对是否问题（yes or no questions）的回答，一个个二值选择，即比特（bits），简而言之，所有的物质性事物，究其根源都是信息—理论性的（information-theoretic），或者说，"宇宙及其包含的一切（its）可能来自无数的是—否选择实验……我们可能永远也不能理解量子这个奇怪的事情，直到我们理解了信息是如何成为实在的基础。信息可能就是我们所知道的世界。可能正是它构成了世界"。这就是他所主张的"it form bit"或"Everything is Information"的信息主义观点。参见 John A. Wheeler and Kenneth Ford, *Geons, Black Holes and Quantum Foam: a lie in physics*, New York: W. W. Norton & Company, 1998, pp. 340 – 341.

基石，就恰恰是一种语言决定论表现出来的信息主义。而如果还是坚持物质实在论的本体论立场的话，系词"是"就不可能实际地生成万物，或者万物出现和存在的根据与理由就不可能从一个系词"是"那里找到。打一个类似的比方，在经济活动中，货币作为一般等价物包含着可以购买一切商品的可能性，在它未进行购买之前，货币不是任何具体的商品，但货币的功能就是要转化为商品，它"呼唤"自己的后面要跟随商品；但不能因此就认为作为物的商品在本体论上就是起源于货币的，即认为世界上先有货币，后有商品。

与 to be is to inform 相关，to be is to be information 则表明，"是"出什么来，无非就是说（表达）出什么来，所以"是其所是"就是"是信息"，就是使我们传达或获得关于对象的信息。著名语言学家黎锦熙认为，系词"是用来说明事物是什么，或说明事物之种类、性质、形态的。它必须把作为说明的词系在它的后面"①。而被"系"在"是"后面的"事物的种类、性质、形态"就是关于（"说明"）事物的"信息"，所以"是什么"就是在是出相关的信息，从而使"是"与前后的语言成分集合起来生成一定的语义信息，否则单独的"是"就传达不出这样的信息来。说到底，"是起来"就是将"是者"置于断定、指谓的状态和语言网络中，就是使其处于信息状态中，成为信息化的是者，成为能被具有信息能力的人所把握的是者。

"是其所是"就是"是信息"还表达了这样的意思：在言说中"是出来"的存在、在遣词造句中所"是出来"的"是者"，只是一种"信息产品"，相对于物质的实在过程来说，这样的过程是虚拟的，甚至可以是主观随意的，正是这一点决定了"是其所是"还具有对现实的超越性，从而可以在语言信息世界中"是"出"飞马"、"金山"、"圆形的方"等等来。由此也可见"是"的能动性就是指它在信息含义上可自由延伸性，或它具有一种趋于无限的信息衍生能力，可以超越现实的限制。

"是态"本身也是某种特殊的信息态。即使"裸是"，也表达了某种信息："是"作为符号肯定有意义（含义、语义），就是其语义信息。比如它是系词，它能断真，它能表达存在等等。因此"是"在起点处就是一种信息。当存在处于"是"态而非"是什么"态时，也就是当"是"

---

① 黎锦熙：《新著国语文法》，湖南教育出版社 2007 年版，第 21 页。

什么也不是时，它就只能是一种信息。但由于这种信息并不表征明确的对象，即作为系词的"是"此时并没有联系上对象词，并没有断定或否定什么，所以这样的信息态只能是一种潜在地拥有信息的状态。而当作为系词的"是"发挥其功能时，就是使一个有系动词的句子完整起来，使句子有意义，也就是包含信息。而且"是本身"也需要从信息的角度加以理解。如果"是"行使了将句子的前项与后项联系起来的纽带作用，这也是一种"信息纽带"，作为信息纽带的"是"确实起到了如同维纳所说的"黏合剂"① 的作用，即是主词和宾词之间的信息黏合剂。因此，"是其所是"，"是起来"以及"是本身"等等的一切本体论属性，都只能归结到信息之上。

这样来看，"是论"所表达的一切，都应在"信息哲学"的意义上去理解，"是其所是"就是信息的生成活动，是"信息"作为一种存在在语言中寻找家园并"安顿"下来的过程，人通过这种信息的运演再联想到万物的运演，而不是通过它实际地造就了万物。

也就是说，对作为本体论的"是论"必须有一个本体论再度置换才是可理解的，即看到关于"是"的种种本体论功能都必须视为在信息世界或意义世界中形成与被理解，而不能替换为现实性、实在性的"万物源于'是'"。如果基于这样的信息哲学视角，那就无论怎样强调 being 的作用和意义都是可以接受的。于是我们也就看到，对"是其所是"所做的各种解释，只是对系词"是"的一种综合的信息解释，包括语用的、语义的、语形的、语境的（不同文化背景中的翻译问题）、逻辑的等等方面的解释和说明。因此"是起来"是一种信息世界的普遍运动，直接层面上是具有特殊信息功能的"是"动词的自我运动过程，一个以语言的形式出现的一个信息组合的过程，其背后则是人所驱使的语言信息的衍生和"增殖"过程。"是"后面总要"是点什么"之间的必然性，是一种语法或逻辑的必然性，而不是事实的必然性；是"信息完整性"或"消除不确定性"的"主观要求"，而不是实在世界本来如此的客观规律。

如前所述，"是其所是"、"是什么"也是信息性地把握事物的方式，即用语言将对象以引起注意或负载更多信息的方式表述出来，成为所谓"信息化"的对象。由于对象的可信息化，使得对象都可以在"是什么"

---

① ［美］维纳：《人有人的作用》，陈步译，商务印书馆 1978 年版，第 17 页。

的表达式中被表达出来，从而被人所把握。而一旦用"是什么"的表达式来表达对象时，对象显然就与"是"发生了联系，而这种联系显然是一种认识性即信息性的联系。从认识过程中作为"什么"的事物与作为系词的"是"之间的后发联系，如果被反推为一种先在的本体论联系，就会走向把"是生万物"视为一个实在过程性质的"是论"，而不是信息论性质的"是论"。

对 Being 的各种词性的转换、各种含义的过渡、各种构句的推演，由此展开的一幅世界图景，都还只是一种在"语言游戏"或"系词游戏"中生成的信息图景，归根到底也是一种特殊的信息行为：先是有人（或有的民族）人为地创造了含义模糊的 Being，然后使万物"屈从"于这个词，这里体现的完全是一种信息性的屈从而非实际的隶属。而且这样的分析至多是一种认知的路径，甚至并不是唯一的路径，如对于缺乏这个系词的语言使用者就会用另外的路径去构造世界的信息图景，因此最好也应该限制在认识论的范围中来界定"是论"的种种功能。这也说明，只有语言达到一定程度后（例如"不定式"）才会有相应的"本体论"，从而才能有填空进而填洞的"是者"从"是"那里"生成"的游戏。

总之，如果我们将"是"作为一种特殊的信息态，从信息哲学的角度去解析"是其所是"的过程，就既能恰当地理解这一过程的真实含义——不夸大也不缩小，也能丰富我们对"信息"现象的认识，从而使"是论"意义上的"本体论"具有当代的意义。

三　"是"的若干信息特征

从词性上，"是"作为系词的句法语义功能十分复杂，它连接句子的前后成分，同时也有动词的词性（所谓"系动词"、"联系动词"等），故比较特殊，有的人认为它是实词，有的人认为它是虚词，这样，它既有一定的意义，但意义也有些虚，于是既不是典型的实词，也不是典型的虚词，由此也决定其在信息特征上的矛盾特性：无信息与有信息的混合状态或"中介"，信息无穷小与无穷大的集合体。

"是"在"是其所是"之前并没有确定地告诉我们"是什么"，当无其所指时，就处于信息状态的不确定性，从而没有为我们消除任何不确定性，因此它并不包含（科学意义上的）信息；而"是起来"、"是其所是"、"是什么"，就是通过"断真"等方式消除"是"的不确定性，就是对"是"赋予具体的信息。我们知道，"是"从不确定性走向确定性是发生于"是其所是"这一信息活动中的普遍行为；而且，由于孤立的词只有在语境中才获得具体的明晰的意义，才具有信息，所以"是"也只有在"是其所是"的过程中，和"是者"结合为完整的句子，从而进入了语词网，纳入了一定的语境之中，才能获得明确的意义并具有了信息。由于"是"必然要走向"是什么"，这就潜在地包含了消除不确定性意义上的信息，因此这里的"必然"就是"信息"的呼之欲出。这种双重特性使得"是"成为"无信息"和"有信息"的集合体，或者从无信息过渡到有信息的"中介"。

"是"的"与众不同"的信息特征，还表现为它在"信息量"上所具有的无穷小与无穷大的双重性。当"是"什么也不是的时候，即使它包含有信息，但也是趋向于无，因此在信息量上可视为无穷小。当我们说"是其所是"、"是起来"、"是什么"之前，"是"似乎是"宇宙大爆炸"还没有爆炸时的一个"奇点"：它内含后来的一切，但眼下却什么也不是。假如我们能对这个"是"说点什么的话，可以赋予"是"一切的含义，也可以将一切含义都不赋予它，使其真正地"无所指"。当我们什么都不赋予它时，它的信息量趋向于零，即无穷小；当康德所认为的是动词及其动名词都没有单独的表述功能时，当海德格尔认为这个词不可定义①时，都多少揭示了"是"的这种"贫乏"性，就像"非常道"乃至"不可道"之"道"那样，"是"也会令我们初次面对它时一无所获，因为"是"本身又什么也不是，因此仅依赖一个"是"，我们什么也不知道，从中获得的信息几乎等于零。然而，"是……"的结构性缺项、作为句子的未完成性、从而作为意义表达的不完整性，使得什么也不是的"是"又具有呼唤一切并使之"出现"的可能性：它在穷尽系词的一切可能性即无穷地搜索一切可能的宾词，可以引导出无穷多的信息。一旦我们的视线跟随其"是起来"，想到"是"可以"是一切"、可以层出不穷地"是什么"的时候，它就什么都可以包含，我们可以什么都知道，从而认识变得无限地丰富起来，从中获得的信息量就是无限大。因此"是"在含义上就表现出"极度贫乏"又"极度丰富"的双重性或"矛盾性"。这

---

① ［德］海德格尔：《存在与时间》，陈嘉映、王太庆译，生活·读书·新知三联书店2006年版，第5页注2。

样的信息特征或许可以用来作为度量一切想要充当哲学"最高范畴"的标准之一，如果在信息量上不具有无限可伸缩性，无疑是不可能成为这样的哲学范畴的。

信息还必须是可以理解的（information understandable）。纯粹的"是"是理解的"黑洞"，即使有无穷的信息，也被自己所完全"吞噬"而不能从黑洞中"逃逸"出来，成为可视化的信息。海德格尔曾指出，人本来就在探求意义，要求理解。在信息交流过程中，作为信息用户的人是核心，因为信息的价值只能体现在为人所用上。信息可理解是针对信息文本的阐释和表达的观点。而从孤立的"是"走向"是什么"，也是走向信息的可理解性，是对信息要素的有序化组织，使其成为信息文本，并使信息文本具有可读性。这种可理解性还通过"是什么"而引导关注的方式去实施我们的理解活动。如前所述，"是起来"也是思维从非注意状态走向注意状态的过程。"是"可以指向一切，于是可以产生任何"是什么"的判断；但在这之前却什么也没有被注意，所以什么也不是，是一种信息的开放状态，然后通过"是其所是"过渡到信息的锁定状态：我们的注意力集中到某一对象，"是什么"的判断由此产生出来，而当我们的注意力不集中于某物时，那物存在，却并不产生"是什么"的问题。可见，体现于"是其所是"中的完全是一个信息选择过程。

但是，"是"作为不可道之道的信息，属于一种不确定性的信息态：它是为了引出另外的信息（亦可称之为"信息引信"），它自身作为信息时，其信息量是模糊的；它是最重要的，但又是最容易被忽略的。如"这是苹果"——就使人注意到苹果而忘记"是"，因此它也是工具和桥梁，达到目的后就被人放弃。这种情况也被视为系词融入到了谓词之中，其独立性反而不如一般的动词那样强，即越重要常见普遍的信息反而是习以为常使人感觉不到存在的信息，因为它融入了其他信息之中，作为其不可见的"灵魂"一样的东西在起"幕后作用"。

从另一个角度看，"是"和"是者"之间，可以说前者是对后者"去物理化"（de-physicalisation）后的结果，所以"是"为一种无时空特性及任何物理特征的存在，由此才能保持其"最抽象""最普遍"的地位，而这种地位一定意义上就具有了"元信息"的特点，或成为如同尼葛洛庞帝所说的"信息DNA"：它"没有颜色、尺寸和重量……好比人体内的

DNA 一样"，① 它"携带"了关于世界的一切信息，如同 DNA 能编码和表达出生命现象中的所有蛋白质一样，"是"也能"编码"出这个世界的一切现象，这个"编码"的过程，就是"是起来"的过程。

这种"元信息"的特征，如果从语句上看，就如同叶秀山先生所分析的："这是什么"，把"什么"括出去，而剩下"是"，"是"在"什么"之前，比"什么"更根本，因此宾词是可以动摇的，而"是"是不可动摇的。② 如果不是从"实在性"而是从"信息性"上加以分析，这样的说法是成立的，因为从逻辑上看，系词在句子中占有最重要的位置，在把主体和谓词分开的同时又使它们联结在一起，并统辖支配它们；系词是句子的结构要素，即使没有显性系词，也有隐性系词。在句子中起结构和支撑作用并且引出了"是者"的系词"是"无疑具有了在语句信息系统中的"元信息"的特征，起着稳固地支撑和引导其他信息的作用。

元信息表明了信息之间的依赖性和可推导性——它是信息在物质的基础上涌现出来之后，自身相对独立的能生性中的最后依归。在信息世界的相对独立的运动中，其他信息更多地依赖于它，而它不依赖于其他的信息。"是"作为一个"终极谓词"，也就包含了这样的信息：它是所有"是者"共同拥有的属性，它是"是什么"被抽掉"什么"之后留下的共同的、不变的永恒的东西，"这样一来，'是'也就获得了一种共相性并且自身就成为共相，'是'本身就是一个最普遍的外延最大的抽象的概念，是既无质的差异又无量的区分的绝对的'一'，而那些被悬置起来的具体存在物以及所指则成为殊相，是通过具体的质与量所规定的'多'"③。于是就可以说：把某物规定为某物的就是这个物中之"是"。用是论的语言来说，把是者规定为是者的东西就是"是者"的"是"④；如同多分有一，"是者"分有"是"，"是"规定着"是者"，"是者"映现着"是"。凡此种种，均可视为元信息的神奇功能："是"作为最早或最终的"信息源"，"是"中有"势"，蓄势待发，一旦开发，就源源不断地是其所是，是出一切。而是出一切，表明一切信息都由它衍生而来，而它不再由其他信息源所衍生；当

① ［美］尼葛洛庞帝：《数字化生存》，范海燕译，海南出版社 1996 年版，第 24 页。
② 叶秀山：《论巴门尼德的有》，载宋继杰主编《BEING 与西方哲学传统》，河北大学出版社 2002 年版，第 577 页。
③ 邹诗鹏：《"Ontology"格义》，《南京社会科学》2004 年第 12 期。
④ 萧诗美：《是的哲学研究》，武汉大学出版社 2003 年版，第 219 页。

任何信息都处于信源和信宿的传递中时，"是"则不是这样，它只向外输出，辐射到什么"是者"身上，就生成具体的信息；在这个意义上，一切是者都是"是"的信宿，都接收来自"是"的信息。故"是"是一切信息的来源，是信息世界的总源，作为"元信息"的"是"派生出其他一切信息，成为所有信息之"本"，一切能用"是"加以述谓的对象，都在信息学的意义上依赖于"是"……其中也解决了"是者"是如何依赖于"是"的问题。

这样，可将"是生万物"归结为一种信息的可推演性、能生性，亦即"虚拟的"的万物生成过程，至于与实在的生成过程的关系，则要依据不同的本体论立场作进一步的解释。如果认为信息哲学或信息主义并不具有终极意义的话，Being 在这里就不再具有终极的意义，它还要递归于某种终极性的哲学本体论主张。相反，如果将"是生万物"视为实在世界的形成过程，就成为"是论"意义上的典型的本体论（存在论）信息主义。

四 对"信息"的"是论"分析

对"是论"加以信息哲学的分析，可以说是信息哲学与"是论"互惠的一个方面；另一方面，我们还可以对信息哲学中的"信息"加以"是论"的分析，由此也会加深我们对信息现象的理解和认识。

由于 Being 或希腊文 on 的"是"、"在"、"有"的不分，那么对于"信息"的"是论"分析或"存在论"分析，是否能解决信息的"本体论"问题？如果不能，那么信息的本体论问题究竟是什么？是"信息的实在性"问题或"信息与物质的关系"吗？如果转回到信息的存在论分析，由于"是"和"存在"、"有"的一定程度相通，于是从"这'是'信息"就可判断"这里'存在'信息"，那么信息的"存在"是一种什么样的"存在"？从信息离不开物质的基本关系中，可以看到即使承认信息的"存在"，也是一种不同于物质存在的一种存在，那么"信息存在"与"物质存在"在"存在性"上的差异是什么？是有什么样的物质存在就会有什么样的信息存在吗？信息存在和物质存在可以完全对应吗？从有限的载体可以联系无限的信息来看，很难说"有什么物质就有什么信息"，那么载体和信息之间的必然联系如何理解？有没有根本不显现为信息的物质？物一旦显现为信息是否就不再是物本身而成为关于物的信息？由于关于物的信息和物本身并不是一回事，故人所接触和了解的物其实并不是物本身，而不过是关于物的信息，所以人是否永远只能停留在关于物的"信息界"，而根本到达不到物本身？这是不是康德哲学的"信息哲学翻版"？如果说，凡"显现"出来的物都是物的信息而并非物本身，那么当现象学主张现象就是本质时，是否也会导向"信息就是物质"的主张？

用"是论"和"存在论"来探讨信息的本体论问题，同时也是探讨信息"何以是"的根据问题。信息的本质论解决信息是一种什么性质的存在，它是由存在论问题必然过渡和引发出来的问题。因为在信息存在着的基础上我们还会继续追问，信息的从无到有、信息的产生、创造从而成为"存在者"是由哪些因素决定的？亦即信息是如何获得"存在"身份而成为"存在者"的？或者信息成为存在者后有什么特质？这就涉及到信息的内涵、功能、效应等方面，从而构成为信息的本质论问题。这两个问题，也是作为系词的"是"以不同的句型所组成的两种不同的句子所内含的问题。其一为"这是……"，后面如果跟的是"信息"，即"这是信息"，意味着信息之存在并成为存在者；其二为"什么是……"，后面如果跟的是"信息"，即"什么是信息"，意味着寻求信息的定义，揭示信息的本质。信息的存在论和本质论两个维度的紧密关联，就是"是否存在信息"与"信息如何存在"之间的关联，它们合为一体、相互交织、共同表明了信息是如何走向"是其所是"的。而且，信息"如何是"也是从更基本的层次上回答了信息"是什么"，也就是说，信息在走向"是"的过程中，在成为一种存在的过程中，同时也展示了信息的本质；就人的信息活动而言，在接收信息时，信息存在论是信息本质论的前提，因为此时首先是"有"信息，然后才是该信息是什么样的信息；在加工处理信息时，信息本质论是信息存在论的前提，因为此时首先是"造"什么信息，然后所造信息之"有"才出现。

当然，信息被纳入"是什么"的分析后，由于"是什么"就是"什么"的显现，就是"什么"的信息化，那么这里的"什么"变为"信息"后，就成为"信息的显现"问题；而信息本身就是物质或实在对象的显现，"信息的显现"就意味着"显现的显现"，那么这又是什么意思？凡此种种，还需要进一步加以探讨。

总之，我们可以用"是论"中的一些提问方式来进一步搞清楚作为哲学概念的"信息"，这对加深信息的哲学研究无疑具有重要的启发意义。

第二章　信息的生态哲学研究

随着生态哲学的兴起，用生态的眼光看世界正在成为一种新的哲学视野。如果将信息也纳入生态哲学的视野加以研究，则会有"信息生态"这一概念的生成，并且还会有"信息文明"与"生态文明"关系问题的提出。从生态哲学的维度探究信息，可使极度抽象的信息研究走向与生活世界更为贴近的新领域。

第一节　哲学向度的"信息生态"

用"生态"的视野看问题，是生态哲学中的生态主义的基本主张。但目前的"生态"主要限于物质生态。生态视角如果与信息视角相交汇，则会使"物质生态"延伸为"信息生态"，导致生态哲学和生态世界观的更加丰富。或者说，"信息生态"中，既包含了对信息的看法，也包含了对世界的看法，是一种生态视野与信息视野相融合的新视野。

一　信息生态概念

"信息生态"（information ecology）一词于20世纪八九十年代开始被一些西方学者所使用，它被用来表达生态观念与日益变得重要和复杂的信息环境之间的关联。

一般认为，信息生态系统的主要组成成分有：

（1）信息环境。包括参加信息循环的信息（资源），为人类创造、储存、传递、吸收信息提供方便的信息技术（网络基础设施）以及保证信息正常流通所需的信息政策、伦理及法律等。

（2）信息生产者。包括能从自然界、社会及已有的信息、知识基础上发现、创造信息的人，如科学家、艺术家、发明家、研究人员等。

（3）信息消费者。所谓信息消费者是针对信息生产者而言，即他们不从自然界、社会或已有的信息中去创造新的信息，而是直接或间接地依赖于信息生产者所提供的信息。如学校的学生、图书的读者、文艺演出场所的观众……

（4）信息分解者。自然生态系统的分解是使有机物的逐步降解过程，信息生态系统中的分解是指使现有的知识体系或现成信息组合分散的过程，它与信息的有序化过程正好相反。参与这一过程的所有人都可以称为信息分解者。信息分解者实际上是一个很复杂的信息网。一般意义而言，我们每个人既是信息消费者，也是信息分解者。

或者更简要地说，信息生态由信息、人和信息环境三个要素组成，这三个要素之间相互影响和相互协调所形成的一种状态就叫作信息生态。

信息生态系统的特征一般被归结为：

（1）信息生态系统是指一种结构和功能单位，属于信息生态学研究的四个层次，由低至高依次为个体、种群、群落和生态系统。

（2）信息生态系统内部具有自我调节能力。信息生态系统的结构越复杂，人类种群数目越多，自我调节能力也越强。但信息生态系统的自我调节能力是有限度的，超过了这个限度，调节也就失去了作用。

（3）信息传递是信息生态系统的主要功能。信息的多向传递构成了信息网。通常，社会组织结构的变化、信息环境因素的改变和信息系统的破坏是导致自我调节失效的三个主要原因。

（4）信息生态系统是一个动态系统，要经历一个从简单到复杂、从不成熟到成熟的发育过程，其早期发育阶段和晚期发育阶段具有不同的特性。①

从信息生态的构成及其特征可以看到，研究信息生态的目的就是要建构信息与环境之间的良性关系，实现信息生态系统的平衡，从而促进人、信息环境乃至整个人类社会的可持续健康发展。

二　信息生态与自然生态

目前，信息生态已经成为人们在信息时代面临的一个越来越重要的问

---

① 蒋录全：《信息生态与社会可持续发展》，北京图书馆出版社 2003 年版，第 141 页。

题，并且是一个跨越诸多领域的复杂问题。① 但迄今对此分析得较多的是其社会学维度和管理学维度，还未见从哲学维度上所进行的分析。然而，信息生态不仅是个社会问题、政治问题（信息安全、信息政策等）、经济问题和管理问题，也是个哲学和世界观的问题，如果缺少了这个维度的分析，对信息生态的认识就不全面，也不深入。

当自然生态在人为活动的干预下产生变化，使得自然的人反而与之产生不适，或者说被改变了的生态与人的自然需要有龃龉时，我们就称自然生态"出了问题"。同样，当人从总体上表现出对自己所创造的信息环境"不适"时，就是信息生态出了问题。我们知道，在自然生态中的生态问题主要是生态的污染和失衡，同样，在现代信息社会中的信息生态问题同样也是信息生态的污染和失衡，如有害、无用和垃圾信息的泛滥，以及信息超载、信息爆炸、信息垄断（导致信息鸿沟、数字鸿沟等）、信息犯罪以及发生在个体身上的一些不良信息症状（如信息饥饿症、信息过量症、信息错位症、信息孤独症、信息恐惧症）等等。

自然界的生态失衡导致生态灾难，危及人的（物质性）生存；而信息生态的失衡导致的是信息生态灾难，危及的是人的精神生活，当然反过来又危及人的物质性生存。自然生态关涉人的身体健康，信息生态关涉人的心理健康，进而还可能影响人的生理健康。

自然生态的问题是由人的物质性活动的不当引起的，信息生态则是由人的信息（精神）活动的不当引起的，其中，既有信息制造者的不当，也有信息管理者和接收者的不当。

当然信息生态与物质生态也有许多的不同，例如自然生态如果出现问题，通常在其波及的范围内是"一视同仁"的，无人能"幸免于难"。但信息生态失衡时，通常是有获利者与受害者之分的，有的获利者甚至是专门为了营造这种信息生态的失衡来谋取利益的。

自然生态起于社会原因，成于自然现象，也构成生产力的要素；而信息生态完全是一种社会现象，尽管可以表现在社会群体的不同层次。如果说自然生态的失衡是一种人类性的负面现象，所以成为各种社会都要

---

① 例如 Alexei L. Eryomin 就提出了如下若干种信息生态的分支概念：政治信息生态，国际信息生态，经济信息生态，信息语言生态，公众传媒/信息生态，生理和医学信息生态，卫生学信息生态，人类信息生态。参见 Alexei L. Eryomin，Information Ecology — A Viewpoint，*International Journal of Environmental Studies*，Apr. 1998，Vol. 54，Issue 3/4.

"治理"的问题，那么信息生态的失衡则是一部分人所极力要维护的现象，在这个意义上它也是利益冲突的必然伴生现象，甚至在信息的财富价值显得越来越高昂的时代，就更是要将信息生态的失衡变成产生巨富的现代土壤。信息生态的这种价值负载使得它具有上层建筑的属性，不同的信息生态显示出不同的群体利益，同时也反映出不同社会的经济状况和文明程度，并包含了社会规制等要素。

　　与两种生态相关的信息消费和物质消费也有不同的特征。信息需求是人的基本需求，现代心理学的一项实验表明：如果使一个人处于与一切信息隔离的状态中，其忍耐程度远小于其忍受饥饿的程度。信息需求是有层次的，科亨（Kochen）曾将用户的信息需求状态划分为客观状态、认识状态和表达状态三个层次。对信息消费来说，支配信息占有行为的不是客观信息需求，而是主观信息需求，即处于认识和表达状态的信息需求，并且信息占有越多，信息需求越明确，反之，信息需求越明确，信息占有越多。信息占有和信息需求的这种双重建构本质使信息消费表现出边际效用递增的特性，这也是信息消费与物质消费的一大区别。[①] 因为在物质消费过程中，人的物质财富占有越多，就需要得越多，但同时需要得越不明确，即越不知道自己还需要什么。

　　信息生态和自然生态的总体区别，就是它的非自然性和非物质性，它既不是自然现象，也不是物质现象，而是人为的或人工的"客观精神"现象，或者说是人的精神生活的一种精神氛围和人文环境。这也可以称之为信息生态的"人文性"。当然这并不是否认自然生态也具有人文性，但那毕竟是间接表现出来的，其本身还是一种直接的物质的自然的现象。信息生态的人文性则是一种直接的凸显，一提到信息生态，就知道是人类信息世界的特有现象，以至于我们所称的"自然信息"其实都是人工信息，如用仪器接收的自然信息，就已是被人工的技术所"居间调节"或被"多级中介化"后的信息。就是说，信息生态中的信息离不开人和技术的建构，"人文性是信息生态的明显标志……基于人文的信息生态研究所强调的是人。人位于信息生态的中心位置。"[②] 这种"以人为本"的信息生态的哲学视角也辐射到信息生态的其他层次，例如从信息管理的具体角度

---

① 沙勇忠、高海洋：《关于信息消费的几个理论问题》，《图书情报工作》2001 年第 5 期。

② 陈曙：《信息生态研究》，《图书与情报》1996 年第 2 期。

来看，"信息生态论以人为本的思想导引了信息构筑体系中用户体验和可用性的研究。所谓用户体验是指包括帮助用户在网站上快速而简便地完成其目标的一系列工作。所谓可用性，是指某个特定产品在特定使用环境下为特定用户用于特定用途时所具有的有效性（Effectiveness）、高效率（Efficiency）和用户满意度（Satisfaction）。"①

当然提出信息生态的问题，主要的还是基于两种生态的同一性，这就是它们共同遵循的生态学视野。由于生态学视野最初形成于自然生态领域的研究，因此信息生态的提出可以看作是一种方法的移植或视野的融合。由此也产生出类似的目标追求：要防止信息生态环境的恶化，像爱护自然生态一样爱护信息生态，对其加以合理的开发利用和管理。

三　信息生态的本体论问题

从信息生态与自然生态的上述关系中，也显示出信息生态的本体论特征。

本体论要探讨存在的性质，信息本体论要探讨的是信息生态作为一种存在的性质，例如它是一种客观的信息分布和结构状态，还是一种主观的心理感觉？

从相互依赖的视野来看，信息生态一定是存在于信源和信宿相对接的情况下：没有作为信源的关于客观的信息，就形不成所谓的信息环境；没有作为信宿的接受主体的识别和感受，则不可能使这些信息发挥环境的作用，就构不成对主体具有价值功用的信息生态。可见，信息生态是两个世界相互作用与建构的产物，是人的内部信息世界对外部世界的一种感受和评价。正是在这样的理解背景下，信息生态被看作是人们在信息交往的社会环境下生存和发展的状态，而且更多地将信息生态看作是一个集合概念，包含了信息的质量、管理、产品和价值以及信息服务和需求的评估等。② 它也包含着确定一个组织中信息的创造、流动和使用的各种相互作用的社会、文化和政治亚系统，并主要由内容（Content）、用户（User）和应用环境（Context）三个因素构成。

---

① 刘强、曾民族：《信息构筑体系及其对推动信息服务业进步的影响》，《情报理论与实践》2003 年第 1 期。

② Alexei L. Eryomin, Inrormation Ecology—A Viewpoint, *International Journal of Environmental Studies*, Apr. 1998, Vol. 54, Issue 3/4.

所以，信息生态是围绕人而形成和展开的，其生成、演变的状况既是由人引起的，也是反过来建构人的，是一种以人为指向和核心的信息存在状况。

这就是说，人的内部的主观的信息世界和外部的作为环境的客观世界是互相映射和互相建构的，一方面，构成外部生态的客观信息是人工创造的信息，是无数个体的主观信息外化或输出后汇集而成的，当然其中经过了各种选择和形成的过程，其中也包含了如同在自然生态中物种的分布形成时所经过的生存竞争和适者保留的过程。被社会性保留下来的个人所创造的信息成为如同波普尔所说的"世界3"一类的客观现象，再反过来行使影响个体内部信息活动的功能，构成为相对于人的主观信息世界来说的外部信息环境，也就是生成为所谓的信息生态。就是说，信息生态无非是无数人的"内心世界"外在化后所形成的"信息联合体"，是信息处于客观流动的虚拟空间，它具有作为某种"外部"存在的可感性，如可视性、可闻性、可读性等等。

不仅是作为信源的传者，而且作为信宿的受者，也以自己的信息世界建造着外部的信息世界，这就是其"需求"信息。如同物质需要刺激物质生产，信息需求也刺激信息生产，有害信息也是因为有了相关需求才被制造出来的，畸形的信息生态是因为信息的需求者和提供者共同形塑的。可见，一切信息的制造者（信源）和信息的接收者（信宿）都在营造着外部的信息世界，进而都是信息生态的建构者。

因此，信息生态的本体论基础就是个体的主观的内部的信息世界。离开了个体的主观信息世界，信息生态既不能生成，也发挥不了功能和作用。

另一方面，人的主观信息世界也是在信息生态中被建构和生成的，因为人没有一个"先验"的主观世界，人的经验、知识等是在和外部世界打交道的过程中，在不断摄取外部信息的过程中逐步"养成"的，因此它的内部的主观信息世界也是映射（或内化）了外部的信息生态环境的，即也是在后者的作用与影响下被建构起来的。此时，信息生态作为人造的技术产物，就行使着如同海德格尔所说的"座架"的功能，任何人都脱离不了它的"限定"与"促逼"，通过人对于信息生态的顺应和同化作用，个人的内在信息世界最后成为外在信息生态的某种缩影。由于信息生态是在各种媒介中呈现出来的，于是就如同德国学者莱德尔迈所说：我们的心智结构被我们使用的不同媒介所改造。①也是通过信息生态，人和人之间才形成完整的主体际关系，人才成为真正的人，这也是人的"社会化"的过程：其中的一个侧面就是个体的信息世界与社会性的信息生态之间匹配和衔接起来。

两个信息世界的作用是双向性和同时性的，这就如同马克思所说的，环境对人的改变与人对环境的改变是同时发生的，或者如同在现象学的视野中，这种互相建构印证了："世界是某种我们必须通过我们的行动加以修正的东西，或者是修正我们行动的东西。"② 这样，信息生态作为一种"日常生活世界"，就"绝不是我个人的世界，而是从一开始就是一个主体际世界，是一个我与我同伴共享的世界"③。两种信息世界是互相映照、融为一体的，从而"我"与信息生态是融为一体的：有什么样的"我"就有什么样的信息生态，因为无数"我"之间的主体间性构造一个共享的信息空间；同时有什么样的信息生态就有什么样的"我"，因为我是在所有"我"所共建的信息空间中成长起来的。一句话，两个信息世界是相互生成的，而不是彼此分离的既成现象。由此也引申出相应的责任原则：创造信息和消费信息的过程本身就是设计我们存在的方式，建构我们"如何是"与"是什么"，也就是在建构一种我们与之融为一体的信息生态。

因此，即使是所谓个人的主观信息世界，也绝不仅仅是个人的世界，因为它既映射着外部的信息生态，也建构着外部的信息生态，某种意义上它自己也形成一种信息生态，这就是个体的内部信息生态，并且和外部一样，也会在信息的流动或结构出现不平衡时出现"生态问题"。例如，"就个体的信息需要和接受来看，信息输入得过多或过少，都会造成个体的身心不适，影响人的健康。社会信息总体上的不平衡导致社会文明的病态，比如色情信息泛滥、隐私信息流行和虚假信息防不胜防等；个体信息输入与输出的不平衡则导致个体的病态，有信息过剩综合征与信息荒漠综合征两类情形，目前尤其以信息过剩导致的信息病症为突出，主要包括信

① Karl Leidlmail, From the Philosophy Technology to a Theory of Media, *Society for Philosophy & Technology*, 1999（3）.

② ［奥］阿尔弗雷德·许茨：《社会实在问题》，华夏出版社1998年版，第285页。

③ 同上书，第409页。

息混乱、信息负担、信息焦虑和信息恐惧等"①。

在这里，信息生态同样凸显了其作为人文环境的特点，它是人的主观信息世界即人过精神生活时与之交流的对象，是认知和心理活动感应的背景。

信息生态的基本要素是信息，有什么样的信息，就有什么样的信息生态，这就是信息生态作为整体的相对独立性，甚至构成"信息霸权"的地位，成为一种客观化、外在化，甚至异己化的强大力量。例如，舆论环境就是一种信息生态，对人的实际行为产生着很大的影响。

这种力量的效果不仅仅局限在信息和人的精神领域，而且反过来影响社会实在，如影响信息社会的发展。又如市场信息的真实丰富可以极大地降低交易费用，所以才有比尔·盖茨的如下论断：完美的信息是完美的市场的基础；甚至在"信息化带动工业化"的社会发展战略中也包含着信息生态建设的重要性。还有，信息生态也会影响个体的实际存在状态，因为信息生态如果影响了一个人的信息能力，也会影响他的经济状况等——尤其是在知识经济时代。另外，无论对于社会还是个体，大量制造垃圾信息或被无用信息所充斥，还必然大量地浪费社会和个人的时间财富以及承载这些垃圾信息的物质载体和资源。这就说明，人和社会的健康发展都需要良好的信息生态作为支撑。

信息生态的本体论问题还涉及到它与自然或物质生态的本体论关系问题。如果将信息生态脱离于物质生态，或"凌驾于物质生态之上"，或认为世界的本质是生态，而生态的本质是信息，就成为一种如前所说的强信息主义。

四　生态信息世界观的多维意蕴

整个世界是一个最大的信息生态系统，每一对象或事物是一具体的信息生态系统；不同对象的区别，也在于其中的信息生态系统具有不同的特征。

也就是说，当信息被视为一种生态后，生态世界观也可以从信息化的角度加以扩展，而不是像先前那样只是从物质的角度去加以考察；这也是一种看世界的新方式。这种方式又使信息的方法特性被进一步揭示出来，

---

① 曹劲松：《论信息伦理原则》，《江西社会科学》2003 年第 10 期。

使生态信息观的多维内涵得以展现。

信息的普遍联系观和整体观：信息生态也意味着信息本身联系的普遍性，包括信息生态中各种要素之间的互相依赖性。信息生态依赖于信息而形成，而一定的信息生态一旦确立，反过来又形成对信息的"过滤"作用，决定信息的"适者生存"的标准，影响到什么样的信息可以被生产和储存，以及谁可以获得什么样的信息等（也是一种信息分配的结构和制度），从而构成一个相互作用的整体。

信息的人文观：一切都是物质生态系统的同时，也都是信息生态系统，于是对世界的观察，既可以从物质生态的视角——寻求各种物质形态之间的相互作用、和谐相依、平衡分布；也可以而且必须从信息生态的角度——造就紧密的信息交往、有利的信息养料、优质的信息内容、平衡的信息配置等等，从而有利于信息生态系统中诸要素的存在和生长……于是，信息生态也是一种人学视野，我们对自己生产和使用的信息负有责任。

信息的"生活世界观"：如果世界是"生活世界"的话，这个世界更是一个人工的信息生态系统，人生活于其中，获取"精神养料"，享受"文化生活"，在与外部的"信息生态"的互动中建构自己内部的信息生态，即建构自己的精神世界；"人在世界中"的一个重要方面，就是人在信息生态中，世界的变化就是信息生态的变化，而信息生态的变化也是世界的变化；人对世界的要求也是对信息生态的要求。例如，当"信息鸿沟"、"信息污染"、"信息异化"等等现象出现时，"生活世界"就出现了信息生态意义上的不平衡，于是就需要进行信息生态系统的平衡建构，这也是哈贝马斯所强调的要通过重建交往方式来实现"交往的合理化"。信息生态的变迁给我们带来了人与人之间关系的新变化。

信息的价值观：信息是动态的，信息生态也就有不同的状态，如果与人的需求相联系，就有了人对某种信息生态状态是否满意的评价，由此有了善恶好坏之分。不仅如此，信息生态中的信息由于其本身也是价值负载的，因此信息生态本身也就成了一种"价值场"。信息生态问题的产生一方面具有事实基础和客观条件；另一方面也不能忽视人的感觉。比如什么样的信息是污染信息？针对不同的对象就有不同的含义，甚至在不同场合也有不同的断定。推广到一般的情况，什么样的信息生态是好的，什么样的信息生态是不好的，这种表述无论多么客观和中立，都是充满价值取向的。或者说，人不可能摆脱以人为本的视角去看待信息生态的问题，尤其是信息生态中的善恶问题。信息生态的这种价值倾向实际上就是信息本身的价值倾向，也就是制造或接受信息的人的价值倾向性。正如卡普罗所指出的，"不存在什么'纯信息'（正如不存在'纯事实'一样），信息总是和理论上的或实践上的'前理解'（pre-understanding）相关的。这意味着我们总是可以就此作出某些评判"①。也就是说，信息的不同创造和接受主体规定着同样信息的不同人文属性，亦即好坏善恶的分野。所以在这个意义上，任何一种信息生态状况，都不可能令所有人都满意，或者说，信息生态总是有需要改善的余地。

从价值论上看，信息生态成为人的最基本的文化生存环境之一。尤其是在电子信息时代，我们的生存环境变得越来越数字化，我们就生活在由"1"和"0"组成的一串串"比特"所代表的数字化信息空间中。因此，如果信息生态出了问题，势必极大地影响人们的精神乃至物质文化生活。

一般来说，当人们认为信息生态存在"问题"时，通常是因为它有害于大多数人和整体社会的健康发展。信息污染被认为是信息生态中的最主要问题，表现为不良信息内容通过各种信息渠道对信息环境造成的破坏，然后对人和社会产生有害影响。因此一种观点认为，"对于信息生态的善恶分析主要从是否有利于人的发展和推动社会文明进步上加以判别"，在这个意义上，"良好的信息生态要能够满足人们正常的精神需要，并引导每个人充分发掘自身潜力，进而推动人类社会文明的持续进步。"②而更一般地看，良好的信息生态应该是一种有利于人和社会健康发展的人文环境。

从目前人们所公认的信息生态中的种种负面效应来看，可以归结出质和量两大类信息生态问题。像信息污染（有害信息、虚假信息、垃圾信息等）主要就是因为信息的品质而导致的信息生态问题，是从质上所判断或归类的"坏信息"或"伪信息"。一些专家认为，现代社会信息流中，实际上无用甚至有害的信息不少于55%，在个别领域甚至达到80%。由于信息垃圾的干扰，许多花费巨资建立起来的数据库只有10%是真正

———————————
①　Rafael Capurro. *Towards an information ecology*，http：//www. capurro. de/nordinf. htm，2000-05-28［2009-08-09］.

②　曹劲松：《论信息伦理原则》，《江西社会科学》2003 年第 10 期。

有用的。这显然构成了不利于人的信息大环境和小环境，不符合人的正常需要，妨碍人的健康生活和社会的有序运行。例如，一个社会若充斥虚假信息（如虚假广告），使人处处上当受骗，就会强烈地感受到信息生态的恶劣（也构成人文环境不佳的一个重要方面），精神处于一种缺少信任感和必须处处提防的紧张状态，以及出现信息混乱、信息负担、信息焦虑和信息恐惧等内部信息生态的不良状态，对日常生活世界起着解构的作用，这是人们通常所公认的一类信息生态问题。

另一类属于量的问题，如某类信息过剩或某类信息不足，又如信息分布或分配的不合理，不同人群中信息量占有的不对称，以致出现"信息垄断"或"数字鸿沟"，一些人群或领域中出现"信息荒漠化"，而另一些人群或领域中出现信息过量。信息匮乏使人空虚无助，过量的信息或"数字化泡沫"也会被淹没从而使人找不到有用的信息，出现和信息荒漠化同样的效果，这就是"信息越多反而意味着信息越少"的道理，在此时对于信息的"饥饿已迅速转化为消化不良。"[①] 不仅如此，"我们一直以为信息丰富是一件美妙的事情，直到后来才明白，它可能会夺走我们与生俱来的精神权利——安宁。"[②] 另外，我们还知道信息是一种越用越多的资源，但越用越多时也容易越用越乱。这些都是在量上分布的不均衡，所以可统称为信息生态的"失衡"。信息生态失衡则导致社会不能协调发展，社会中的人群不能全面发展，因此也构成一类不利性的信息生态状况。

当然，这里也涉及到一个重要的问题：信息生态平衡的标准是什么？什么样的信息生态是理想的信息生态？信息生态是否"优质"谁说了算？尤其是信息污染的判别标准由谁来定？判别信息生态善恶的标准是如何确立的？是谁确立的？这样的标准之合理性何在？个人有选择和划分权吗？再就是人在信息生态中的信息自由问题，如此等等。所有这些问题，都是为了重视信息活动的生态效应，树立信息生态意识，不断改善信息环境，建构良好的信息生态，促进积极信息的有效应用，导向高雅的精神生活，提升现代社会的文明水平。这也可以视为探寻信息生态的"终极价值"。

---

① ［美］约翰·希利·布朗等：《信息的社会层面》，王铁生等译，商务印书馆 2003 年版，第 5 页。

② 引自［美］戴维·申克《信息烟尘》，黄锫坚等译，江西教育出版社 2001 年版，第 175 页。

第二节　网络失范：对一种信息生态失衡的哲学分析

当前信息生态失衡的最突出表现就是网络失范。网络失范是信息时代的产物，是网络社会中的信息不文明现象，其病态性和破坏性目前引起了社会的极大关注，原因在于网络失范对社会的危害性极大，从价值论意义上是一种社会的"负能量"，从本体论根源上是将"虚拟"与实在完全割裂，从认识论根源上是对网络语言功能的误解，从人性论根源上则是对"自由"的恶意理解和借助网络技术的不当追求。对网络失范的治理需要从制度、技术和人文等方面整体地推进。

一　网络失范的哲学价值论属性

对于社会发展来说，"失范"具有双重性，从积极的方面来说，失范可以打破旧的规范和"常态"，建立新的规范和进入"新常态"，在这个意义上"失范"作为一种"异常"视为传统生活方式、宗教信仰或道德规约对社会新环境的不适应，也可以理解为促进旧式思维更新的推手，从而蕴含着思想启蒙的可能性，进而具有"破旧立新"的作用。如同库恩在分析科学发展时，就以"范式"（也就是科学领域中既有规范）受到新发现的冲击而使"常规科学"陷于危机，然后通过新范式的建立形成"科学革命"，进而使科学进入到新的常规科学，由此实现了科学的发展。从消极的方面说，失范就是失衡，是指一个社会或群体中由于缺乏规则而导致的混乱无序状态，或是社会正常运转的秩序遭到破坏，使生活于其中并适应该社会环境的人受到伤害。如同涂尔干所表明的："我们所要揭示的失范状态，它造成了经济世界中极端悲惨的景象，各种各样的冲突和混乱频繁产生出来。"①

目前界定的"网络失范"并不是那种能带来积极意义的"失范"，而仅指那些造成消极后果和负面影响的失范，如网络语言暴力横行，人肉搜索的滥用，网络黑客和病毒的入侵，不健康文化的传播扩散等，是典型的信息生态失衡现象。正如自然生态的失衡会导致灾难一样，作为信息生态

---

① ［法］埃米尔·涂尔干：《社会分工论》，渠东译，生活·读书·新知三联书店2000年版，第14页。

失衡的网络失范有损于网络空间的安全稳定繁荣，危害人和人之间的和谐友好关系，并对现实社会的发展造成诸多不良影响，因此"失范"在这里是作为"贬义词"来使用的。由于在目前的约定中，网络失范主要是指"网络道德失范"，即网上的那些违反了人类共同认可的伦理原则和道德规范的行为，而这些原则和规范是经过人类千百年的社会生活与实践经验证明对人类总体具有积极意义的东西。因此从价值定性上，几乎任何社会的主流群体都对网络失范持否定态度。

或者说，如果我们认为社会的运行应是处于"常态"的、人的行为应是"正常的"，那么失范就是"病态"的，失范行为就是"异常的"，此时的失范行为通常会影响到社会的正常运行和民众的安居乐业，并可能造成社会无序和价值混乱。在这种"前置性"的价值定位下，"网络失范"就是网络中所有受到道德谴责和伦理批判的行为与现象，是信息时代的部分网民与正常的伦理道德规范发生冲突而产生的越轨现象，是对既有的处于平衡和谐的信息环境的破坏，继而影响到线下的现实社会，因此成为需要治理的"社会问题"，随此也需要给予理论上的重视并分析其根源。

目前，网络失范的表现纷繁复杂，从哲学价值论的角度，可将其分为"价值前置型"和"价值后置型"两大类，前者指那种在动机上有意为之的网络失范，后者则是并无主观上的失范构想，仅是无意的网络跟从（如不分事实真伪的"转发"）而造成了失范的后果。这一分类也派生出网络失范的主谋型与跟随型，比如网络欺凌、网络审判和网络恶搞中就通常可以区分出这两种不同的失范主体："主谋"有意地引导网民对目标进行打击，把其个人隐私暴露出来并加以攻击，随即有无数跟风的网民发声；也许跟帖的人本以为是支持正义，随舆论大势谴责某事，事实上很可能从"围观"变成"围殴"。也可以视这种分类为基于网络行为的动机所进行的分类；由此还可以基于网络行为的主体进行分类，如分为机构型和个人型的网络失范；还可以根据网络行为失范所影响的对象来分为自我伤害型（如网络沉溺、手机控等）和伤害他人型的网络失范；此外，根据网络失范所失之"范"是道德规范还是法律法规，可在网络失范的效果上区分为网络道德失范和网络违法失范，前者如发送垃圾信息、进行网络灌水、制造信息泡沫，为吸引眼球而编造耸人听闻的假消息或假新闻等等。近期被痛批的新媒体中的"七种病"就属此列：内容同质化、求快不求真、迷信点击率、标题玩惊悚、广告硬推销、剽窃成重症、媚俗无底线。① 这些行为即使没有触犯法律，也因其无端消耗网民的时间和精力、浪费珍贵的网络资源以及败坏社会的道德风尚而应受到责备。当然，更有甚者是超出法律边界的网络失范，如引发公众恐慌的网络谣言，导致他人伤害的网络暴力，以及毒害青少年的网络色情传播，还有以窃取不义之财为目的的网络欺诈，盗窃国家或其他社会机构机密从而危及网络安全的黑客攻击等。无论哪种网络失范，其共性是给其他的网络使用者造成了困扰，干扰了网络社会的正常运转并影响了线下的现实社会，造成了普遍性的伤害。所以，网络失范是需要认真防范和严肃治理的社会"负能量"。

二　网络失范的哲学根源之一：对"虚拟"的本体论误解

网络空间又被称为"虚拟世界"，由此在本体论上形成了不同于"现实世界"的一个"新世界"，使得一些网民认为网上出现的行为偏差并不具有现实中出现行为偏差的实在性，也无须承担现实的责任，因此可以"不计后果"地恣意妄为。这其实是对网络属性的本体论误解，从而也是网络失范的本体论根源。

由网络生成的虚拟世界与现实世界确实具有一定程度上的分离性，这也正是现实世界中的行为规范不能在网络世界中有效地发挥作用的原因之一。网络提供了一种人可以物理性不在场而仅是虚拟在场的交流手段，此时人可以匿名地将实在的自己遮蔽起来，视网络为摆脱现实束缚的"世外桃源"，企求将现实中不能实现的那些想入非非的"梦想"都拿到这个虚拟世界中去实现；或视其为宣泄一切情绪和感受的地方，可以为所欲为的世界，现实世界制定的法律和形成的伦理规则在这里应该统统失效……

其实这是对"虚拟实在"的本体论误解。从哲学的视角上看，网络空间作为一种"虚拟实在"，它是"虚拟"的，但又是"实在"的；作为虚拟实在的网络空间与个人头脑中的"主观世界"是不同的。头脑中的主观世界既是虚拟的又是不实在的，在其中进行的活动是纯粹的精神活动，无论活动的范围还是效果都限于个人的头脑之中，不具有"公共性"和"客观性"，所以不会对他人造成客观影响。而在网络空间中所进行的

---

① 于洋、张音：《内容同质化求快不求真 新媒体需治"七种病"》，《人民日报》2015 年 4 月 2 日。

活动都是在超出了个人头脑之外的公共空间中进行的活动，必然具有客观的效应，可以形成实在的后果。就是说，网络世界并不是一个本体论上的"虚在"，而是具有多方面客观性和实在性，从而是现实世界的延伸或一个特殊的组成部分，这也是我们在分析信息尤其是"客观信息"的实在性时所阐明的道理。在这个意义上，网络中的规范和现实中的规范、进而人在"线上"的责任和"线下"的责任都具有本体论上的对等性。

网络空间具有的客观性和实在性可以从以下几个方面去更具体地理解：

其一，从技术的角度看，网络作为"网络内容"的载体和信息传播的媒介，它一旦被创造出来就与世界的一切物质一样是客观存在的。作为客观存在物，网络有物质的一切基本属性，一些网络失范行为对网络基础设施造成的破坏就是实实在在的破坏。在网络欺凌中，网络作为人与人交往的中介，实质上是这种暴力行为的"武器"，就像枪炮一样恐怖。

其二，从传输的内容即网络中的意义表达所产生的精神影响来看，网络具有"信息实在性"。人无论在虚拟空间还是现实世界中，其精神、意识活动都是真实（即实在）世界的组成部分，因此无论源于网络传播还是现实传播，网络内容对人的精神世界的影响都是真实的，都在实际地改变着人。因此网络失范即使只对他人造成了"精神上的损害"，也是一种实在的伤害，如在网上散布的谣言往往会迅速蔓延，足以产生人心惶惶的实在效果。事实上，网络欺凌、网络审判等暴力行为的施加者和受害者都是现实世界中的人，尽管他们在网络中是虚拟在场或以"信息人"的方式在场，但最终受到影响、包括受到伤害或打击的还是具有真实情感的活生生的人。而免受他人的精神损害是人所应具有的一种既重要也实在的权利。

其三，从网上世界与网下世界的连续性来看，以为在虚拟空间中的行为不在现实世界中产生实际的后果的看法是不成立的。虚拟和实在之间的联系是客观存在的，这是因为网络是开放的，它的效果并不仅限于网络自身，而是向"网外"或"线下"延伸的，因此虚拟世界对人的影响可以变为实在的影响，虚拟和现实的转换是时时刻刻都在发生的。一方面网络本身就是现实世界的延伸，许多网络失范无非是现实失范的网络表现；另一方面，现实世界也是网络世界的延伸，网上的行为常常发展为现实的行为，例如从网络围观到网下围攻，从线上的人肉搜索到线下的人身摧残都不乏其例。可见，虚拟世界中的失范必然影响现实世界，就像精神世界会影响物质世界一样。

其四，从虚拟主体的实在基础来看，网络上的虚拟主体都是受实在主体支配的，并非纯粹的"虚无"。我们在网络中交流的前提是有手有脑、身体在现实世界存在着，这些"虚拟人"或"隐形人"的交流并不脱离现实，不脱离他们的背景、文化和传统。因此在责任上虚拟主体是要向现实主体归位的。以为道德只对在场的身体起作用，而身体的缺场似乎就是道德规范的缺场，这样的理解是全然错误的。"虚"背后的根基是"实"，从终极的意义上，即使是人在网上的虚拟在场也是人的实在性在场，虚拟人只是其"牵线木偶"或"化身"、"代理"，而主体的"虚拟行为"完全是由其实在动机引发的，因此所需承担的责任也就是实在的。从因果关系来看，网络本身不是责任主体、语言符号和声光等信息流的电子载体也不是责任主体，剩下的就只能是在网络上操控这些信息流的那个实在的人才是责任主体。

总之，虚在的虽然不同于实在的，但两者之间具有本体论上的关联性，尤其是具有相互转化的关系；或者说，"虚拟"不等于"虚幻"、"虚无"，它是以另一种方式存在的实在，它是实在的人（即使在"幕后"）出于实在的动机并通过实在的技术所进行的活动，所产生的也是实在的效果，所以网络失范以对"虚拟"的本体论误解作为其"免责"的哲学根据是不成立的。

三　网络失范的哲学根源之二："网络言语行为"的认识论误区

我们知道，语言具有普遍的认识功能，而当现实交往中的语言转变为网络语言后，则具有新的认识论功能，这就是更为凸显的"以言行事"的功能。

现实世界中，语言的功能主要是交流思想，行使的主要是"认识世界"而非"改造世界"的功能，即主要是"知"的作用而非"行"的效能。一个人在现实世界中如果"只说不做"就会被视为"空谈"，产生不了什么行为的效果，从"实践"的观点或"改造世界"的角度上就是意义或价值不大的"坐而论道"。这一惯性理解如果原封不动地搬用到网络世界中，就会以为在网络中的言语活动也只是一种纯粹的认识现象，不具有行为或行动的实践效果，以为只要"君子动口不动手"就不会对他人造成实际的伤害，从而误认为无论怎样使用语言都不为过。可以说，这也是网络失范中网络语言"脱序"为"语言暴力"且在暴力性上胜过任何以往的书面语言和口头语言的认识论根源。

　　然而，网络扩展了言语活动所具有的认识论功能，使其成为一种具有真正"行为"功能的"言语行为"。在网络这一场域中，不仅人的思想，就连人的行为都主要是通过其语言展示出来的，此时"以言行事"的信息行为就成为人的实际行为，"说"就是"做"。在这样的关联中，网络的言语失范就是网络行为失范，而网络行为失范即使并非全部是、但也主要是网络言语失范，因为在网络上主要是"以言行事"；或者说，网络中的"言语"既是认识的工具，也是导致实际后果的手段，具有了知和行的双重效应，其负面表现就是可以成为实际的"暴力"。所以我们看到，网络上的语言暴力行为——语言攻击、语言谩骂、言语侮辱等发生后，这些看起来或起初是"不流血"的人身攻击，到后来往往酿成了血淋淋的人间悲剧，如一些受害者在遭遇网络语言谩骂后不堪羞辱而选择了自杀。可见网络的言语失范完全具有从行动上危害他人和社会的可能性。在这个意义上，网络不仅是人在信息时代的大脑和认识手段，也是人在信息时代的"肢体"和能够导致实在的物质性后果的"实践工具"；或者说，网上所发生的一切，都是在广义的网络语言世界中完成的。

　　从技术性能上，网络是人的感官的延伸，而一旦有了这种延伸，网络就具有放大和扩展人的认知和行动的功能，其产生的现实效应就较之人以自身的身体去感知世界和影响世界时放大了千百万倍。网络的无所不在、数字化复制和传播的极度便捷，使得网络失范极易被技术性扩散，并加速度地产生危害和负面影响。所以在互联网上人的一个"心动"或手指进行的一次轻轻的点击，所产生的实际影响是难以估量的，它能掀起多大的风暴也是难以预测的。因此网络失范的认识论根源是不能忽视的，必须改变对于语言的功能仅限于认识世界的狭隘理解，而要看到技术辅助下的网络语言功能被极大地扩展，看到网上的语言交流比现实中一对一甚至一对多的交流时产生的影响要大得多，从而网络的语言失范所形成的破坏性可以千倍于现实世界中的语言失范的危害性，因此网上对"谨言慎行"的要求或约束应该更甚于现实世界。

　　除在网络上对语言功能的这种认识论误区外，网络失范的认识论根源还表现为无限制、无规范的"网络语言"或"另类书写"的随意制造，导致语言规范的丧失、语言交流功能的弱化，语言表达的歧义和误解增多。我们知道，语言是不断发展的，因此也不断拓展了人们想要表达的新认识、新感受、新的内心世界。网络语言作为网络时代崛起的语言方式，其活泼、新潮、接地气等特点增加了语言的丰富性，但同时也因其缺少"把关人"的特性而给"语言失范"提供了新的可能，使得网络低俗语言有可能大量涌现，使得个别的"网络地盘"充满了污言秽语，成为不堪入目的藏污纳垢之处，也成为聚集社会戾气的角落，并影响到现实世界的语言使用和规范，还对网络受众特别是青少年正确使用语言乃至人格与德性的形成都造成了不利影响。

网络还因其特殊的语言——视频使用的便捷性和广泛性，而形成仅有书面文字时所无法比拟的认识功能，如果这种功能被负面地、失范地应用，所造成的消极后果也是十分严重的。例如，网络视频使得图像思维占据支配地位，而图像的直接性对于传播淫秽信息更具效力，从而对青少年的危害更大。网络视频还被用作"爆料隐私"、"抹黑他人"的手段，2010 年，20 岁的大学生拉维偷拍到其室友克莱门蒂与同性伴侣亲吻，并将消息发布在了社交网站上博眼球，无法承受压力的克莱门蒂最终从乔治·华盛顿大桥跳下。2013 年 18 岁的广东陆丰女孩小琪由于被怀疑偷窃，监控视频上网后被"人肉搜索"并遭到无数陌生人的审判，终因承受不住压力跳河自杀，酿成又一个用网络摄像头来施加的网络欺凌悲剧。

总之，网络语言所具有的认识和实践的多重功能，以及网络语言借助多媒体技术而形成的更具直接性和穿透力的视频表达，都是语言的威力借助网络技术而实现的新扩展，它同时也构成为网络失范的新的认识论工具。

四　网络失范的哲学根源之三：对"自由"的"人性论"扭曲

我们知道，追求自由是人的"天性"，而这一天性又与我们通常讨论的"性善"、"性恶"是紧密相关的。

"什么是自由"是一个充满歧义的问题，可以说，从善意出发去理解自由的含义并探求实现自由的合理路径，构成了人类理解自由的"主旋律"。但在这一主旋律之外，也还存在着将"自由"作为幌子去谋求一己私利的"杂音"，这就是出于恶意的"自由行为"：一种极端的个人主义与绝对自由和无政府主义等等的混杂。

　　人性是复杂而非单一的，在康德看来，人"生来"就有的是他的自然本性，自然本性是自然赋予人的动物性本能，不是人自己有意识地确立起来的；康德认为人的本性是"恶"的，这从人类史大量充斥着野蛮、纷争、杀戮的"不文明"可见一斑。当然，在我们看来，自由在大多数情况下并不总是与"人性恶"联系在一起的。经过社会的教化，人性中无疑会培育起许多优良的品质，诸如利他、慈爱、忍耐等等，但也不排除因承接生物属性而仍然保留的基于生存竞争之压力而形成的"自私的基因"，以及由此衍生出来的对私利的过度追求甚至贪欲，从而导致社会关系中人对他人的排斥和争斗。此时，如同"权力"如果不被关进"制度"的笼子就容易产生寻租行为一样，人在暂时缺乏制约和规范的虚拟空间中也更容易受"本能"中的自私所驱使。当网络中的规范和制度暂时不健全时，正好为人性中的某些"阴暗面"的自发萌动和充分施展提供了平台。

　　由此可以认为，"性善"或"性恶"是人性中包含的两种"潜质"，人在后天的环境和行为会促使这些潜质的不同方面变为现实，其中追求自由的方式就是重要的影响因素之一。可以说，不论方法是否正当地追求"自由"，距作恶就只有一步之遥。而网络中的道德和法律约束通常弱于现实世界，加之匿名后形成的无拘无束感，使得人极易以不当的方式（即失范的方式）去追求自由，即以损害他人自由为代价去获得自己被扭曲的自由。随后这一关系还以双向循环的方式被不断扩增和强化，即当网络一旦成为可以"为恶"的工具后，少数人的"恶性"便借此膨胀，更加恶意地去使用网络来为自己的不当目的甚至违法动机服务，网络失范和网络犯罪就成为其"职业"，在网络上实现的这种人性恶也不可避免使其成为一种"现实恶"。

　　技术通常是社会发展中最活跃、最领先的因素，因此网络在技术层面上的进步以及直接带给人们的使用功能往往会超前于现实规制和人文观念的世界。网络的延展性使得人的生活空间再一次被扩展，在现实社会中把人们团结在一起的纽带，如固定的工作场所和法律法规等被割断，人能够脱离地域接触到更丰富多元的信息，更容易找到身份的认同和情感的归属。但是，多元文化的冲击也可能伴随传统价值观和道德观的衰落，同时适应新时代的伦理观还未取得共识，网络法律规范也未完善。而此时进入这种网络世界的人如果在"人性"或"人文修养"上存在欠缺，则会偏好这种弱于约束的如脱缰野马一般的"网络自由",此时他们的失范行为就极可能习惯化且多样化。就是说,网络提高了受众的话语权或表达的自由度,但若与部分人的人性恶相结合,就会使技术的赋权产生出负面的效应,并同时还被该技术极大地放大这一效应。"互联网最大限度地提供了发表言论的自由,但是,同时也给了种族主义分子、恋童癖者以及色情传播分子梦寐以求的传播渠道"①,当然还有其他更多的失范和失衡行为也从中获得了滋生的土壤。

技术与人性之间本来就有复杂的纠缠关系,技术可以提升人性,也可以带来道德水平的下降,这是中国的庄子和法国的卢梭都曾经揭示过的道理。甚至日常生活中的"玩物丧志"也部分写照了技术的这种道德性副作用:"他们对技术的专注以及由此而来的麻木不仁和无知无觉达到那样一种程度,致使他们的精神对人性已完全排斥,他们的心灵对仁慈毫无感觉。"② 我们看到网络沉溺、手机控所带来的种种道德失范现象,也无不为网络技术的人文负效应而担忧。而更令人担忧的还是一些人由于其美好品质的培育不足,即人文教化的不足从而人文素养的不高,在享受新科技的效用时,缺失"善用"科技成果的人性意识,为一己私利将网络作为伤害他人、有意为恶的工具;此时的网络失范较之现实失范还表现出失范的技术含量高(失范的方式不断翻新)、失范成本更小或失范的行为实施更容易(常常是点击一下鼠标就能完成)、失范的影响更大、失范的责任主体更隐秘(因为匿名以及在伦理和法律之间的界限不清等),从而追究责任相对较难。在这种情况下,不能期待仅凭"君子慎其独"的价值信念就能够维系网络社会的安全与有序,制度建设和法制建设对于网络社会而言同样重要。

可以说,恶意的"自由"是不顾他人的自由,是通过剥夺他人的自由或损害他人的利益而得到的"自由",是"缺德"甚至"违法"的"自由"。今天,我们把网络上的自由也称"信息自由",这种自由和现实的自由一样,也是和公共的道德与法律相关联的自由,是与他人交往中的自由。所以实现自己信息自由的前提是不能损害和侵犯他人的信息自由,

---

① 〔英〕约翰·诺顿:《互联网从神话到现实》,朱萍等译,江苏人民出版社 2001 年版,第 43 页。

② 〔美〕萨顿:《科学的历史研究》,科学出版社 1990 年版,第 19 页。

不能在动机上追求"损人利己"的自由，不能是基于人性扭曲或出于恶意的自由，因为出于恶意的"自由"不是真正的自由，这就是孟德斯鸠所说的"如果一个公民能够做法律所禁止的事情，他就不再有自由了，因为其他人也同样有这个权利"①。

可见，从人性和人文的视角看，网络失范的哲学根源还在于对"自由"含义的不当理解（极端个人主义地理解自由）、对追求自由方式的不当选择、对自由与不自由的关系缺乏深入把握、对人性的自由与善恶之间的互相制约缺乏起码的认知。从总体上说，制度、技术和人文的全面建设，是克服这种"人性扭曲"的整体性治理方案。信息时代的网络空间需要网民们自律与他律意识的建立，需要网德（即信息伦理）与网规的教育，需要健全网络追责的制度，也需要开发和完善网络追责的技术。当然，"人文教化"或"人性培育"对矫治网络失范是极为必要的，其要务之一就是使网络的参与者意识到互联网是公共空间，是"人群"聚集的场所，而凡有人群的地方，无论是以实体的方式存在还是信息的方式存在，都需要有行为规范的调节，否则就会因无序而解体，所以互联网这块"新疆域"绝非"法外之地"，也非"道德真空"。一个醇化高尚、人际和谐的网络世界，是信息时代人们获得"幸福感"与实现有序发展的重要领域，也是信息文明建设的一个重要向度。

最后需要指出的是，对网络失范的否定并非是对网络技术进步和未来信息社会发展的怀疑。今天我们看到，在网络上进行的针砭时弊、揭露和举报腐败，爆料一些不文明行为从而唤醒公众的文明意识等都发挥了积极的作用，或许我们还可以看到，网络失范带来的紊乱正是我们走向更高水平有序的一个环节，是对社会实现真正的信息生态和谐有序的一种历练。

第三节　信息文明与生态文明的深度关联

生态哲学倡导生态文明，生态哲学在文明维度上的展开就是关于生态文明的哲学，这与信息哲学与信息文明的关系具有相似性。前一节关于信息视野与生态视野的融合，在这里进一步表现为信息文明与生态文明的深度融合。信息文明和生态文明都是人类文明形态的专用语，并且都是用来

---

① ［法］孟德斯鸠：《论法的精神》，张雁深译，商务印书馆1982年版，第154页。

描述迄今人类进步状态最新阶段的范畴，两者之间具有阶段上的吻合性、价值观上的相似性、目标上的一致性，以及技术手段和经济方式上的协同性，还有实现过程的交互性，由此它们具有本质上的同一性，从而在某种意义上可视两者为同义语。由于信息革命实现了知识经济即经济的转型、改变了对自然界过度索取和过度排放的生产方式，目前各行各业所普遍进行着的信息化、网络化、数字化等，都在直接或间接地使其同时走向生态化，所以信息文明是实现生态文明的必经之路；此外，信息文明也从方法论上为生态文明的实现提供了思路和可能，而生态文明则是信息文明的范型，可以说，生态文明和信息文明的结合是一种更加人性化的文明。

一　作为同义语的两种文明

信息文明和生态文明分别表征着文明世界的信息化与生态化，从直接含义上它们指涉的是不同对象，但又在多种意义上具有相似性乃至相同性，例如：

阶段上的吻合性。作为社会发展的阶段，信息文明和生态文明都是工业文明之后的文明新形态或社会发展新阶段。作为"后工业文明"，它们都是对工业文明的扬弃和超越，或者对那种使人类付出了高昂生态代价的工业化生产方式的一种辩证否定，从而使人类进入一种生态化的或信息化的生存方式。当我们说人类正在进入信息文明时代时，也意味着生态文明时代同时向我们走来。从具体时间上，它们都是二战后发端，20世纪六七十年代在发达国家逐渐兴起，从"信息革命"与"绿色革命"的进程大致具有同步性就可以看到这一点。所以两者也常常被形象地称为由工业文明降生的"孪生兄弟"。

价值观上的相似性。工业文明主要是"尚物"的时代，其衡量社会进步的标尺是对物质的拥有数量和对能量的驾驭程度，所奉行的也是"征服自然"的理念。而信息文明和生态文明都对无止境追求占有物质财富的"物欲"价值观或"物质主义"人生观加以否定，倡导信息的价值重于物质的价值，以及回归自然、身心和谐、注重精神的生存方式。一方面，"信息意识"唤醒了人们的生态意识，基于"信息"作为系统"有序性"的量度，用其眼光看待世界，无疑就是要追求人与人之间、人与自然之间的有序和谐，而这也正是生态观念的核心所在。"征服自然"所导致的人与自然、人与人（包括当代人与后代人）之间的冲突，必然导致生态系统和人文系统的无序甚至崩溃，从而危及这个系统中的所有要素，包括人自己。因此，基于"信息系统观"看世界的信息文明视角，必然与基于"生态平衡观"看自然的生态文明思想形成内在的一致性：人与人在信息世界中的文明状态，即人对人的文明态度，平移到人对自然的文明态度，就是不要再野蛮粗暴地对待自然。另一方面，生态意识也唤醒人们的信息意识，因为要保护好生态环境，就必须减少生产和生活中对自然物质资源的耗费与向自然环境中的排放，就需要在生产中实现信息化、在生活中从过度的物质消费转变为信息消费比重的提升。或者说，信息文明的"新资源观"将人们的消费主导面从物质转向信息，将人类活动的基点从消耗物质生态资源转向知识信息文化资源，从而进入"后物质主义"时代，从实质上为生态"减负"。在这个意义上，作为价值理念的"信息精神"和"生态精神"是高度一致的。

目标上的共同性。工业文明所煽起的"物欲"使人陷入受制于"物化"的"异化"状态，也使自然环境遭到了严重的破坏，以至于全球性的生态危机使得地球再也无法支撑工业文明的延续。无论是信息文明还是生态文明，都力求克服工业文明的这一弊端。解决工业革命造成的环境恶果，走出人类的发展困境，走向新的发展方式和新的进步前景，构成为两种文明的共同目标。在这一进程中，人也获得了新发展：他从物欲的枷锁中解放出来，获得了更大的精神自由，从而更善于用"有序和谐"的信息观和生态观来处理自己与环境（包括与他人）的关系，某种意义上也就克服了主客体之间的疏离或二元区隔。其中，信息文明通过"地球村"的实现而使人和他人之间的物理空间距离消失，形成更紧密的联系和交往；生态文明则通过人与自然的亲和而拉近两者之间的关系，重建了人作为"自然之子"的亲密联系。此外，信息世界和生态环境中都面临社会公平问题，信息鸿沟与生态失衡凸显了人与人之间、人与自然之间的状况是息息相关的，因此两种文明的建设的共同目标就是消除横亘在公平正义面前的信息和生态系统中的不和谐，由此来共同实现人类社会的和谐发展、持续繁荣。

技术手段的一体性。从技术基础上，信息文明基于信息技术，生态文明基于生态技术，而生态文明从工具形态上只能是依附于既有的某种技术形态。在当前从工业文明过渡到信息文明的社会发展阶段，具有竞争性而又成其为决定文明时代特征的技术形态就是工业技术和信息技术，由于后者作为更高级更先进的技术形态较之工业技术更具生态化的特征，使得生态文明当然只能是依附于信息技术，所以在这个意义上，生态技术就是信息技术；唯有技术的信息化才能保证技术的生态化。于是，在信息技术基础上生长起来的文明就成为同一种技术形态基础之上的文明，而作为技术过程的信息化与生态化就成为一体两面的现象，从而信息革命与绿色革命具有本质上的一致性。信息文明作为一种新的技术社会形态，为其奠基的信息技术实现了人类技术水平的升级，在社会各领域推广使用信息技术的"信息化"过程，就成为人类走向信息文明同时也走向生态文明的过程。因此可以说生态文明就是信息文明。

经济方式上的协同性。作为经济方式上的标志，信息文明时代使经济转型为信息经济或知识经济，而生态文明所倡导的是生态经济。可以说，信息经济从本质上就是一种生态经济，是一种摆脱了以高资源消耗为基础的经济发展方式，它把物质生产和知识生产结合起来，以知识和信息为第一资源，主要通过提高产品的知识含量来提高其附加值，其中单位 GDP所消耗的能源和原材料较先前大大降低，由此形成"低耗高效"的"内涵式"经济增长模式：经济的增长将不再依赖高消耗产品或外延式扩大再生产的方式来拉动，财富和产品的升值来源于其中知识和信息含量的增加（包括质量的更新）而不是单纯的数量增加，或者说产品中的信息成分大于物质成分。[①] 此时经济的发展来源于产业的升级和转型，所以这是一个以创造和分配信息为基础的经济社会。信息经济所主要依赖的信息资源是取之不尽、使用越多价值越高的资源，它不同于不可共享甚至不可再生的物质资源，它甚至可以将"非资源"变为资源，对它的使用不会造成生态问题，从而不会有什么生态限制。由于"信息就是财富"以及"信息可以创造财富"体现了"低耗高效"（低污染、低消耗、低公害，有利于实现可持续发展）的生态经济的基本特征，因此被普遍地视为环保经济。信息文明所实现的经济发展方式的转型使得经济的增长和生态的保护可以同时兼得，人与自然的协调发展以及可持续的绿色增长由此成为现实。总之，信息经济、知识经济、绿色经济、循环经济、低碳经济都是本质特征相同的从而属于同一类型的经济。

---

① ［美］保尔·霍肯：《未来的经济》，方韧译，科学技术文献出版社 1986 年版，第173 页。

实现过程的交互性。基于信息化和信息技术的信息文明与基于生态化和生态技术的生态文明在实现的过程中是互为依托、相互促进的。一方面，生态文明的实现离不开信息文明的建设，没有信息化所实现的产业上的升级转型，就不能在生产力的层次上超越工业文明的过度消耗、过度排放；而没有生态化的指引和推动，信息文明建设就会失去明确的目标和方向。可以说，不断提高的生态化的要求，使得信息文明建设不断提高信息技术的绿色化水平，也不断完善信息文明的制度。在这里，信息文明是生态文明的通道和手段，生态文明是信息文明的结果和重要标志；信息文明的生态化与生态文明的信息化、文明世界的生态化与信息化成为相辅相成的两个方面：没有生态化的信息文明不能"实在地"区别于工业文明，而没有信息化则生态文明也无从实现，所以它们之间是一个互相长入和融合过程，因而也同时成为当今社会文明进步的两个互相依赖乃至合二为一的标尺。

这样，信息文明与生态文明具有本质上的一致性，甚至在某种意义上我们可以将两者视为同义语，因为它们反映了文明世界发展进程中在客观上具有共时性乃至同质性的阶段，是两个都只能在对方中显现自己存在从而具有"互在性"的文明形态。

二　信息化：生态文明的必经之路

生态问题的产生从人为原因上看，主要是由于我们在生产和生活中对自然的"过度索取"和"过度排放"两个方面造成的：前者使得自然资源枯竭、生态循环被打破、生态平衡被破坏；后者使得环境受到严重污染，非自然生成的污染物不能及时降解，自然环境的"原样"长久得不到恢复。两者都会导致我们周遭的环境不再适宜人和其他生命形式的生存，从而形成所谓"生态危机"。

人只要有生产和生活的行为，就不可能没有与自然界的物质交换过程，亦即不可能没有对自然界的索取和排放现象。但是，如果将这种物质交换的"量"控制在自然生态循环可以受纳即不影响其正常的新陈代谢的范围之内，那么人类的生产和生活行为就不会对生态环境造成人为的改变，即保持生态系统原有的平衡，人也就可以"照常"地生存于这个自己已经习惯了的系统之中而不受生态"反常"的困扰。所谓人与自然的"和谐"就是要保持两者之间这样一种"正常"范围内的物质循环关系。

工业文明之所以受到诟病，就是因为基于其粗放的物质技术和征服性的物欲观，形成了对自然界的过度索取和过度排放，使人与自然之间的物质交换极大地干扰了生态系统原有的新陈代谢平衡；而信息文明之所以受到推崇，则是因为它可以从减少对自然物质的索取和排放（不妨称之为"节物减排"）两个方面来减少人类的生产和生活中与自然进行的物质交换时对其"原生态"的扰动，从而为我们维护一个正常同时也是优良健康的自然生态环境。

从总体上说，信息文明时代信息资源既作为生产资源又作为消费资源的地位提升，使得无论在生产中还是在生活中，可以减轻对物质资源的倚重程度，也使我们的"发展观"和"消费观"发生转变，改变了工业文明时代"大量生产、大量消费、大量废弃"从而严重污染和破坏生态的状况。从经济结构上看，生态文明必须建立在特定的产业结构基础之上，那种以落后产能为主的产业结构绝不可能建构起生态文明，而产业的信息化正是改变或提升产业结构的有效路径，在这个意义上，只有信息革命才能实现知识经济，即经济的转型。

从认识生态与保护生态的关系上看，只有对生态环境检测水平的提高，才有对其保护能力的提高。信息文明无疑可以提高我们对生态环境的认识能力和理解水平，例如信息传感技术可以帮助我们重新认识生态圈和生态系统，理解其脆弱性，进而明确人的责任。依靠信息技术对大气、水体、地表中各种污染物数据的自动采集，可以使我们随时掌握环境与生态变化的种种征兆，及时做出资源、生物圈和环境危机方面的预警。可以说，当代日益先进的信息摄取技术使我们对自然有了更全面和透彻的了解，也为我们科学、精确地把握当前的生态状况尤其是造成生态问题的因素提供了有效的手段和工具。目前遥感技术就在土地荒漠化、水土流失、动态水资源保护等方面的监测中得到广泛应用，它还可监测毁林开荒、滥垦乱伐、过度樵采、污染物浓度等情况。在此基础上，我们还可以进一步利用数据分析技术（尤其是大数据分析技术）来对和生态污染相关的数据进行分析，及时查出污染源并予以制止；例如通过对各污染物与相关因素的原始数据的分析，得出该污染物形成的一般规律和演变趋势，找出解决生态环境的优化的决策方案；此外，大数据技术用于对全球气候及生态系统进行分析，有利于我们能够做出科学的预判，从而对全球性的生态文明建设提供指引。由此可见，信息技术对生态文明起着支撑的作用。

从实际地改善生态和环境的状况、提升生态文明水平上看，一方面，进入信息文明时代的国家和地区通常都以信息产业为主导产业，而信息产业较之传统产业本身就是低耗能产业，是更加生态化的产业。另一方面，由于信息技术具有低能耗、低物耗、低排放（甚至零排放）和低污染等生态化特征，所以即使是非信息产业的传统产业被信息技术改造从而实现"信息化"后，也能极大地提高生态化水平。

例如，信息技术用于作为传统主干产业的农业和工业的改造，可以将其提升为"信息化农业"和"信息化工业"，大大促进其"节物减排"并增效增收的进程。拿信息化农业来说，信息化控制的农业滴灌技术对水资源的节约就极为明显。不仅如此，农业中使用诸如土壤及温度湿度检测技术、智能变量施肥技术、基于机器视觉的杂草精准喷药等智能技术后，就可以根据农作物生长不同阶段对温度、水分、肥料、农药等等的不同需求量进行精准的供给和管理，使最小的农资消耗产生最大的农产品收益，这就是绿色信息技术对生态农业的具体引领。

能源的大量消耗和不平衡分布与使用是造成生态问题尤其是环境污染的重要原因，除了需要不断开发清洁新能源外，将信息技术运用于能源的调配从而建设"能源互联网"也是推动绿色能源全面普及重要的途径之一。"能源互联网"是美国学者里米·里夫金所著的《第三次工业革命》提出的，在书中他指出，不可再生的矿石燃料带来了严重的自然破坏，而氢作为绿色能源，有着节能减排的光明前景，他假想在每一大洲上的每一座建筑物中使用制氢和储氢技术，以存储间歇式能源；通过可以共享的互联网技术将每一个大洲的电网转化为能源共享网络，这样成千上万的建筑物中产生多余氢能就可以分享给其他需要能源的地区。

信息技术目前大量地用于对传统工业的改造，实现资源的优化配置，在生产过程中通过数字化、自动化控制来最有效地使用原材料，使其大大降低了对能源、人力的高强度依赖，减少了各种原料的投入，节约了生产成本，提高了资源的利用效益。例如在工艺过程融入自动智能控制、模型控制等信息技术，使信息资源与生产要素相结合，可以大大降低原料和燃料消耗，提高资源回收利用水平，优化用能结构和要素之间的配置，提高生产要素运行的效率，充分释放各种工序的效能，提高生产线精益生产和敏捷制造的水平，从而提升成品率和优质率。又如在复杂的能源密集型系统中，可以利用先进的信息技术进行传感探测，然后实时以电子方式来优化系统自身的能源消耗。生态文明时代无疑也有物质生产，也要消耗物质资源，但信息化的物质生产可以逐步实现对物质资源的"有限开发，无限使用"（在不同层次上通过不同的方式尤其是通过循环利用来使用，其原理是物质不灭）。信息化生产方式与工业生产方式相比，普遍具有如下一系列优点：科技含量高，自然资源投入与消耗少，产出高，污染排放小，大大降低了生产技术对生态的负效应，从而有利于生态可持续发展，有利于经济繁荣与生态和谐。

在从生产到销售的全部环节中实现信息化后，还可以形成"柔性制造系统"，它是由统一的信息控制系统、物料储运系统和一组数字控制加工设备系统所组成，是一套能适应加工对象变换的自动化机械制造系统。这种系统不仅在物品的制造过程中由于自动化而使得物耗达到最低的水平，即减少了因人工操作的不精确而产生的资源浪费，而且可以及时地改变产品以满足市场需求，实行个性化设计和按需生产，生产线终端的产品直接配送到提交定制需求的用户手中，由此实现了"零库存"的"外订内制"生产模式，从而消除了生产的盲目性，避免因供大于求而造成的产品过剩型的生产浪费。如果在生产线上进一步实现了最新的 3D 打印技术，生产过程中几乎不产生任何"废料"（所谓"无废工艺"），进而如果和纳米技术相结合，则不仅不产生废料，甚至其他的任何"垃圾"都可以成为纳米制造的原材料，这种用原子来建造一切产品的新制造技术，模仿的就是自然界万物生长的方式来"造物"，从而被形容为"完美制造"，它将成为可以彻底解决生态问题的生产造物方式。这也表明，只有信息文明将工业生产力提升为信息生产力，才能超越工业时代的生产方式而走向生态化的生产方式；或者说，生态化的造物方式只有通过信息化的造物方式才能充分实现。

信息化从生产领域向办公领域延伸，使越来越多的人选择在家办公，进而"转移工作地点和减少上下班的往返时间，也将减轻污染及为此而支付的净化费用"①，某种意义上，这也是作为信息技术的网络化所带来的便利。我们看到，从网络办公到网络课堂，实现了远程办公和远程教育，进一步还有远程会议、远程会诊和远程手术，凡此种种，都是因为信

---

① ［美］阿尔文·托夫勒：《第三次浪潮》，朱志焱等译，新华出版社 1996 年版，第221 页。

息技术的使用而避免了人或物质材料的过多空间位移，节约了因身体和实物在场所需要的运送实体的能量和交通工具。这也是信息技术改造"传统行业"所产生的生态效果。这种效果在"电子商务"中体现得尤为显著，它使得作为商品流动的物流过程以及因为在实体商店完成购买行为而形成的人流，部分或全部地变成了"电子流"或"信息流"，这既是对"场地"之类的实体资源的节约，也是对物和人的实际流动而需要消耗的能源和运输工具的节约。此外，像电子邮件、电子图书馆、电子银行、电子政务等都有类似的生态效果，目前各行各业所普遍进行着的信息化、网络化、数字化等，都在直接或间接地使其同时走向生态化。

从技术原理上看，这种电子化呈现使得人和物因信息技术而实现的一种新的"在场方式"，即从实体性在场变为"电子信息在场"，就是因对象可以电子信息化而改变了运送的方式，从"实物运输"变为"电子发射"，"随着 19 世纪 40 年代电报的出现，话语被转化为电子脉冲，即摩尔斯电报码的点和横杠，然后穿过网络最终发往各地。这项发明使传播在理论上脱离了运输模式。这样的突破所带来的影响现在依然存在。例如，通过使用传真和电子邮件，信件不再依赖邮递而能迅速地被传送。"① 这种传播方式无论在效率还是成本上都大大优于实物搬运的方式，例如"电子书"较之"纸质书"，就从载体的无纸化和传播与携带的便捷化上具有了多方面的生态价值。

智能化是信息文明的一个重要技术特征，它对于生态文明的建设也具有极为重要的意义。例如智能电网对电力资源实施最佳配送，避免因配置不合理而造成的电力浪费；智能交通可动态地管理运输过程，减少交通堵塞；智能建筑则基于其先进的可进行建筑内外信息交换的技术，来控制各种设施的自动运行，从而更具安全性、舒适性、便利性和节能与环保性，拿智能建筑中照明和室温来说，其中的电子传感器可根据需要来开关电灯、实时调节温度，在保证舒适环境的同时最大限度地提高能源利用效率；智慧社区和智慧城市则保障了该区域的人流、物流、资金流、信息流、交通流的通畅、协调和高速发展；"智慧的地球"则为全球生态文明的制度建设和协调推进提供了全新的管理手段。智能化还通过"智能材

---

① ［加］戴维·克劳利、保罗·海尔：《传播的历史》，何道宽等译，北京大学出版社 2011年版，第 150 页。

料"的方式来渗入到生态化的进程之中，例如工程构件中智能材料的使用可以避免因材料疲劳而引发的工程事故而给环境造成的灾难和对资源的浪费；还有的智能材料可以吸收空气中的有害物质，帮助我们治理空气污染；在建筑中使用有关的智能材料可在夏季隔热冬季保温，减少空调和暖气的使用；用智能布料做成的智能服装可从人体收集能量，并将电能储存在柔性电池中，如此等等。这些智能化的信息技术通常都有"智慧环保"的属性，它可以使我们通过更透彻的感知、更全面的互联互通、更智能化的检测与管理，来为污染防治、资源节约、生态保护提供更智慧的解决手段。

信息技术还具有大众化的显著特征，它不仅适用于生产领域，也在公众的日常生活中被大量使用，从而形成生态效果。例如它所创造的丰富生动的信息消费方式，可以不断提升信息消费在全部消费中的比重，从而降低社会整体对物质资源的消耗总量；还有，多媒体显示技术可以精彩地将生态美景如梦如幻地展现在人们面前，从而唤醒人的生态意识；智能手机的广泛使用，可以使更多的公众成为环境检测的"自愿者"，一旦发现有环境破坏事件发生或生态变异的反常现象时，目击者可及时取证和传递给监管部门从而尽快制止其蔓延。可以说，信息技术为公众所普遍掌握，也促进着生态文明建设走向一种"群众性的事业"。

综上可见，信息手段遥测生态状况，预警生态事件和生态演变走向，避免人为因素导致的生态退化和生态危机；伴随信息文明的信息革命给我们带来的数字化、网络化、自动化、电子化、智能化等等，都这样或那样地为我们在生产和生活中减少对自然生态的索取和废物排放起着越来越重要的作用；基于现代信息技术所建立起来的对产品生产过程的信息管控系统、数据储备和数据分析的信息管理系统，以大数据为基础的信息共享系统，以云计算和物联网、GPS 技术、可视化技术、人工智能技术、多媒体技术等集成的互联网系统，正在综合地将我们的造物技术升级换代为真正的"绿色技术"，以至于可以将信息技术视为人类进入生态文明的"金钥匙"。当有的观点认为生态文明"诞生于信息文明之前，但它的发展却在信息文明之后"[1] 时，或许正好也揭示了这样一种关系："关注和保护自然、生态和环境等的社会行为从发生发展并最终形成规模，正是在信息革

---

① 卢俊卿等：《第四次浪潮 绿色文明》，中信出版社 2011 年版，第 14 页。

命的推动下完成的。"① 也就是说,只有通过信息文明,生态文明才能真正实现。

三 信息文明对于生态文明建设的方法论作用

信息文明提供了新的认识手段,改变和创新了思维方法,它们也对生态文明的建设起到了积极的推进作用。

生态文明建设中,需要通过科学技术研究来开发可替代、可再生和清洁环保的新材料与新能源,而引入强大的信息化研究手段后,可以提高这些研究的效率和效果,这也是跟科学研究的普遍信息化趋势、即走向 e-Science 的趋势相一致的。新材料的本质就是新的人工化学物质和生物物质的合成,而化学和生物学的新走向就成为新物质合成的强力助推器。例如在对材料的化学研究中,随着信息时代来临而兴起的信息化学,就是利用数学、统计学、计算机科学理论方法和网络技术作为手段,研究化学信息的获取、表示、管理、传播、分析、加工和应用,在此基础上进行认识,促进新的化学物质的合成,以及新的人工材料从而可替代资源的发明。在生物材料的开发中所研制的生物芯片,既节能又高效,且与人体更容易对接,它无疑也要依赖于信息技术,需要发展强大有效的信息分析工具,构建适合于基因组研究的数据库,用于搜索、管理、使用人和其他生物基因组的巨量信息,所以从某种意义上它本身就是信息技术。

e-Science 还开创了科学实验的新方式:不消耗实物实验材料而仅仅使用"虚拟资源"的"虚拟实验"。这种实验利用高速网络实现各种资源在物理上的连通,通过网格中间件实现各种资源逻辑上的集成,从而实现了各种资源的虚拟化,以致形成虚拟的研究实体。在 e-Science 的信息化平台上,一方面可以使那些现实中无法开展的一些实验虚拟地仿真地进行;另一方面可以通过资源共享,借用其他研究中心的设备或实验数据来弥补因自身实验条件的不足而造成的限制,无论从总体上还是从局部上都改变因为实验的限制对科学研究所造成的制约,这种非实际场景的科学实验同样可以产生出可靠的科学知识。充分地利用虚拟的手段和方法可以使科学研究超越时间、空间、资源和设备等物理性的障碍,还由于实现了信息和计算能力、科学仪器及其他设备的网络化共享,也节省了设备的重复

---

① 李世东等:《信息革命与生态文明》,科学出版社 2013 年版,第 25 页。

购置和实验的重复进行，从而节省了海量的科研资源，也获得了更丰富的科研成果，包括改善生态环境的科研成果。

环境治理是改善生态环境的一项重要工作，e-Science 中的虚拟现实技术可创造出三维立体、形象可视、并能交互的实景虚拟环境，将其应用于环境科学研究与管理工作，可改变以往环境管理缺乏直观三维环境支持的状况，使人从三维可视的、动态的方式全方位展示所要治理的区域的实景，给人以实现地临场操作与临场管理的感觉，从而更有效地进行环境规划、治理、决策和预测等工作，并科学、准确、快速地反映所采取的环保措施所取得的效果。决策者可以根据不同时期的环境监测数据、区域发展现状和总体规划的要求建立专门的环境分析模型，并在虚拟环境中获取、分析和处理所需的各种信息。所以虚拟现实技术还可以作为分析多种环境要素相互影响所形成的作为复杂系统工程的环境治理的有效工具，由此成为生态重建规划的方案设计、方案论证、效果展示和综合评审的有力工具。例如中科院大气物理研究所的一项研究就用虚拟技术来模拟恢复东亚地区自然植被后对区域气候和环境可能影响的程度，通过这一虚拟实验来考察大规模的退耕还林（草）是否有可能产生明显的生态环境效应。虚拟实验结果显示，恢复自然植被将使东亚地区夏季季风增强，更多的水汽输送到中国大部分地区，使这里降水量增多、土壤变湿，从而明显地改变区域生态环境。①

目前，"虚拟"的概念还辐射为一种被越来越广泛采用的信息方法，从多种角度被纳入生态文明的建设事业中，其中"生态工业园区"和"生态水"就是典型的事例。

虚拟工业生态园区是"虚拟"向"信息关联"的理念所加以的扩展。目前生态工业园是解决废物资源的利用从而减少污染物排放的重要方式之一，它通过彼此利用上游企业的废料而实现"无废料生产"或"废物还原生产"，其条件是需要相关的企业彼此相邻。但对那些已大量存在的并不相邻的企业如果要建成生态工业园，就要重新规划、大量拆迁即重新建设，并占用大量农田；而"虚拟生态工业园"的提出则可避免这一现实中的难题，其理念是：没有聚集在相邻的地理范围内的企业也可按照生态

① 胡塔峰、李旭祥：《虚拟现实技术及其在环境科学中的应用》，《四川环境》2004年第5期。

工业园的思想进行组织和运转，只要有效地使用信息技术，通过计算机模型和数据库，为入园企业提供相关的信息和指导，也可以虚拟地建立起联盟企业之间的物料或能量之间的关系，从而建立起一个"实事上"（virtual）的生态工业园区。这个"园区"形成于网络或虚拟空间，而在现实中实施废物资源的交易，其中的核心是信息集成共享系统，并形成一个可持续运行的稳定联盟，也就成为有利于生态环境保护的生态工业链，其本质是"将众多产业链上存在联系的中小企业通过现代信息技术手段连接起来，建立虚拟园区，形成互利的网上共生关系。……这种合作方式的灵活性很强，企业可以根据自身的发展需要选择最佳的合作伙伴，各企业通过各自废物资源的交换突破产品性质和生产工艺的限制，整个虚拟园区以网络为依托，实现资源的高效利用"①。

虚拟水则是"虚拟"向"无形中包含"的概念加以扩展。水是最重要的生态资源之一，许多生态问题都是因水资源短缺而引起的，而将虚拟方法与解决水资源短缺问题结合起来的"虚拟水"战略，为我们提供了建设生态文明的又一种方法论启示。虚拟水是发达国家20世纪90年代提出的新概念，它指人类所产生的物品中所需要的水资源，这种物品本身并不呈现为直接的现实的水，而是以"虚拟"的形式包含在其中，因此是"看不见的水"，故而也称之为"嵌入水"和"外生水"。最新研究表明，生产1吨小麦需要耗费1000吨水，1吨玉米需要耗费接近1200吨水，1吨稻米需要耗费2000吨水。"虚拟水战略"即是缺水国家或地区通过贸易的方式从富水地区购买水资源密集型农产品，尤其是粮食，来获得水和粮食的安全。像美国、加拿大、澳大利亚、泰国等就是目前世界上最大的虚拟水出口国，而水资源紧缺的国家如约旦，则通过虚拟水的形式进口了所需的80%—90%的虚拟水。② 可见虚拟水概念的提出和实施，使得一些国家不必搬运实际的水或通过减少第一产业的耗水就能解决该地区的水资源短缺的问题，从而极大地节约水资源。这一思路无疑也可以推广于解决类似的其他生态问题，从而为水资源以及其他生态资源在全球范围内的优化配置开阔了视野。

---

① 冯南平等：《适合我国中小企业发展的虚拟生态工业园运行模式》，《科技与管理》2006年第4期。

② 参见百度百科：虚拟水［EB/OL］http://baike.baidu.com/view/465009.htm? fr = aladdin/2014-8-26。

　　信息或虚拟方法的核心理念就是虚拟引导实在、信息引导物质，它启示我们在合理有限的范围内，信息可以作为虚在替代物质作为实在"出场"、发挥作用、产生效果，即用信息联系有限地替代物质联系，用"实事上"效果代替现实性的结果，在这个过程中节省大量的实物性资源和能源。可见，信息文明也从方法论上为生态文明的实现提供了可能。

四　生态文明是信息时代的范型

　　从以上的阐释可以看到，信息文明是生态文明的技术支持和方法支撑，在许多工艺环节上，信息化技术调度控制的装备能实现智能化的精细操作和管理，将能源和资源消耗控制到最少的程度；它能够提高工业设备的资源和能源使用效率，因此提升了人类对生态对象的监控能力和"不伤害地使用自然生态"的水平，并将人的生活方式引导到以丰富多彩的信息消费为主的方向上去。一定意义上，信息化的技术特征就是"非物质化"，即摆脱对物质资源的过度依赖和消耗式的方式来进行生产和生活，用信息的方式来实现所追求的目标。因此信息文明是生态文明的必经之路，生态文明离不开信息文明，以至于没有信息文明，生态文明就无法实现。虽然信息文明不能为我们解决一切问题，但它提供了解决问题的更好手段，在生态问题上尤其如此。在工业技术日益摧毁人类地球家园的背景下，从生态意义上我们可以说：只有信息文明能救地球！

　　与此同时，我们还必须看到，生态文明是信息文明的产物和归属，是信息文明的落脚点之一；资源和能源消耗是否减少、污染是否得以控制，是判别信息文明是否建成的重要标准之一，从而也是衡量信息技术是否成为更先进生产力的重要标志之一。从"保护生态环境就是保护生产力，改善生态环境就是发展生产力"的意义上，信息生产力的提升只有与生态质量的提高协同发展，才能形成更具人本意义的"绿色"生产力的发展；从"良好生态环境是最公平的公共环境，是最普惠的民生福祉"[①] 的意义上，信息文明所带来的信息共享与生态文明所带来的生态共享如果形成合流，则人们的幸福感水平将得到前所未有的提高。过去的发展主要是物质财富在量上的扩张，而今天的发展则要提高人的幸福感水平，其中就包括由信息技术提供的精神生活的丰富，以及对物质产品和物质环境的

---

① 习近平：《在海南考察时的讲话》，《人民日报》2013 年 4 月 11 日第 1 版。

"质量"的要求，其中，美好的生态环境就是对清洁而健康的高质量生活环境的要求，"美丽家园"成为影响我们幸福感水平的一个重要因素，在这个意义上，脱离生态文明的信息文明就失去了人本意义和正确方向。

生态文明和信息文明的结合也是一种更加人性化的文明。除了上面提到的这两种文明的结合可以帮助人追求更高水平的幸福感之外，还体现为它们可以帮助人更多地消除痛苦感。如生态化要求对有毒有害物质（尤其是"垃圾"）加以无害化处理进而再利用，若由人"亲临现场"去处理就难免对人的身体造成伤害，而在发达的自动化信息技术帮助下，这一过程完全可以实现无人化的自动作业，生态化和人性化在这里实现了完美的结合。

如果信息技术水平的提高和生态文明水平的提高是一个协同发展的过程，那么信息文明在其初期的生态化水平并不高。由此需要引起我们注意的是：作为信息技术硬件的部分，以及驱动信息技术物理性运转的动力，仍是与物质性的材料和能源相关的，其使用中所消耗的能源和报废后形成的"电脑垃圾"也会造成资源和环境生态的问题，尤其是"低信息技术"也有非生态化的特征，如第一台计算机（ENIAC）对材料、能源、人力乃至建筑空间的消耗和占用也是惊人的。一些信息基础设施，如服务器机房"在面目单调的钢筋水泥建筑里不断扩充着规模，与之配套的还有柴油发电机、冷却塔、直径两米多的进气扇，以及铝制烟囱组。这些计算基础设施的扩张，要求电力基础设施也要相应扩展，并且两者越来越相像——类似于电力设施，信息的交换机、控制中心、变电站等也随之出现"①，它们也会大量地消耗资源和能源，所以信息技术和信息文明本身也有一个生态化水平需要不断提升的问题。今天我们使用的电脑虽然较之ENIAC的生态化水平有了天壤之别，但我们还并不能就此满足，"绿色电脑"的发展前景还是无比广阔的，例如"云计算"如果能像微型电脑曾经走进千家万户那样普及开来，则对计算机硬件和作为计算能力的软件的共享就会带来节能节物的效果，包括"帮助IT服务中心节约80%的使用面积，60%的电源和制冷消耗，达到原有设施3倍的利用率"②，如此等等，从而将我们带到更高生态化程度的信息文明时代。

①　［美］詹姆斯·格雷克：《信息简史》，高博译，人民邮电出版社2013年版，第288页。
②　李世东等：《信息革命与生态文明》，科学出版社2013年版，第196页。

　　"生态兴则文明兴，生态衰则文明衰"，这是人类文明发展的普遍规律；而"文明从交流开始"，表明信息文明具有同样的功能，尤其在当前具体表现为"信息化兴则文明兴，信息化衰则文明衰"。两者之间体现出文明发展的普遍性和特殊性、一般性和当代性的结合，只有实现了这种结合，才能形成信息时代人类文明的持续性发展。这一关联也表明信息文明需要为生态环境的改善作出积极的贡献，唯此也才能反过来促进信息文明自身的兴盛。目前世界的总资源和总能源的消耗量还在上升，生态和环境问题还呈现出局部更加恶化、总体并未明显改善的状况，表明基于生态繁荣的"文明兴"还未完全成为现实。因此一方面需要我们通过加快信息文明的建设来促进生态文明水平的提高；另一方面也要用更强烈的生态文明意识和目标去引领信息文明的建设，使信息技术本身的生态化水平不断有所突破，使两者的相互促进形成更加丰富并更符合人性需求的文明成果。

　　总之，从生态哲学的视野看，信息文明就是生态文明，人类进入信息时代、以信息资源作为最重要的资源、以和谐观念看待人与人、人与自然的关系的信息观念从本质上就是一种生态意识，由此两种文明具有内在的一致性。

第三章　信息的技术哲学研究

信息的重要性很大程度上是因为信息技术的发展所形成和带来的；或者说，信息之所以引起我们的重视和注意，是因为信息技术的当代发展；所以对信息的哲学研究必须要延展到对信息的技术哲学研究，亦即对信息技术的哲学研究，其中主要包括信息技术的哲学含义、信息技术的哲学类型与哲学特征，尤其还需要从存在论的视野对信息技术进行哲学上的分析，此外，现象学也对我们把握信息技术的哲学含义和价值提供了独特的启示。

第一节　信息技术的哲学含义

今天，无论在日常生活还是在学术研究中，"信息技术"都是一个被广为使用的概念，从哲学上理解信息技术不仅和我们的日常用法有一定的区别，甚至与其他学术领域中的用法也有所不同。可以说，从对信息技术的日常理解到哲学理解，无疑会综合对技术的哲学理解和对信息的哲学理解，由此形成揭示信息技术之哲学含义的若干层次或若干维度，并且显现出哲学地理解信息技术时会碰到的若干学术问题。

一　信息技术的日常理解与哲学理解之间

关于"信息技术"最简洁的日常理解可以说就是将其等同于 IT（information technology）或 ICT（information and communication technology），例如通常会说"搞信息技术的人"就是"在 IT 界从业的人"，而 IT 业就是最先进的计算机和互联网行业，于是信息技术就是指"当代信息技术"。

《信息技术词典》中就是这样来界定信息技术的：信息技术（Information technology）主要是指利用计算机、网络和现代通信手段获取信息、传递信息、存储信息、处理信息、显示信息和分配信息的相关技术……一般认为，信息技术可覆盖通信技术、计算机技术和微电子技术等学科领域①。这样的理解显然是与"电子数字信息技术"相等同的。有的理解较此稍微扩大了些，将凡是使用电力或电器的信息传输工具都纳入信息技术的范畴，认为它是一个与"信息系统"和"媒体技术"之类密切相关的术语："通常用于描述那些由数据处理和电信相融合而构成的技术，涉及多样化的输入设备、处理程序、通信系统、存储格式和输出显示等。它缘起于电报、电话、留声机、无线电、电影、电视等电子通信技术的早期形式，经由计算机和控制论发展而来。"② 这样限定之后，信息技术就理所当然成为"一个新的人工物种类，这一混杂物一部分是自我运行的机器，一部分是如同等待汽车行驶其上的道路那样的功能性结构——因此称其'新媒体'（既作为手段又作为环境）"③。

显然，这样理解的信息技术，远不是信息技术的整体，仅仅是"当代信息技术"或"现代信息技术"。"信息技术"作为由"信息"和"技术"组成的一个复合词，其直接的含义并不仅限于"当代"，而应该是涵盖所有涉及到信息的收集、识别、提取、变换、存贮、传递、处理、检索、检测、分析和利用等的技术。从"信息现象"以及以信息为对象和目的的"技术现象"早在"当代"以前就存在的事实，可以很容易认为远在当代以前就存在着信息技术，并且可以将当代以前的信息技术统称为"传统信息技术"。

目前，已有公认的"五次信息革命"的说法，其实所指就是人类历史上曾经发生过的五次信息技术的重大发展或质的飞跃，它们分别是：语言（口传或言说形态）的使用，文字的创造，印刷术的发明，电报、电话、广播、电视的发明和普及，最后是计算机技术与现代通信技术的普及应用。在这个意义上，从有人类开始，就有了信息技术，因此"信息技术"应该不仅包括 IT 意义上的当代信息技术，而且包括过去的信息技术。

---

① 郭建波等：《信息技术词典》，化学工业出版社 2004 年版，第 441—442 页。

② ［美］米切姆：《信息技术的哲学》，载［英］弗洛里迪《计算与信息哲学导论》，商务印书馆 2010 年版，第 683 页。

③ 同上书，第 691 页。

　　就"技术"对应的英文单词来说，至少有两个较为常用的词：technology 和 technique，IT 中的"技术"为前者而不是后者，后者更倾向于意指技巧、工艺等传统技术，而前者则包括了现代技术甚至更倾向于意指现代技术，所以 IT 中使用 information technology 而不是使用 information technique，反映的或许就是"现代技术"对人们的支配性，或在一提到技术时，所联想到的就是时常挂在我们嘴边的"高新技术"，由此所组合的"信息技术"当然就在日常用法中成为计算机和互联网的代名词。

　　为了将一定语境中把计算机和互联网与 IT 相等同的约定俗成与"信息技术"的构词本身所涵盖的语义内容相区别，可以将前者称为"狭义信息技术"，而将后者称为"广义信息技术"，它是扩展人的信息功能的手段的总和，是"信息技术"从日常用法过渡到哲学用法后的所指。

　　此处的关键问题是当代信息技术与传统信息技术的根本区别是什么？一定意义上，正是这种区别，才使得在日常用法中人们更愿意用"信息技术"来指称当代 IT。或许可以说，以计算机为代表的当代信息技术的一个重要特征就是可以行使"处理信息"的功能，而不是像传统信息技术那样只能帮助人储存信息和表达（以及传输）信息；更进一步说，是信息可以被数字化从而可以被计算机加以方便地处理。正是这种"数字化"的特征，使得信息形态发生了重要的变化，也使得信息被技术性地利用的方式也发生了重要的变化，从而使得信息和信息技术在生活世界中的作用变得与过去不可同日而语，以至于用"信息时代"或"信息社会"来刻画这样的重要性。

二　"技术"与"信息技术"的哲学含义之间

　　信息技术作为一种"技术"，其包含什么样的内容或具有什么样的外延，也取决于我们对"技术"的界定。而今天一提到"技术"，令人主要想到的就是人造物，或人身之外的工具，即人的肢体的"体外延长"。其实技术还包括作为"身体技术"的技艺。

　　我们经常将技术定义为实践的手段，这种手段不仅表现为物化的工具、设备、仪器等等，而且还包含着作为软件的技艺、技巧等，费雷在其《技术哲学》中列举的作为"一阶"的技术现象就包括器具（implements）、器械（instruments）、工艺（crafts）、装置（devices）、公用设施（utilities）、设计（contrivances）、发明（inventions）、机械（machines）、技巧（artifices）、工具（tools）、发动机（engines）、家用器具（utensils）、技艺（techniques）等①，其中也大致是人造物和人的技艺两大类；甚至还有更偏重从身体性的技艺来看待技术的，如最早对技术下定义的亚里士多德就认为技术是人类活动的技能，一种制造的智慧。国内学者对技术的定义也常常侧重于这个方面，如"技术即技巧与关于技巧知识的总和"②。

技艺是一种身体技术，身体技术理所当然是技术的一种形式或一个种类。甚至身体技术在技术系统中更具有始源性，即整个技术系统是从身体技术向器物技术、内在技术向外在技术扩展而来的。据有的学者考察，"技术"这个词所包含的四个方面的意思中，第一个就是与个人身体实践相关的技巧、技能、技艺、技法③，即"身体技术"。提出这一概念的法国人类学家莫斯认为，"身体是一个人最初的也是最天然的工具，或者更确切一些，不用工具这个词，身体是人的最初的和最天然的技术对象，同时也是人的技术手段"④。"按照我的理解，'身体的技术'这个词是指人们在不同的社会中，根据传统了解使用他们身体的各种方式。"⑤ 人使用身体的主要目的有两个：造物或表达信息，前者可以称之为"身体生产技术"，后者称为"身体信息技术"。莫斯认为人的一生其实就是通过训练获得为社会所承认的身体技术，从而表现自我并与他人交往的过程，其中的"身体信息技术"的韵味就更为浓厚了。如果"身体技术"和"器具技术"的分类成立，信息技术也可以随之区分为"身体信息技术"和"器具信息技术"两个子类，前者如人的言语活动、书写活动等，后者如笔墨纸张、电话电视、计算机、互联网等等。如果再结合技术的另一种分类即生产技术和信息技术，那么技术的两种分类相互交叉便形成身体生产技术、器具生产技术、身体信息技术和器具信息技术四个技术的子类。

这里我们又看到一种广义与狭义的信息技术之分，后者通常仅指器具

---

① F. Ferre, *Philosophy of Technology*, Athen & London: University of Georgia Press, 1995, p. 14.

② 乔瑞金：《马克思技术哲学纲要》，人民出版社 2002 年版，第 14 页。

③ 吴国盛：《技术释义》，《哲学动态》2010 年第 4 期。

④ ［法］马塞尔·莫斯：《社会学与人类学》，佘碧平译，上海译文出版社 2003 年版，第 11 页。

⑤ 同上书，第 306 页。

信息技术。于是，当言说和书写被归入信息技术的形式时①，就是将身体信息技术纳入了广义的信息技术之中。这样，由于技术有涉身性的身体技术，信息技术有涉身性的身体信息技术，当身体信息技术被纳入信息技术的范畴后，也成为了一种广义的作为哲学对象的信息技术。前面所提到的"信息革命"实际上就是从身体信息技术的革命到器具信息技术革命的扩展过程。

提出身体信息技术后，相应地产生了一系列问题，主要有：

第一，关于身体信息技术的种类问题，身体信息技术中最根本的是语言技术，但除了广义的言语行为（包括面部表情、手势、姿势等等）外，人的思维是否算是身体信息技术？认知哲学中有的特别强调心智（也是信息）的寓身性或涉身性，这种意义上，思维或许也可以算作是身体信息技术中的一种，正如已经有人提出"思维技术"的概念一样。

第二，关于器具信息技术与身体信息技术的关系问题。可以认为，器具信息技术无非是身体的延长，是身体技术在信息维度上的延长，是信息手段的人工替代物。

第三，语言和文字在两种信息技术之间的特殊地位问题。可以说语言是身体性的又是延长于身体的，言一出，则成为延长性的，成为"身外之言"，也成为可以被器具信息技术处理和传播的对象；但言之出，则是身体性的，是当下的身体信息技术活动。所以当我们说语言是一种身体信息技术时，主要指的是"言之出"的当下过程。语言以后的信息技术，或所有的器具信息技术，基本都是对"言"的延长或变换，对其在人体之外的操作或传播或显示或加工……

文字可以说是身体信息技术与器具信息技术的接口或过渡。文字使信息技术既是依赖身体的，又是离开身体的。在文字出现以前，信息只能或基本只能是"涉身"的，于是受到身体活动或存在的空间与时间范围的限制，使得信息的存在和传播也就受到极大的限制。文字和印刷是两种信息技术交织的革命，此后的信息革命的重点转移到了器具信息技术之上，从而导致了一系列身体之外的信息技术（作为文字载体）的发明和产生，如纸张是文字的载体，印刷术是文字被置于载体的方式，如此等等。

---

① ［美］米切姆：《信息技术的哲学》，载［英］弗洛里迪《计算与信息哲学导论》，商务印书馆 2010 年版，第 686 页。

第四，两种信息技术之间的协同进化问题，也即器具信息技术与身体信息技术是如何相互影响的？在当代信息技术中，"脑机接口"或许是身体信息技术与器具信息技术的"协同进化"的前沿领域，当然在之前也有协同进化，这就是器具信息技术对身体信息技术（技艺）的影响和改变，以及身体信息技术对器具信息技术的要求和推进。

三　"信息"与"信息技术"的哲学含义之间

"信息技术"是以"信息"为修饰语的技术，从字面上可知这种技术是与"信息"紧密相关的，是要围绕"信息"去加以理解的一种技术；但这种相关的具体含义是什么？"信息技术"中的技术是如何关联上"信息"的？例如，它以"信息"为对象的技术、还是以"信息"为"原料"的技术、或是以"信息"为"产品"的技术？与此同时，与信息技术不同的技术是什么，亦即信息技术是针对别的什么技术而言的？从字面上，一切"非信息技术"都与信息技术不同；但问题又变为——什么是"非信息技术"？或什么技术不是信息技术？厘清这些问题，是把握信息技术的哲学含义的又一个基本点。

为了说清楚上面的问题，先需要搞清楚信息技术中的"信息"究竟是什么？第一章曾经专门探讨过信息的含义，我们看到从"正面"界定信息的哲学含义分歧极大，但对于"信息不是什么"则有广泛的共识，这就是维纳所说的信息既不是物质也不是能量。这也被视为维纳对世界的"三分"，由这种三分可导致对技术的三分："基于维纳自己的分析，可以对三种基本的不同类型的技术加以区分：转换物质的技术（锤子和生产线）、产生和转换能量的技术（发电厂和发动机）以及转换信息的技术（通信系统和计算机）。"① 构成世界的三种基本"要素"的不同，决定了以它们为"原料"或"对象"的三种技术也有本质的不同，而且三种技术都有其历史发展的不同阶段：如物质转换技术以材料技术为主，形成石器时代、陶器时代、铁器时代、高分子时代、硅器时代、纳米时代的演进；能量转换技术则有人力时代（手推磨时代）、蒸汽时代、电力时代、核能时代等；信息转换（这里的"转换"是广义的，对信息的摄取、处

---

① ［美］米切姆：《信息技术的哲学》，载［英］弗洛里迪《计算与信息哲学导论》，商务印书馆 2010 年版，第 691 页。

理、储存、传播、显示等都属于信息的转换活动或表现）技术则有口传时代、印刷时代、电子时代。

技术的"三分法"也揭示了技术活动的几个基本要素：一是要有物质，既包括作为原料的物质，也包括作为工具的物质，这主要由材料技术来解决；二是要使物质处于运动状态，才能使其产生"变化"，使物质向"产品"的方向"转化"，这主要由能源技术来解决；三是要使这种运动具有"有序性"、"方向性"，于是就需要对其施加"控制"，这主要由信息技术来解决。如果这些环节都由"机器"来承担，那么就分别是工具机、动力机和控制机，在一台"数控机床"上，就体现了这三者的集合；而在无人工厂和柔性制造系统中，则将这三种转化的功能在更大的生产空间中加以整合。如果使用的是一般机器，那么就由人来充当"控制"的手段，此时人直接在机器一旁通过自己的操作来使工具机有序地运动；如果使用的是手工工具，则人就要充当"动力"和"控制"的双重功能，此时他不仅要操作工具，还要以自己的体力推动工具的运动。从手工工具到自动机器，人的手段职能不断转移到技术器具之上，人自己得到了程度越来越大的解放。

如果物质和能量归为一类（例如称其为"质能"），则可有信息技术（广义）与物质技术或"质能技术"两大类。信息技术所指的无非是一般意义上处理、表达和传播信息的技术与手段，所针对的是要区别于处理（转化）和输送（运输或运送）物质与能量的技术与手段，后者也如前所述可称之为"生产技术"。或者说，从信息既不是物质也不是能量的观念出发，就形成了信息技术与质能技术的"二分"。

此处的难题是信息技术与质能技术之间的划界问题。

第一，从工具形态上区分，当我们把计算机和网络称为信息技术，把锤子和发电机称为质能技术时，就是从工具形态上进行的区分。

但是，工具本身只是技术的一个方面，工具还有一个制造和使用的过程，于是，当计算机被视为信息技术时，是指计算机的使用是信息技术，还是包括计算机的制造也是信息技术？前者属于信息技术似乎没有问题，但后者从作为 IT 产业的意义上属于信息技术领域，而从过程的性质上则是属于"造物"的生产技术，而不是转换信息的信息技术。任何信息技术的硬件和载体都面临这个问题，如印刷术中的印刷机和纸张的制造，今天芯片的制造、显示屏的制造、光纤的制造，这些显然是物品的制造活动，属于物质生产领域；就是说，制造这些物品的活动与制造汽车、生产巧克力的技术具有相同的性质，都是在生产实实在在的人工制品，似乎两者之间没有根本的区别。因此可以说，信息技术的硬件是生产技术与信息技术的交界地带。还可以说，只要追溯信息技术的"上游"，都会追溯到物质生产技术那里，这也是信息依赖于物质的一种表现。

第二，从控制方式上进行区分："与工具（没有人类的能量投入和引导无法行使功能）或机器（从非人资源中获取能量，但仍需要人的引导）不一样，信息技术以其与众不同的方式，在能量和即时引导方面独立于人，即它们是自我调节的（控制论的）。"[1] 但这里所分析的信息技术显然是现代的器具信息技术，而传统的器具信息技术无疑是难以自我调控的，并且当代技术中不仅器具性的信息技术而且器具性的生产技术也是可以自我调控的，因此以是否能够自我调控来区分是否为信息技术是不合适的。

第三，从"所形成的产品"上来区分，如质能性生产技术所形成的是物质产品，而信息技术所形成的是信息产品。但是，由于任何信息产品都要以物质产品为载体，所以当信息技术在形成信息产品时，必然要形成作为载体的物质产品，如打印机要形成文稿、计算机要在屏幕上形成光电影像，此时不能说这些产品不是物质产品。

第四，从技术活动的目的来区分，看这种技术及其产品是用来满足人的什么需要的，如果满足的是人的物质需要，这种技术就不是信息技术；反之，如果满足的是人的信息及精神需要，这种技术则是信息技术，所以IT技术、印刷术等，就是信息技术。就是说，对于信息技术来说，即使形成了物质产品，但人所"最终消费"或"真正需要"的，并不是这些物质形式，而是其中的信息内容。拿计算机来说，"计算过程与化学或电学过程的区别是，前者在其研究过程中'以忽略其物理性质的方式'进行"[2]；这样，无论是被人关注的过程还是目的，信息技术和物质技术都是不同的。虽然这些过程都是在物质设备上运行的，其结果也是在物品上体现或显现的，但从"关注"或"意向"对象来说，两种技术都是截然

---

① ［美］米切姆：《信息技术的哲学》，载［英］弗洛里迪《计算与信息哲学导论》，商务印书馆 2010 年版，第 691 页。

② ［美］库伯恩：《计算机科学的方法论》，载［英］弗洛里迪《计算与信息哲学导论》，商务印书馆 2010 年版，第 665 页。

不同的：后者是物质本身，而前者是物质所承载的信息。

这种意向性的不同也表明了技术目的的不同，从而形成区分物质生产性技术和信息技术的最重要标准：前者的最终产品用于改变或改善我们的物质生活；后者的最终产品则是改变或改善我们的精神生活。只从技术"所形成的产品"上往往难以区分一种技术是物质技术还是信息技术，例如印刷术作为信息技术，直接生产的是"书本"这样的物质产品，于是形不成与物质技术的直观区别。但由于印刷技术的产品是满足人的信息或精神需求的，所以被归为信息技术。也就是说，信息技术的硬件形态是物质，它同样也是物质性生产技术的产物；但信息技术本身的功能是围绕信息展开的，行使某一方面的关于信息的功能、完成某一方面的关于信息的任务，例如信息的处理、储存、显示、传递等等。也就是说，一种技术如果是信息技术，那么其外在的物质性器具只是作为其行使信息功能的载体，在载体中还有超越于物质层面的信息内容。

当然，这样的划分也有模糊地带，如有的技术就既可用来满足人的信息需要，也可用来满足人的物质需要。像造纸技术，纸张本是用来满足人的信息需要的，但后来又开发出许多的满足人的物质需要的用途；再如服装，本是用来满足人的物质需要的，但附上名牌商标后，则又转而满足人的精神需求，这就是鲍德里亚所说的对物的消费变为对符号的消费。此外，像专门用于美观和装饰的物品，如钻戒和项链之类，满足的是人的精神或信息需求，但不能将相关的技术称之为信息技术。

从以上分析可以看到，对信息技术与非信息技术的任何一种划分都有例外，都存在模糊地带，这种例外和模糊也表明了两种技术的相关性。此外，还需看到，两种技术之间在今天出现了不断融合的趋势，如生产技术中融入了信息技术后成为自动生产线或柔性制造系统或智能制造或工业4.0等。所以把握这种区分还需要引入动态的眼光。

这种模糊性还表明我们需要从多角度去把握两种技术的区分。例如，将工具形态、技术过程和技术目的结合起来，就更能够提供一种划分两种技术的合理界限，即把握一种技术的最终产品是满足人的物质需要还是信息需要，是在处理数据、信息还是在处理物质、材料，是为人的脑力劳动服务还是为人的体力劳动服务……还是借鉴维纳的说法：质能性生产技术是使人手贬值的技术，而信息技术是使人脑贬值的技术，这也是技术哲学家保罗·莱文森所区分的"两个序列的技术"：第一序列的技术（metatechnology）"即人的一般技术，是在改造外在的物质的世界"；第二序列的技术（second-order technology）"即认知的技术，是在改造我们内在的心灵世界……认知的技术重新塑造了认知者：我们人类自己。"① 这两个序列的技术可简称为"改变物质的技术"（"物质生产技术"）和"改变心智的技术"（"信息认知技术"）。

从"信息不是什么"来入手可以使我们在一定程度上明确信息技术不是物质生产技术，但"信息技术究竟是什么"还得建基于"信息究竟是什么"。

"信息是什么"也被视为信息哲学的核心问题，目前就此可归结出四到五种"核心理论"，就是所谓的"状态或属性说"、"相互作用说"、"意义说"和"间接显示说"②。当然也有其他的归结，但大同小异。

笔者作为"意义说"的主张者，认为信息就是人的"感知"、"反映"、"知识"等广义的心智现象，从这个意义上理解信息，显然就不能将信息归结为物质性的信号，因为信号只是信息的载体而不是信息本身。具体说来，信号（signal）是与一个物理现象相连并用来传送数据的，甚至在电子学中，信号所指的就是所传送的电脉冲，而在通信业务中，信号指的是一种报文形式，其正文由一个或多个预先规定好意义的字母、字、字符等标志、可见显示或特殊声音所组成，且以光、声、电的手段进行传送或发送。③ 信息的存在和传送离不开作为载体的信号，载体是可感的，信息是必思的。你能感到的一切都不是信息，而是信号，只有你所理解的才是信息。由于器具信息技术的所操纵和传送的真正对象是信号（符号）而非信息，因此它从本质上只是处理和传递信号的技术，这样，无论是传统的器具信息技术，还是当代的器具信息技术，从严格意义上讲都是"信号技术"。如印刷术是复制信号（符号）的技术，网络是传递信号的技术，计算机则是信号变换的技术，这些技术的使用主体是人，是人把信息变成信号，并交由信号技术去处理和传递，信息被代码化或变成信号后，就不再是信息本身，虽然其中"有"信息，但一定是与编码者和译码者相关时，才算是"有"信息，否则就只是些"乱码"，而不是什么信

① ［美］保罗·莱文森：《思想无羁》，何道宽译，南京大学出版社 2003 年版，第119—120 页。
② 邬焜：《中国信息哲学的四种核心理论》，《中国社会科学文摘》2011 年第 9 期。
③ 郭建波等：《信息技术词典》，化学工业出版社 2004 年版，第 438 页。

息。由此在机器和设备中处理和传递的是物质性的信号，而不是精神性的信息，精神性的信息是由人掌握而非机器掌握的。

因此，严格地说，计算机中进行的并不是什么信息的加工，而是编码符号的转换。正因为如此，塞尔的中文屋实验才表明机器并不具有心灵。即使机器可以根据程序将一种符号串准确地变成另一种符号串，从而显示出似乎可以进行"翻译"，但它并不懂得这些符号串的语义，从而并不掌握其中的信息。换句话说，器具性信息技术处理的均是语形符号，而不是真正的语义信息，其传输的也是语形信号，是不同形式的物质载体的送达，而不是信息本身，信息本身是辨识后或译码后的产物，而"码"作为载体、作为语形，绝不是信息本身。如同米切姆所说，"作为信号，两个短促的嘀嗒声或轻闪（摩尔斯电码中的字母'i'），可能是一个自我指称代词，单词'in'的组成部分，拉丁数字符号中的1，或其他可能的任意数字。离开了语境，信号就不是信息（message）"。①

所以计算机并不是什么"信息机器"，不过是"信号机器"，或"符号变换机器"。但是在日常用法中常常将信号（载体）与意义（信息）混为一谈，这只能视为一种不严格不精确的用法，如果在信念上仍然认为器具信号技术是一种真正的信息技术，无疑就是主张机器是懂信息的，从而机器是能思维的。

那么计算机中究竟有没有信息呢？计算机中被运作的符号中有没有信息呢？那要看针对谁而言，如果就机器本身而言，其中并没有信息，因为计算机并不"理解"这些符号的意义。如果针对人来说，则机器里有信息，因为这些符号的意义是人能够理解和辨识的，当然这里所指的也是总体的人，而不是个别的不懂其意义的人。于是，在一定语境内，尤其是在非信念的语境中将"信息"与"信号"的界限模糊化时，信号技术可称之为信息技术。

这也是基于对信息的哲学理解而对信息技术的哲学理解：器具信息技术本质上是信号（变换）技术，而不同于造物的技术。但从信号也是一种特殊的物质的意义上，造信号的技术也是造物的技术，不过是一种特殊的造物技术；当然由于信号是比通常的物质更为复杂的现象，所以信息技

————————
① ［美］米切姆：《信息技术的哲学》，载［英］弗洛里迪《计算与信息哲学导论》，商务印书馆2010年版，第684页。

术（信号技术）是比物质性的生产技术更为复杂的技术。与此同时也要看到，物质变换技术和信号变换技术是可以互通的，例如从当代的二维打印技术到3D打印技术，就是造信号到造物的整合，亦即从信号技术变成了造物及生产技术，或者是造物技术与造信号技术的融合，在这个意义上，两种技术归根到底又是具有统一性的。

在排除了器具信号技术是严格意义上的信息技术之后，可以说只有身体信息技术才是真正意义上的信息技术，因为身体是属人的，人才是信息的主体，即真正具有信息能力从而可以使用信息手段即信息技术的主体。

当然，笔者在这里也无意改变强大的约定俗成的语用习惯，只是认为，我们需要在非信念的意义上使用关于"信息技术"的习惯性叫法，最好在口称计算机之类的为信息技术时，心中再打上一个括号，即（信号技术），也就是加上注释地去使用它。

总之，信息技术的含义是从信息的含义中提升出来的；我们如何理解信息，决定我们如何理解信息技术；反过来也一样，我们如何理解信息技术，也决定我们如何理解信息。

第二节　信息技术的分类及哲学特征

对信息技术进行分类研究，是对其含义所进行的一种外延研究，可以从中进一步把握信息技术的含义，并在此基础上理解其哲学特征。信息技术从外部形成与物质生产技术的分类，在内部则有器具信息技术和身体信息技术的分类，这些不同类型的技术之间均以"信息"为轴心形成相互之间的区别和联系，显现出各自独特的哲学特征。

一　外部分类：信息技术与物质生产技术之间

前面的分析表明，信息技术是与作为"非信息技术"的物质生产技术的比较中被分辨和理解的，但其中两者之间又具有多重复杂的关系：

第一，信息技术从多方面依赖于物质技术，或以物质技术为基础。

如前所述，从器具的意义上，信息技术本身也是一种物质手段，是使得人工的符号（信号）或符号系统产生、存在并形成运动变化的一种物质装置；这种装置如果是简单的工具，如纸、笔、算盘等，我们就称其为"信息工具"，这些工具与生产场所的"手工工具"相对应，可称之为

"手工信息工具"或"信息手工工具";这种装置如果是复杂的机器,则可称之为"信息机器",通常计算机的出现意味着作为机器形态的信息技术的到来。

不仅如此,制造器具形态信息技术的"上游产业"也属于物质技术,例如现代信息技术中制造计算机的微电子技术、制造网络设备的光纤技术就是物质生产行业;而传统信息技术中的印刷术则包含了造纸、造油墨、造印刷机等一系列"造物"的"上游技术",这些造物技术构成了信息技术的基础,形成了信息技术的硬件,没有它们,显然就没有信息技术的存在。

而且,即使是信息技术的产品,在其直接性上,也是物质产品,如印刷术的直接产品是可见的文字符号,电子信息技术的直接产品是电子屏幕或其他设备上的声光电的显示或电信号的流动,在这个意义上,信息技术实际是信号技术或符号技术,信号或符号作为信息的"软载体",是依靠作为硬载体的物质装置(器具信息技术)才得以存在或活动;至于信息本身,则需要由作为信宿的人从中解读或辨识出意义,那种意义才是真正的信息。

这样,归根到底,信息技术也是一种物质技术,只不过是一种特殊的物质技术,是人能从其中或其产品上获取人工信息的技术。

第二,两种技术之间的区分具有相对性,即某些技术具有"亦此亦彼"的特征,具有物质技术和信息技术之间的"接口"性质。

前面列举的一些技术活动,无论是传统的造纸还是现代的微电子行业,从其产品的直接形态来判断无疑是"造物"的物质产生活动,但从其最终的目的和功用上看又是为着人的信息或精神需求服务的,因此可视其为两种技术之间的"交界面""接口地带"。例如造纸的技术就不能仅仅从物质的意义上去理解,因为"纸引起了极端重要的……一场革命,没有纸,就不会有这么多的人去从事写作的艺术,印刷术对人类的贡献也将大大逊色……纸能够用一种普世的物质去代替昔日传递思想的昂贵材料,它促进了人类思想成果的传播。"① 而且作为一种信息工具,纸的信息功能是多方面和整合性的,它既是信息的载体,也是信息的显示,还是信息的传递手段,很难找到另一种媒介可以一身兼具如此多的信息功能。

---

① [加] 伊尼斯:《传播的偏向》,何道宽译,中国人民大学出版社2003年版,第14页。

在今天，两种技术还不断交叉，形成亦此亦彼的新技术类型。例如，如果说生物技术是物质技术的话，那么生物芯片技术以及 DNA 计算机技术则使其和信息技术产生了交叉；再如基因工程技术，一方面是改变遗传信息的"信息技术"，另一方面也是改变生命体物质形态或特征的"物质技术"，在此体现了两种技术的深度交叉。还有，即使是电子信息技术，当其用于物联网系统时，就趋向于"处理信息"与"处理物质"的混合，从而成为一种交叉性的"接口"技术。

其实，信息技术所具有的"物质性"和"信息性"的"双重性"，也表明信息技术本身就是一种"交叉性""接口性"的技术存在。由前可知，信息技术在器具、设备、载体的意义上是物质技术，而在内容、产品的功用、目的性上则不同于物质技术，其"产品"则呈现出从硬载体到软载体（符号）再到信息（内容）的过渡，成为一种从物性到意义的流动性的存在，物质和信息两界在此形成"交集"。

第三，信息技术与物质技术在技术发展的一定水平上具有"同一性"或"整合性"，尤为体现在当代信息技术使生产与控制所实现的一体化过程之中，当代信息技术造就了整个人类技术的新形态，这就是正在打破物质性的生产技术与非物质性的信息技术之间的固定界限，将两种技术整合到一起。在计算机出现以前，物质生产技术和信息技术基本上是分离发展的，计算机出现后则改变了这一状况。当计算机作为控制机成为机器的一个组成部分从而形成为自动机器（从数控机床到机器人、从无人工厂到柔性制造系统）后，两种技术便走向了"一体化"，表明了"制作活动"所需的人体功能可以被集合性地由机器所完成，例如机器人就是"基于计算机技术的人工智能控制无须人的现场干预，能自动完成某项任务的机械设备。"① 这里"机械设备"即传统的机器和智能计算机被整合在一起，机器由此进化到更新的形态，造就出所谓"数字化生产方式"，使得从改变信息存在到改变物质存在的技术活动连为一体。两种技术的融合，甚至可以打破关于技术的分类，因为信息技术在这里同时就可以是生产技术。

生产的"信息化"，就是在生产系统中加入信息技术，尤其是自动控

---

① McGraw-Hill Inc：*McGraw—Hill Encyclopedia of Science & Technology*，Vol. 15，New York：McGraw-Hill Inc，2002，pp. 516 – 522.

制部分，使完整的机器不仅需要有工具机、动力机、传动机，而且要有控制机。这样的机器不再由人去直接操作和控制其工具机的运行，于是一方面解放了人；另一方面使工具机的运行在速度和精度上不再因人自身的生理和心理因素而受极大的限制。这也解释了信息技术为什么具有物质生产技术的功能，解释了两种技术之间的连续性问题。从根本上说，这就是因为造物的生产活动中，也存在着"控制"之类的处理信息的活动或行为，这类活动在人那里的"低效率"状况，犹如当人充当动力时的"低能"状况一样，迟早会显示出来，从而推动信息技术革命的到来。所以，信息技术的出现，在生产力层次上也是有"最终根源"的。

当代信息技术的这一特征也表明了它所具有的强大的"会聚功能"，这就是上面所提到的传统信息技术与现代信息技术的会聚。此外像"脑机接口"技术和更多的认知科学技术还将进一步会聚身体信息技术与器具信息技术的功能。如果将基因工程也视为广义的现代信息技术（因为它的对象和目的也是信息、是对遗传信息进行操作的技术），那么"生物技术已经破坏了亚里士多德关于自然的树和人工的床之间、生长的和建构的之间、生育的和制造的之间的区别。而计算机程序或许不仅能够在屏幕上模仿生长的模式，而且这些人工代理品们还会自动地复制自己。在纳米水平上，机器人设计很难与基因工程区别开来。那么，存在（Being）的任何区别还会保留吗？"① 这无疑意味着信息技术与物质技术的会聚和交融，也是当代信息技术所主导的改变世界的崭新图景。

最后，综合以上两点，可以说当代信息技术造就了一种新的技术范式，这就是一种具有更大的包容性的技术，它既包容了先前的信息形态，也包容了先前的技术形态。从工具系统来看，当现代信息技术向物质性的生产技术扩展后，就成为一种应用范围更大、功能更全的机器系统，而"机器"的概念从过去的"机器＝工具机＋动力机＋传动机"改变为"机器＝控制机＋工具机＋动力机＋传动机"，或简称为"机器＝信息机器＋生产机器"。从产业形态上看，则有所谓"信息化带动工业化"，从而使所有的技术都实现"信息化"，包括产品也是如此。工业化曾把农产品变成了"工业化的农产品"；而信息化则正在将工业产品变为"信息化的工

①　Luciano Floridi, *The Blackwell Guide to the Philosophy of Computing and Information*, Blackwell publishing Ltd. , 2004, p. 332.

业产品"，凡此种种，表明"技术的演进正朝着信息更加丰富和通信更加
密集的方向发展。在特定时期无论具体的特殊技术是什么，大趋势已经并
将继续朝着信息丰富的方向迈进"。①

　　新的技术范式使得我们对"技术"的概念需要有新的理解。经典的
技术哲学对技术概念的理解是基于传统的物质生产技术，在拉普的《技
术哲学导论》中，记载了这方面的典型观点："在工程师 M. 艾斯看来，
技术活动的本质是创造新的物质产品"，是将各种发明的设想加以"物
化"，然后将这种物化的产品加以应用和传播。1906 年专利律师、电气工
程师 A. 都博伊斯－雷芒德在《发明和发明家》一书中进一步整理和发挥
了艾斯的思想，认为发明是"物质要素的大胆组合。一切发明就在于指
明符合人类具体需要的技术可能性，揭示出物质属性和人类需要之间的一
种前所未知的巧合"②。而当新的技术范式出现后，技术的概念就必须随
之扩展，使得关于技术的哲学界说必须既包括造物和用物的技术活动，还
必须包括人工信息的制造和变换活动。这就必须扩展技术的含义，使其具
有更大的包容性。这样扩展后的"技术"可界说为：技术是使所涉及的
对象附带人工信息的过程，并使该对象产生变形（形态、形式、形
状……）的结果。

　　以上表明，信息技术虽然不同于物质技术，但与物质技术是分不开
的，这恰好反映了信息与物质的本体论关系：不存在任何可以离开物质载
体的"裸信息"，信息与物质的不可分离性，决定了信息技术与物质技术
的不可分离性；物质性的信息技术就是使得人造信息可以存在和被加工处
理的"家园"。甚至，信息技术和信息之间本身就是一种物质与信息的关
系，从中也可以使这两个概念在相互之间的关系中得到进一步解释：信息
就是信息技术所处理或承载的东西；信息技术就是对信息进行物理操作的
装置或手段，这种信息如果是以符号来表达的，那么信息技术就是体现在
符号系统中的设备或装置；而信息就是"镶嵌"在信息技术（包括符号
系统）中的语义内容，"信息的语义内容具有不同的大小和价值，它们可

---

　　① ［美］布鲁斯·宾伯：《信息与美国民主：技术在政治权力演化中的作用》，刘钢等译，
科学出版社 2010 年版，第 27 页。
　　② ［德］拉普：《技术哲学导论》，刘武等译，辽宁科学技术出版社 1986 年版，第 4—
5 页。

以用一连串的代码和格式来加以表述，并被嵌入到不同类型的物理操作之中"①。凡是专门用来获取、表达、存储、处理或传递信息的人工装置，就是信息技术；凡是想用信息技术表达出来的东西都是信息。所以谈到信息时，就离不开信息技术（当然也包括"身体信息技术"），信息是人借助于信息技术从相关对象那里获取的，在这个意义上不存在什么"本体论信息"或"自在信息"，只存在与人和信息技术相关的信息。信息技术从硬件上也是物质，恰恰说明信息离不开物质；这也是由信息离不开物质载体的哲学特征所决定的；处理和传播信息，必定离不开物质性的载体技术，尤其是处理和传播人工信息，就更离不开作为人工制品的器具信息技术。没有信息技术，所有的人造信息就"无家可归"，就不可能存在。而且，也正是信息技术，才使得所有人造信息具有实在性的一面，成为可以被识别、被感受的东西。

二　器具信息技术及其哲学特征

如果我们把"技术"仅仅理解为器物、人工的工具的话，那么就会相应地把信息技术也主要地理解为器具信息技术。在我们日常谈论信息技术时，常常说的就是诸如电脑、网络之类的器具信息技术，或者还包括印刷、泥板、竹简之类的历史上的器具信息技术。

器具信息技术可以简称为"信息器具"。信息器具的分类或探讨的视角可以多种多样，载入设备、载体和媒介可作为分析信息器具的三个侧面，它们在不同时代所形成的不同形态集合为了各个信息时代的信息装置范式，信息装置范式的演变就是信息器具的进化历程。

人类的器具技术时代，经历了手工工具时代、机器时代和计算机（自动机器）时代，与此相关，作为载入设备的信息器具的发展也经历了与此相关的三个时代：手工载入设备——以笔为代表，对应的是"手写"的信息载入方式，所形成的是"手稿"、"手迹"、"墨宝"一类的信息品；机器载入设备——以印刷机为代表，对应的是"印刷"或"印制"的载入方式，所形成的是"印刷品"（尤其是有大量复本的书籍等）一类的信息品；电子载入设备——以电子计算机为代表，对应的是"录入"

_____

① ［英］弗洛里迪主编：《计算与信息哲学导论》，刘钢等译，商务印书馆 2010 年版，第128 页。

的载入方式，所形成的是"电子文档"（包括"超文本"）一类的信息品。

信息载入方式的变迁，如笔、印刷机和计算机所凝聚的是不同信息器具的运作方式，即对信息品的手工制作、机器制作和数字化制作的运作方式。而这些不同的运作方式也蕴含了相应时代人们的信息生产和劳动方式，由此扩展而影响到人们的物质和精神生活方式、文化文明差异甚至社会的整体区别。拿印刷机的出现来说，它所引起的印刷术就曾将人类带入了一个新的时代，信息的载入、复制和传播从此可以"工业化"，也促使报业、新闻业的出现和蓬勃发展，知识和文明的成果由此可以迅速而广泛地传播。英国学者麦克格雷认为，印刷术对于人类文明史的贡献是不可估量的，它使图书的数量极快地增长，信息和知识随之加速增长，且图书的内容也从传统的神学扩展到新兴的科学。对于人口稀少、经济又很薄弱的民族，缺少印刷语言往往会导致它们的衰落或消亡。语言要生存就必须以印刷形式存在，正是这个理由，康瓦尔（Cornish）语言几乎灭绝。另外，印刷术还使得语言的使用变得洗练和标准化，并因此使得语言成为语法、标点及文体的衡量标准。……有了印刷术，也就有可能累积大量的复本，因而有助于学者们更多地认识到解决问题的各种方法，以及学术权威们观点上的差别。印刷术也使人们对许多思想领域需要进行新的解释……印刷术对于科学方法的发展具有重要影响。印刷技术允许对经典著作不断地进行修改，因此，每一新的版本都较以前的那些版本有所改进。这恰恰与抄写文化的情形相反，在抄写文化中，由于抄写人员的懒惰或大意，会引来越来越多的错误，使文献内容日益混乱。大量的印刷材料使每个学者都能获得他感兴趣的各种文献，推动了科学的进步。正像爱拉斯莫斯认真校订各种版本的《圣经》和《教文》引起了论战一样，哥白尼也通过比较托勒密、亚里士多德其他天文学家和数学家的观点，指明了它们的错误与矛盾，提出了一种崭新的、更令人满意的解释，从而引起了一场天文学思想的变革。①

信息器具作为载入设备从简单的机器形态发展到复杂的机器形态，也就是电子元器件构成的机器形态，即计算机的形态，是一次更重大的飞

① ［英］K. J. 麦克格雷：《信息环境的演变》，丰成君等译，书目文献出版社1988年版，第41—47页。

跃，这种信息的"电子机器"本身就意味着机器形态的划时代飞跃，甚至它本身不仅是机器的崭新形态，而且是"后机器"形态，因为它也被视为对机器和机器时代的"革命"，使人类在技术时代上从机器时代进入电子时代，从工业社会进入信息社会。信息器具的这一次划时代发展，使得人们借助器具所延长的信息能力，不再主要局限于信息的载入或复制能力，而是信息的处理能力，以后，由此辐射开去，还极大地延长了人的信息传播能力、信息显现能力、信息储存能力等等，导向了人的信息能力的全方位增强。

由信息的特性可知，任何信息都必须依赖一定的载体才能存在，我们了解信息也必须从载体入手。信息器具一定意义上都可称为信息的载体，信息载体表达了信息对物质的依赖，或人工信息对于人工的物质载体即信息器具的依赖。从载体来看待信息器具，也是侧重于从信息是如何存在和保留（信息储存）方面来看待器具信息技术，它是揭示信息器具之哲学含义的一个重要方面。

简单地说，载体就是承载信息的物质，这样的物质如果被有目的地进行了空间移动，就行使了信息传递的功能，于是载体也可以被视为用于传递信息的物质，如纸张、计算机的硬盘、微缩胶卷等物质材料，或延伸到纸前时代的泥板、甲骨、树皮、青铜器、竹木简等等，其实这些载体都可以统称为"硬载体"，此外还有作为"软载体"的语言文字、符号等与载体材料相结合的各种符号系统。

文字作为信息软载体，较之先前的口语作为信息的软载体，使得信息的软载体可以依附于固态的硬载体而存在，改变了口说的语言即言语只能依附于气态的声波而存在的情况，它使人的体内信息可外化为视觉形象，或者说将听觉信息变成了视觉信息，并在硬载体上形成固化的痕迹，从而有可能在体外得以保存和传递，使人类的文化成果，尤其是信息形态的文明成就能够传承。在文字这种软载体之后，则是电子计算机能"理解"的机器语言的发明，也就是数字化的 0、1 数码。数字化软载体所运载的信息可以形成具有控制计算机硬件运行之能力的软件程序，此时如果视计算机的硬件为硬载体，就使得原先那种文字与纸张之间的软硬载体关系，演变为计算机程序与计算机器件之间的软硬载体关系。如果再将文字以前的图形符号等视为软载体的"前文字"阶段，那么我们可以将人类信息的软载体形态的发展，以文字为轴心区分为"前文字形态"、"文字形态"

和"后文字形态"三种，其中关键是对文字的出现及其所具有的意义。

如果软载体的发展以文字为轴心来划分，那么硬载体的划分就需以纸为轴心来划分，由此形成"前纸载体""纸载体"和"后纸载体"三大形态或三个硬载体时代。

从传播学的角度，信息技术可以视为传播的工具，即媒介。由于媒介的重要性，我们这个社会也称"媒介社会""泛媒时代""新媒体或全媒体时代"等等。"媒介"可以有广义和狭义之分，广义的媒介类似于"器具技术"，指那些凡是能使人与人、人与事物或事物与事物之间产生联系或发生关系的物质，这种意义上的媒介可以比技术的范围还广，以致一切事物都具有媒介的性质；狭义的媒介则指"器具信息技术"，即专门用于传播信息的技术或手段，即"传播学"视野中的媒介，比如报纸、广播、电视、网络等，"它包含了作为意义表达渠道的所有事物"①。

媒介的"核心价值"在于信息传播的功能，信息的传播和信息的储存一样，必须依赖于载体，随着载体技术的变迁，人类的传播手段或方式也随之发展。目前公认的人类历史上已发生的"五次信息革命"实际上就是信息媒介技术的五次大发展，因此也被称为人类的"五次信息传播革命"；除此之外还有媒介历史发展分期的"三种说"：感性的感觉媒介、符号交互媒介、技术性的传播媒介；还有将五次信息革命中的后三次归结"三次传播革命"，其中"最早是印刷业革命，即信息生产的机械化，它提高了识字率，扩大了英帝国的统治范围。第二次传播革命贯穿于整个上世纪，通过电子技术将信息生产与信息传递结合在一起——这一过程从电话、电报，一直延伸至电视。如今，第三次传播技术革命将信息存储器和检索器与电话、电视、计算机联结在一起，产生出新的宽带通信系统或'信息服务设备'。"②

无论何种区分方法，我们都可以看到人类借助媒介的传播经历了从口头传播到手写传播、印刷传播和电子（网络）传播的发展，从手写传播开始，传播就成为依赖于信息器具的过程，就成为与媒介技术紧密相关的现象。

———————————

① ［英］乔纳森·比格内尔：《传媒符号学》，白冰、黄立译，四川教育出版社 2012 年版，第 1 页。

② ［美］詹姆斯·凯瑞：《作为文化的传播》，丁未译，华夏出版社 2005 年版，第 150 页。

如果将手写传播和印刷传播视为一个阶段，那么传播的三大阶段也就是媒介的三种历史形态，这也是基于麦克卢汉和波斯特观点之上的共识："面对面的口头媒介的交换；印刷的书写媒介交换；电子媒介交换。"① 其实，我们还可以将这种分析进一步延伸：三种不同的传播媒介也造就了三种不同形态的信息，这就是"气态信息""固态信息"和"电态信息"。

"气态信息"是人和人面对面直接交流时形成的信息形态，它不依附于人工载体，以空气为自然载体，口耳相传，无信息器具的参与，也无人工储存信息的手段，偶有以天然材料为硬载体、以前文字符号为软载体的信息表达和储存方式，几乎没有人工装置的介入。

"固态信息"以文字和纸张为软硬载体，包括从手写到印刷的信息载入方式，由于以印刷机为显著标志，故称其为"印刷装置范式"，以广义的"笔"为工具的手写范式此时归入其间作为附属部分或前奏阶段；由于纸质载体与空气载体的区别是明显的，所以以固态信息与气态信息的区别也是明显的，它们将视觉信息和听觉信息截然分开，虽然可以有转译，但又并不能完全互换，就如同纸质歌谱与乐队演奏出来的音乐之间的关系一样。

"电态信息"以计算机作为信息机器，或更广义地说，它是以电子手段来储存、传递和显示的信息。在其数字化阶段，它的信息装置系统中还增加了自动处理信息（即广义的"计算"）功能；今天的电态信息通常以硅片为载体，以网络为媒介。由于以电子设备构成为电态信息的技术基础，故可称之为"电子装置范式"；由于作为其技术特征的数字化具有极大的影响力，造成了"数字化浪潮"，带来了"数字化生存"等等，所以它在当今也表达了信息的数字化存在方式。当代电子信息技术使得无论是气态信息还是固态信息，都可以被转化为电态信息，如电话使语音、电报使文字，都曾经将其变成电态信息被传播；纸质图书在今天则可以被数字化为电子图书，也使得印刷术与电子信息技术之间成为可融合的东西；人所探测到的一切信息都可以"数字化"，形成从数字城市到数字地球、从数字图书馆到数字化人的"全覆盖"的数字信息系统。

这些不同的信息态，就是被不同地显示出来的信息，历史地看，可视其为信息存在方式的差异，它是由不同时代的信息技术所造就的，或者说

---

① ［美］马克·波斯特：《信息方式》，范静哗译，商务印书馆2000年版，第13页。

是信息技术的"代际差异"所决定的，它们各有优劣，总体呈现出不断的进化："口耳相传上，眼睛、耳朵、脑袋以及感官和官能之间都协同运动，忙于合作和竞争，在功能上互相引导、刺激和补充。"① 但是，这种传播的时空受限，并无法保存；文字和印刷使得人所传播的信息可以在固体介质上得以负载从而有了"凝固"的信息，从而可以锁定意义、存储消息、重构意识，使信息传播的空间和保存的时间得以极大的扩展，并聚焦思想的深度，但又失去了口传的气态信息那种面对面的在场性和即时性，人和人之间只能"隔着符号"进行交流；而且，这种传播由于将视觉信息和听觉信息截然分开，也使得"信息通道"变得单一化。当代信息技术在电子媒介和设备上所展现、保存和传播的信息，由于是负载于"活力"无限的运动着的电子之上，所形成的"电态信息"就既克服了先前两种信息形态的缺陷，同时也保留了它们的优点并将其发展到更高的水平，使得信息的即时性、可保存性、快速传播等可以同时具备，且还增加了多向的交互性、信息获取的便捷性、信息存储容量的巨大性、信息显现的多媒体性以及图文并茂的超文本性，可以同时调动人的多种信息器官参与到信息活动之中，从而极大提高信息的效用；当然，它也不是"十全十美"的，其缺陷在于，这样的信息方式必须在越来越复杂的技术系统中才能使用，其中一个环节出了问题，信息活动就无法进行。

归结以上三个方面对器具信息技术的分析，可以看到其总体特征有：

第一是作为"物"的特征。

信息器具是人的一种"身外之物"，因此首先表现出"物"的特征，无论是作为信息的载体还是信息处理的装置，都明显地表现出这一点。再进一步看，信息器具不仅是物，而且是"人工物"，不是自然存在的物。前面提到的所谓"天然载体"虽然可由自然物来充当，但也是被人"赋义"或"变形"之后的人工物。随着"造物"技术的发展，信息器具作为人造物的人工性越来越强，距离自然物的原初形态越来越远，而且在表现形态上越来越多样化，从简单器具到复杂装置，从机器到电子设备，以后还有生物材料和人工神经网络等等，都陆续成为或将要成为信息器具的物质形态。仅在计算机领域，就因为量子计算机、光计算机、生物计算机（包括 DNA 计算机、蛋白质计算机等）、神经网络计算机等的发展前景，

---

① ［加］伊尼斯：《传播的偏向》，何道宽译，中国人民大学出版社 2003 年版，第 105 页。

便能显示信息器具在人造物的拓展上存在的无穷空间。

第二是折射人的特征。

信息器具和一般技术一样，是围绕人且由人之所为而产生的；信息器具还是人与信息世界的中介（故称"媒介"）；它是人创造信息产品的工具，是人接收信息的装置，是外界信息向人显示的设备和人与人之间传递信息的"导线"，是人的信息能力的增强方式，是人的信息目的的外在实现；它外在于人，但又内在地与人连为一体，从而不断走向与人的更高程度的亲和性。总之，信息器具是"人为"之物，也是"为人"之物，是人造性和为人性的统一。

技术哲学的创始人卡普认为各种技术工具就是人体器官的投影，从这一视角去进一步区分，生产器具主要是人手或肢体的投影，而信息器具则是感觉器官和思维器官的投影；在这个意义上，信息技术比物质生产技术更为丰富，因为它所投影的人体器官更为多样。"投影"也意味"延长"和"进化"，在卡普看来，工具和机器等技术产物都是人类骨骼和器官向大自然的外化及延伸，它们扩展、强化和补充了人体器官的各种技能，增强了人类控制自然和改造自然的能力。① 对于信息器具来说，它所具有的折射人的特征也就是它作为人的信息器官的延长之本质属性，使得我们也可以从"功能"的视角对信息器具加以分类，从而将那些延长人的信息感觉器官（包括视觉器官、听觉器官、嗅觉器官、味觉器官、触觉器官和平衡感觉器官等）的信息器具称为"感测技术"，其功能是辅助人的感官获取更多的信息；将那些延长人的传导神经器官及其相应的系统网路（包括导入神经网络、导出神经网络和中间传导神经网络等）的信息器具称为通信技术，以扩展神经器官和表达器官传导信息的功能；将那些延长人的思维器官（包括记忆系统、联想系统、分析系统、推理系统和决策系统等）的信息器具称为智能技术，其作用是扩展其加工信息的功能；此外，还将那些延长人的效应器官（也叫执行器官，包括作为操作器官的手、作为行走器官的脚和作为语言器官的口等等）称为信息施用和控制技术，其作用是扩展其使用信息的功能，使信息最终产生效用。

由于信息器具是身体信息技术的延长，所以脱离开人的身体，器具信

---

① 参见［美］卡尔·米彻姆《技术哲学概论》，殷登祥等译，天津科学技术出版社1999年版，第4—7页。

息技术就没有价值和意义。如纸张和印刷，就是"写"这种身体信息技术的延长。由于书写既是身体信息技术的表现，也是使用器具信息技术的过程，当运笔的技术达到"炉火纯青"、"出神入化"的地步时，作为信息器具的笔就可以与人的身体融为一体，难分彼此，显示出信息器具与人的身体信息技术具有相互"纠缠"的关系，使得人和信息器具之间的界限常常变得较为模糊。这样的关系还进一步体现在当代电子信息技术中，借用对麦克卢汉思想观念曾产生过深刻影响的法国学者夏尔丹的说法，电子网络技术就是外在于人类肉体的神经系统的一种"自然而然的进化"；上帝在 20 世纪为人类引入一个凭借广播、电视和电脑等技术可将一切神经系统和一切灵魂的合而为一的"灵生圈"；广播电视网络将人类结成一张巨网，即人类意识的"以太化"网；电子计算机为人类提供了"思想运演的速度"；这些外在于人体的技术正在为人类创造一种神经系统和意识网络，是人类神经系统自然而然的进化。①

第三是指向"信息"的特征。

如果只具备以上两个特征，则一般的人造器具尤其是生产器具也是具有的，所以将信息器具与其他人造物区别开来的还有一个特征，就是它是指向信息的，它是以"信息"为核心的器具技术，是"围绕"信息、"为了"信息而存在的器具技术。

美国学者唐纳德·斯特昂断定技术意味着"任何的工具和技艺，任何的产品或过程，任何的物理设备或制造方法，经过它们人们的能力得以拓展。"② 从技术的这种"能力拓展说"来区分，信息技术侧重的是拓展人的信息能力，而生产技术侧重的是拓展人的物质性的身体能力，即体能。从生产器具到信息器具，人从肢体到感官到思维器官得到了外在的延长，技术形态也由此呈现出越来越高级复杂的进化，这也是人与技术的协同进化，也是人的肢体器官到信息器官的协同进化。

伯格曼也从其装置范式说的视角揭示了信息技术的这种"技术信息"特征：信息技术是目前占有统治地位的最有影响的器具方法范式的特殊版本；物质生产技术聚焦于物品上，而信息技术聚焦于"技术信息"上；

---

① 参见［加］马歇尔·麦克卢汉《麦克卢汉如是说理解我》，何道宽译，中国人民大学出版社 2006 年版，原序第 6—7 页。

② D. A. Schon, *Technology and Change*, New York: Delacorte, 1967, p. 1.

前者聚焦的是"实在",后者则聚焦于作为"超实在"的虚拟实在,前者将我们带入的是人工物品的世界,后者将我们带入的是人工信息的世界。

对此做"更强"的表达,就是类似于麦克卢汉的"媒介即信息",我们也可以在一定意义上说"信息器具就是信息",当然是在信息器具被人造出来是服务于人的信息需求的意义上来说的,同时也表明信息器具作为信息的承载、显示和处理手段,对信息内容本身起着越来越大的作用,例如,至少从信息的量上,之所以今天有如此之多的信息,就是新的媒介所催生出来的。

总之,在信息器具上,集合了物—人—信息这三大特征,并由载体、媒介、运作的器物手段等集合为信息技术范式,其演变体现着人的信息能力的提升,也标志着人工信息形态的发展,亦即建构出不断翻新的信息世界。

三 身体信息技术及其哲学特征

就"技术"的一般含义来说,身体技术无疑是技术的一个重要类型,而身体信息技术又是身体技术中的一个重要类型,它包括诸如人的言语、书写、手势等表达和传输信息的身体活动。今天导致"信息时代"来临的现代信息技术,就是人的身体信息技术的体外延长,在这个意义上,身体信息技术对于我们认识信息技术的哲学含义及其特征具有始源性的意义。

技术与人的身体之间具有互构的关系:一方面技术建构着人的身体,使技术成为身体的一部分,从而使人的身体成为一种"技术身体",即具有技术(能力)的身体。伊德认为人有"三个身体":"身体一"是作为肉身建构的身体,即物质身体;"身体二"是作为文化建构的身体,即文化身体;"身体三"是作为技术建构的身体,即技术身体。这种技术身体使得人可以更好地和外界打交道,并成为人的生存的第一要务。可以说,没有技术(能力)的身体,不掌握生存技巧的身体,至少是不成熟的身体,是依赖型的即需要靠别人的技术身体养活的身体,这样的身体不具有真正的主体地位;只有当人有了技术身体,人才是真正具有了人的特性的人，所以"人的技术是人身上最富有人性的东西。"①

　　另一方面，在技术建构身体的同时，身体也建构着技术，形成着技术。或者说，当技术建构身体时，身体就因为具有了技术能力而成为一种技术——身体技术，人就可以利用自己的身体技术去达到和实现自己的目的。身体成为了技术身体就意味着人具有了身体技术，后者可视为前者的标志。还需要指出的是，身体技术在这里应该是指以身体为手段的技术，而不是以身体为对象的技术，例如医疗器械所构成的技术，它属于前面分类时谈到的"器具技术"。这样，身体和技术的相互建构所带来的"技术身体"或"身体技术"，两者所指称的实际是同一对象或过程，那就是身体成为技术的一部分与技术成为身体的一部分的双向交融，是身体与技术的合一：此处的身体是集合了技术的身体，技术是承载于身体上的技术。

　　身体技术是一个庞大的系统，根据"两种身体"（即肉体与心灵）的区分可形成"两种身体技术"：一种为"身体生产技术"；另一种为"身体信息技术"。身体信息技术主要指以身体为信息手段或媒介的技术，即拉康所说的"媒介的身体叙事"。由于身体技术又被称之为"技艺"，因此身体信息技术也被技术哲学家米切姆称为"讲演术和书写之类的信息技艺"②。这里也表达了如下的含义：身体信息技术如果作为一种使用语言的技艺，那么就有"言说"和"书写"两种主要的形式。也可将两者合称为构成"语言能力"的身体信息技术，这种技术对人的发展是极为重要的，如同丹尼特所描述的："语言能力是非常好的技能，任何一个语言能力发展缓慢的人都会处于极大的劣势当中。我们的祖先经历了相当困难的过程才掌握了这门技能，但是我们却幸运地成为他们中语言能力强者的后代。"③

　　人类历史上曾经历过主要依赖身体技术的时代，表现在信息交流上就是主要依赖身体信息技术的时代，这就是原始部落时代的以身体为元媒介的叙事方式。身体是我们"自己"的，信息技术从传播学的角度又可称

---

　　①　［加］马歇尔·麦克卢汉：《麦克卢汉如是说理解我》，何道宽译，中国人民大学出版社2006年版，第277页。

　　②　［美］米切姆：《信息技术的哲学》，载弗洛里迪《计算与信息哲学导论》，商务印书馆2010年版，第686页。

　　③　参见［美］斯蒂伯《我们改变了互联网，还是互联网改变了我们?》，李昕译，中信出版社2010年版，第84—85页。

之为"媒介"或"媒体",于是由身体所充当的传播手段也被称为"自媒体",即人自己本身作为媒介来进行交流和沟通,不借助任何外界的技术手段来实现这一目的。在原初的"自媒体"阶段,绝大多数的时间中口耳相传是唯一的信息承载和交流方式,所以"语言"最初只是指"声音",以至于直到柏拉图的时代,即使文字出现了,在信息技艺的方式上他仍倡导"扬声抑文"或"声音中心论"。相对于"手工"的身体生产技术,此时的身体信息技术主要是"口工"性的信息表达技艺,从一般的言说,到附加上修辞、文采等等的演说,其中的"言语技艺"含量越来越高。

文字出现后,书写是随之兴起的另一种语言性的信息技艺,但在早期阶段它饱受指责。柏拉图在《斐德罗篇》中认为,书写没有人情味且不真实,它破坏记忆且"削弱灵魂"。伊尼斯将其归结为"口头传统蕴含的是精神,文字印刷的固有属性却是追求物质。"[①] 抑文扬声其实是不全面的,神经心理学的研究表明,书写对人的信息能力的发展具有积极的意义,人使用文字材料时能够促进自己大脑左半球的活动,例如通过对参加写作强化班的学生所进行的实验研究,发现书写有助于学生理解主题,有助于学习,甚至还利于组织思想。[②] 而且它还克服了口耳相传时信息内容稍纵即逝的缺陷。

今天,我们视言说和书写这两种以语言为基石的信息技艺为相互补充的关系,它们各有优点也各有局限,其优点使它们一直存留于今,仍然是人和人之间交流的重要方式;其缺陷则导致了新的信息技术不断出现,尤其是作为身体信息技术之延长的器具信息技术的出现。

可以说在文字以前,信息只能或基本只能是"涉身"的,人的信息活动具有纯粹的"身体性"或完全的"亲身性";而身体的自然界限和身体的自然属性,决定身体充当信息手段的不足,从而具有极大的有限性,主要表现为信息的存在和传播受到身体活动或身体存在的空间与时间范围的限制。为了有更满意的信息交流,就需要超出这个界限,在身体之外寻找自然的或人工的器物来辅助身体的信息功能。正如人们为了弥补身体生

---

① 参见［美］斯蒂伯《我们改变了互联网,还是互联网改变了我们?》,李昕译,中信出版社2010年版,第105页。

② ［英］亚当·乔伊森:《网络行为心理学》,任衍具等译,商务印书馆2010年版,第8—9页。

产技术的不足而发明出了石刀石斧之类的器具生产技术，为了弥补身体信息技术的不足人们也逐渐发明出了器具信息技术。

可以说，使得信息的体外储存和传播的技术出现之"契机"或"关节点"是文字的出现。文字被视为语言（言语）之后的第二次信息革命，"文字可理解为在一种在某种可保存的依托上留下显示话语的痕迹的技术。"① 它和器具信息技术的发展具有十分密切的关系，它既是器具信息技术发展的原因——因为需要文字的更好的载体和更高效率的书写手段，才导致了笔墨纸张、印刷术等器具信息技术的出现；同时，文字也是器具信息技术发展的产物，正是有了最初的载体技术，才可能有文字的存在。甚至文字本身就兼具身体信息技术与器具信息技术的"双重性"：它既是依赖身体的，又是离开身体的，是两种信息技术的交界面。

其实，更广义地看，身体信息技术和器具信息技术之间本身就是交叉和互相进入的，例如我们书写而成的符号，我们言说出来的声波，都可以进入到器具信息技术系统，在其中被转化、储存、处理和传播，成为以器具信息技术为"载体"的"信息内容"。这就是前面所说的，身体信息技术作为表达的手段，在器具信息技术那里转化成了被表达的内容，由身体所呈现出来的"信息流"在信息技术系统中被转化为一些特殊形态的"物流"——包括作为声波的空气流、作为书面语言的符号串、作为电信号的电流等等……这种交叉性也表明了身体信息技术与器具信息技术所具有的同一性：它们均是用一物表征某种意义，如同英国符号文化学者斯图尔特·霍尔所说，"它们都使用了某些因素去代表或表征我们想说的，去表达或传递某个思想、概念、观念或感情。口语用声响，书面语用词语，音乐语言用调性序列中的音符，身体语言用身体姿势，时装业用制装面料，面部表情用调动五官的方式，电子用数码或电子产生的荧屏上的色点，交通信号灯用红、绿、黄——来'说话'。这些元素：声响、词语、音符、音阶、姿势、表情、衣服都是我们的自然和物质世界的组成部分，但它们对语言的重要性不在于它们是什么，而在于它们做什么，在于它们的功能……它们是运载意义的工具或媒介，因为它们作为代表或表征

---

① ［法］海然热：《语言人：论语言学对人文科学的贡献》，章祖建译，生活·读书·新知三联书店1999年版，第82页。

（也就是象征）我们想要传达的意义的各种符号来起作用"。①

　　还可以认为身体信息技术与器具信息技术是互相映现的，例如可以把器具信息技术看作是"凝固的信息技艺"（如书法墨迹），那么身体信息技术就是以身体为载体的"流动的信息器物"，它是形塑信息器物的控制性流程，它本身不发挥时似乎无影无踪，一旦发挥就成为一种现实性和客观性的运动过程，就如同物质运动的现实性和客观性；只不过它不是一种自然运动，而是一种受知识和经验掌控的人体运动，它无疑能够引起人的感知，有某种外部状态的表现，具有存在的客观标志。

　　文字的出现开启了器具信息技术的发展，如果说器具技术是身体技术的延伸和增强，那么器具信息技术也是身体信息技术的延伸和增强；也正如麦克卢汉所认为的，媒介是人体的延伸，如印刷媒介是人的视觉器官的延伸，而电子媒介则是人的中枢神经系统的延伸。从这种意义来说，媒介是对身体叙事的延伸。

　　总括信息技术发展的整个过程，起初，人只以自己的身体作为接触外界和表达意义的手段，最早是以自己的肢体动作，然后是用发音器官发出的声音，再到利用各种实物符号，最后发展到使用文字符号，所能表达的意义趋向越来越丰富和复杂，以后还发明出各种器物性信息技术来扩展人与人之间的交流、增强处理信息的能力。

　　随着技术的发展，器具信息技术具有越来越强大的信息功能，其局部功能甚至远远超过人的身体的信息功能，在此背景下人们进一步设想这样的体外信息功能如何与人的身体形成融合的关系，进而使体外的信息能力技术性地成为体内的信息能力，这就是芯片植入人体或记忆向人脑移植之类的实验和设想。此时的信息技术的发展，就不仅是身体信息器官的外化或延长，而是"嵌入"到人体之内的"体内增强"，这种"嵌入"在将来还有可能因其比重的增多或重要性的增加而使人的身体成为"人工身体"。

　　由此所带来的也是身体信息技术与器具信息技术的会聚问题。从自然身体到人工身体，从自然的信息器官到人工的信息器官，然后是自然信息器官与人工信息器官的结合，这就是发生在人的身体之上的两种信息技术的融合，这种融合的最高境界或许是两种信息技术之界限的解构，身体技

---

　　①　［英］斯图尔特·霍尔：《表征》，徐亮等译，商务印书馆2003年版，第5页。

术和器具技术实现高层次的会聚：一定意义上可以说"身体就是技术"、"技术就是身体"。身体信息技术与器具信息技术的这种会聚，在日常生活中早已存在，例如"盲人的手杖对盲人来说不再是一件物体，手杖不再为手杖本身而被感知，手杖的尖端已转变成有感觉能力的区域，成了视觉的同功器官。"① 而在当代信息技术发展的背景下，这种融合有可能以更新的方式来实现。目前，关于"赛博人"或"电子人"的理论就是对这种融合的一种诠释。在哈维看来，"电子人打破了技术和人类之间的边界……电子人是杂交生物，由有机体和机器构成。但是，电子人是由特殊种类的机器和特殊种类的有机体构成的，这与20世纪晚期的状况非常相称。电子人……首先是由我们自身和其他有机生物——以一种未经选择的'高技术的'外表——组成，诸如信息系统、文本以及由人类工程学控制的劳动系统、设计系统和复制系统；电子人的第二种基本成分是机器，它们是以传播系统、文本以及自动的、由人类工程学设计的各种装置的外表出现的。"②

当"电子人"或"赛博人"成为我们必须面临的一种新的信息技术时，无疑将其中的哲学问题也提到了尖锐的位置。它可能既是身体的进化方向，也是器具信息技术的进化方向；对于前者来说，类似于基因增强使我们的"物质身体"得到"改善"或"人工新进化"，"赛博人"中的"信息增强"使我们的"信息身体"也得到"改善"或"人工新进化"；对于后者来说，它可能使得器具技术相对于人来说从先前的外在化发展变成为内在化发展，技术的客体性也由此变为技术的主体性（成为主体的一部分），直至走向技术与人之间的无缝"对接"。在上面的会聚中，不仅是技术融人造物于身体之中，也是人融身于技术体系之中，此时，既形成了"新型的身体信息技术"，也形成了"新型的器具信息技术"。

如果说"身体是我们拥有一个世界的一般方式"③，"我的身体是我的'理解力'的一般工具"④，那么身体信息技术无疑就是我们把握信息

① ［法］梅洛－庞蒂：《知觉现象学》，姜志辉译，商务印书馆2001年版，第190页。
② 参见［美］安德烈亚·普雷斯《差异、公共领域、身体和技术：女性主义传播理论的最新发展》，载［英］詹姆斯·库兰等主编《大众媒介与社会》，杨击译，华夏出版社2006年版，第35页。
③ ［法］梅洛－庞蒂：《知觉现象学》，姜志辉译，商务印书馆2001年版，第194页。
④ 同上书，第300页。

世界的基本手段，它建构了我们所知觉到的整个世界，而引入身体信息技术的概念也反过来影响了我们从哲学上对若干范畴和问题的重新理解。例如在身体信息技术中，不仅有外在的信息活动，还有以外在的行为控制内在信息的活动，如"学会镇静"就是这样一种身体信息技术活动。莫斯指出："我看到以前我登山的最大益处是训练我的镇静，使我能在最陡峭的深渊边上站着睡觉。我认为……镇静首先是一种机制，它可以延迟和阻止混乱无序的行动，这种延迟可以使协调行动朝向选定的目标得到一种协调的回应。"① 福柯的"自我技术"也包含上述含义，它指的是个体通过控制他们的身体、灵魂、思想和行为而形成和改变自我。② 总之，人使自己处于一种特定的信息状态的身体行为，也是一种身体信息技术行为，甚至"如何使我思维集中"也应该属于此列。由此提出的问题是：这种控制精神状态的身体信息技术行为是属于实践还是认识活动？它和技术哲学界讨论的"思维技术"是不是一回事？可能"范畴的区分"在这里已经不重要，这些技术行为可以视为实践与认识的会聚，是寓于改造身体活动中的改变心智或心灵，所导向的都是世界的改变：身体性物质世界与心灵性主观世界的整体性改变。这样，"通过考察身体技术的表现方面，我们逐渐发现心智和自我不是栖身于身体机器上的幽灵，占据头颅的上半部分，而是有些'滞后'于我们的行动。相反，心智和自我可以被更好地理解为是在身体技术日常实施中被编码的"③。这种看法也体现了身心统一观，从而也是"知行统一观"，使我们看到对于身体的技术行为，"认识"与"实践"、"心理效果"与"生理效果"之间本来就是一体化的过程，现代医学的"生物—社会—心理模式"也印证了这一点。总之，从身体信息技术的视角，我们可以对许多基本的哲学范畴产生新的理解。

　　身体信息技术还为我们引入新的"能力观"或"资本观"。技术与资本的关联是当今技术哲学研究的一个重要课题，如果不只是负面地视技术为资本的"帮凶"，那么在积极的意义上，一个人的身体技术能力，可以构成这个人的"能力资本"的一个重要方面。例如，"拳击运动员强烈地认同他们的身体：他们就是自己的身体，他们清楚地意识到出于拳击目的

---

　　① ［法］梅洛－庞蒂：《知觉现象学》，姜志辉译，商务印书馆 2001 年版，第 97 页。

　　② 参见［英］阿雷恩·鲍尔德温等《文化研究导论（修订版）》，陶东风等译，高等教育出版社 2004 年版，第 291 页。

　　③ 同上书，第 284 页。

运用身体的技术是一笔可转化为物质成功的资产。因此，拳击运动员拥有通过训练而获得的'身体资本'，并将其转化为'拳击资本'（pugilistic capital）。"①在信息时代，人的信息技艺或身体信息技术能力成为了人的最重要的能力资本，这也是凝聚在一个人身上的"信息资本"、"知识资本"等等。信息社会是人的信息能力更加重要的社会，不同于传统工业和农业社会中物质资本是首要的资源，当今身体信息技术所包含的创造能力、演讲能力、说服能力、倾听能力、写作能力、记忆能力、判断能力、决策能力等都是财富生成的重要资源，在这些方面所进行的学习和训练，也被视为前景无量的"智力投资"，为的是在人的身上富集起各种"信息资本"，然后在发挥自己身体信息技术的活动中实现信息资本的"增殖"，这个过程就是身体信息技术的"经济实现"过程。从技术不同于科学（求真）和人文（求善）的意义上，身体信息技术的这种"经济实现"应视为技术的普遍"求效"特征的一种具体化。因此身体信息资本是人在信息时代的最大资本。

第三节　信息技术的存在论分析

"存在"是一个重要的哲学范畴，关于何种事物是存在的以及如何对事物进行存在论的分类一直是传统哲学所探讨的对象，从而构成一种本体论视野，从这一视野去分析信息技术，无疑可以加深对其哲学特征的把握。

一　信息技术所创造的"信息存在"

如果承认信息的属人性、建构性和意义性，那么一切信息都是人工信息，一切信息都是信息技术的产物，只不过有的是身体信息技术的产物，有的是器具信息技术的产物。信息的人工载体就是器具信息技术，人通过信息技术使信息得以存在，并形成区别于物质存在的信息存在。

如果承认维纳的说法，信息就是信息，既不是物质，也不是能量，那么物质（广义的物质现象也包括能量现象）就不能替代信息，它们就是

① 参见［英］阿雷恩·鲍尔德温等《文化研究导论（修订版）》，陶东风等译，高等教育出版社2004年版，第308页。

两种不同的现象。如果要寻找一个更大的概念来概括这两种不同的现象，就只能找到"存在"，这也是"存在"能作为一个哲学范畴的魅力所在。在这样的囊括之下，我们就可以将所有的存在区分为两种不同的类型：物质存在和信息存在（精神或意识存在也属于一种信息存在）。

世界是存在的，信息也是存在的，只不过，信息是一种技术性的存在，进一步说，是一种依赖信息技术的存在。如果说信息技术也是一种存在的话，那么信息就是信息技术这种存在所创造出来的一种新型的存在，一种"第二性"的存在。信息哲学家弗洛里迪说：信息常常与通信现象联系在一起来使用，用来指客观的（在独立或外在于心智的以及独立于接受者的意义上）语义内容。这些语义内容具有不同的大小和价值，它们可以用一连串的代码和格式来加以表述，并被嵌入到不同类型的物理操作之中。它们能够以各种形式被产生、处理、交流以及获取。没有物理操作就没有信息。①可见，信息就是镶嵌在信息技术中的意义性存在，没有信息技术，信息就无所依托，就没有信息得以存在的"家园"，从这个意义上，信息的"存在权"是从信息技术那里获得的。但同时，信息技术也是从信息那里获得存在的价值和意义的，因为信息技术作为承载信息的物理性操作活动或手段，是为了专门用于制造信息而存在的，是一种在目的上指向信息的存在，从而是一种为别的存在而存在的存在。换句话说，人们制造信息技术并不是为了信息技术本身，而是进一步为了利用它来创造出另一种东西，即信息；所以信息技术只是人为了达到其活动终点的一种中介或手段；一种技术如果不能导致一种人工信息的存在，这种技术就不是信息技术；信息技术的本质就是通过它所创造出来的信息存在而得到确证的，信息技术的价值完全映射在它所生成的信息之上。

当然，从直接存在的层面上，信息技术并不直接等同于信息，无论是从器具信息技术、还是符号技术、还是身体信息技术都是如此。这一道理在器具信息技术中是显而易见的，它类似于在物质生产中，挖煤机不等同于煤炭，人在挖煤时的动作也不等同于煤炭，即技术不等于技术的对象和产物。然而在身体信息技术的层面上，有时候"信息技术"似乎就等同于"信息"。例如，如果承认我们的"言说活动"就是"信息活动"，那

---

① ［英］弗洛里迪：《信息》，载［英］弗洛里迪《计算与信息哲学导论》，商务印书馆2010年版，第132页。

么将作为"同类项"的"活动"去掉，就得到"言说"就是"信息"的关系；而"言说"无非是一种身体信息技术活动，于是就有了"身体信息技术就是信息"的结论。但我们又知道，言说作为一种使用语言的符号过程，只有这一符号过程的内容才是信息，而言说本身无非是这种信息内容的物质载体的运动，其本身并不等同于信息内容。所以在这个层面上，身体信息技术也是不能直接等同于信息的。

技术哲学家卡普关于"技术是人的器官投影"的说法中，有关于电报之类的信息技术是人的神经系统的投影的比喻，这也表明人的神经系统是一种"内在的"信息器官，或称"身体信息技术"。那么人的神经活动尤其是中枢神经系统的活动是否就直接等同于信息活动？如果是，那么还是照上面的推论，就得出"中枢神经系统（人的内部的身体信息技术）＝信息"的结论。但无论是认知科学还是心智哲学，将中枢神经系统活动本身等同于心智信息本身的还原论都是难以接受的，或至少是没有被真正证实的。

信息技术作为存在和信息作为存在，是两种根本不同的存在，具有哲学本体论的差异：信息技术本身是一种物质存在，当信息技术创造出信息存在时，就是以一种物质存在创造了一种非物质的信息存在。这里尤其要分析麦克卢汉的"媒介即信息"，它容易导致将两种存在视为同一的误解。其实，这一观点的重点在于强调过去被人忽视的一个关系：媒介的形式对于媒介所表达的内容具有重要的影响作用，或许还可以理解为：没有某种媒介，就不可能获得相应的信息；但并不能由此进一步从本体论上认为媒介等同于媒介所表达的内容，否则有了电视机制造厂之后为什么还要电视台？有了计算机和网络之后为什么还要建设数据库和网站？媒介某种意义上只能代表信息技术的硬件，而媒介所充盈的信息则是由另一种产业——"内容产业"所创造的。

由信息技术的"制造"而有了非物质的信息存在，就使得一系列哲学本体论问题呈现出来，例如信息存在对于信息所表征的物质世界的关系是什么？信息这种存在具有实在性吗？当代信息技术所创造出来的"虚拟实在"和现实中的实在是一种什么关系？凡此种种，使得信息技术从哲学上具有"生成"本体论问题的倾向，这就如同技术哲学家米切姆所说，如果保持"对信息技术的本性和意义的追问——这一追问最终必然走近形而上学。"①

　　信息技术在本体论上不同于信息,但又"制造"出了信息;如同生产技术本身不同于物质产品但又制造出了物质产品。在生产性的造物活动中,产品无非是人用技术对同样作为物质存在的"原料"施加一系列改变后的产物。那么信息技术"造信息"的"原料"又是什么呢?那就是人们对信息技术所"输入"的东西,这种输入可能是各种符号或符号系统,可能是利用观察仪器从外界"摄取"或"捕捉"而来的各种诸如声光电等物质性的作用,信息技术将这些物质性的作用纳入自己的系统之后,就犹如"信息磨"一样将其"研磨"为信息,甚至也包括在把人纳入进来后,"将肉磨成信息"②。只要被信息技术"摄取"、"捕捉"的东西,都无一例外改变了自己的存在形态,在信息技术系统中成为另一种存在——信息存在;这个过程也可称之为"信息化"的过程,在数字信息技术中就是"数字化"的过程。

　　也就是说,信息技术通过"信息化"将其"染指"的一切都变为符合自己技术标准的信息存在,从而为我们创造了一个无比丰富和多样化的信息世界。人之所以要将物质世界信息化为信息存在,是因为这种转化使人对对象的认识和改变可以更为便捷,就像一旦商品或实物性的财富被金融技术变为货币后,其流动、交换、增殖等等就可以变得更为容易。表现在人那里,人一旦进入网络空间成为信息存在,就可以摆脱物质性的肉体的限制,以自己所意愿的形象出现在赛博空间中。无论是将物质对象还是将人自己信息化为另一种存在,都是作为主体的人所需要的,对于人自己来说,在这另一种存在方式即信息方式的存在中,人就可以获得在物质存在方式下不可能获得的"能力"与"自由",可以使人的主体性有另一种展现的方式。那么这种存在形态的改变意味着什么?它意味着人可以在"虚在"的层次上实现对对象的交换(交流、传送及传播)、改变。所以信息技术的存在论功能,就是使世界信息化,使世界"世界3"化,使世界改变其存在的方式,也表明物质和信息之间、原子和比特之间通过一定的方式是可以转化的。

---

　　① [英]弗洛里迪:《计算与信息哲学导论》,刘钢等译,商务印书馆2010年版,第693页。

　　② [美]迈克尔·海姆:《从界面到网络空间虚拟实在的形而上学》,金吾伦等译,上海科技教育出版社2001年版,第93页。

但是，如果对这一过程的理解绝对化而走向极端，就可能将依托于信息技术的信息视为超脱于信息技术而成为一种"独立的存在"，甚至成为一种"本根性的存在"，这就是"本体论信息主义"或"信息论世界观"："信息论世界观把一切事物皆视为可编程的实体。机械论技术（而这正是后来海德格尔主要的研究焦点）旨在控制和利用存在，为人类谋利益，而在一种更为基本的层面，信息论科学则旨在于去创造新的存在。这些科学把世界转化成为一个充满虚拟可能性的领域。存在被认为是可操控的信息。"①这样的本体论或世界观信息主义还提出了"万物源于比特"、"信息就是一切"等等哲学主张。由此表明，信息技术所建构的信息世界可以是一个乌托邦世界，而乌托邦对人的实际生存和事物的实际存在具有双重性——积极的或消极的双重性。

二　基于信息之存在形态的信息技术分类

"存在"即"有"，某个地方"有"信息，必定是信息被保留在了这个地方。而如果承认信息的"人工性"，那么那个地方"有"信息就是人为安排的，且通常是"技术性安排"的。这种人为安排某个地方"有"信息，就是信息的储存和生成，其手段就是信息的储存技术和信息的生成技术。这样，我们就获得了两种信息技术。那么信息储存技术和信息生成技术之间有何不同呢？其实这体现的是一种对信息技术的新分类，并且是一种"存在论"的分类，从这种分类中，我们可以对信息技术获取的新认知。

对信息技术可以有多种分类，例如，从是否以人自身的身体为承载者，可将其分为身体信息技术和器具信息技术；从信息被技术性使用的流程来看，则有信息搜集技术、信息处理技术、信息传输技术和信息施用技术，这四类主体技术相互关联，相互融合，形成了完整的信息系统。在这个系统中，信息传输和信息处理技术是核心，而信息获取和信息施用控制技术则是核心技术和外部世界的接口。

如果从本文所采用的"存在论"视角，又根据存在有动态和相对的静态两种基本状态，我们可以将信息技术分为"维持信息存在"的技术

① ［荷］约斯·穆尔：《赛博空间的奥德赛》，麦永雄译，广西师范大学出版社2007年版，第152页。

和"改变信息存在"的技术，前者是造就"静态信息"的技术，后者是造就"动态信息"的技术；一定意义上前者就是信息储存技术，后者就是信息的获取（摄取）、加工（处理）和传播（通信）技术。由于在信息的获取、加工和传播过程中不断有新的信息生成，所以也可以将后者统称为"信息生成技术"。在信息生成技术中，信息的摄取技术是信息的"原始性生成"，信息的加工处理技术是信息的"再度生成"，信息的传播技术是信息的"扩散性生成"，它们使得信息在自身的量（即"信息量"）上或者在信息分布的范围（也可称为信息的效用量）上发生了变化。总之，生成即变化，变化即生成，它是对信息的储存状况或信息的静态存在的一种改变。借用经济学的术语，也可以将前者称为信息"保值"的技术，后者称为信息"增值"（当然也包括负增值）的技术。

上述两种信息技术之间具有一定的内在关系。储存就是使某种"有"得以保持，不使其消失变为无，变为非存在；只有在存在的基础上，才谈得上变化、运动等，这也是存在论所不言自明的一个道理。这样，通常是有了存在着的信息，才能对信息进行处理和传播，因此信息储存技术是信息生成技术的基础和前提，因为没有信息的储存技术，就没有信息的存在，就谈不上信息的加工、处理和传播。

人类的信息存储技术是不断发展的，而存储技术中，"载体"往往是最为显见的一个侧面。某种意义上，文字的出现，使得信息储存的载体问题走到了前台。在文字出现之间，信息以"天然储存"的方式由人脑所记忆，这也是信息的体内储存，由其所带来的也是信息的天然加工即大脑的思考以及信息的天然传播即口耳相传。仅靠人脑的记忆来保存信息是极为有限和短暂的，克服这种不足成为人们寻找身外之物来辅助记忆的推动力，也使得创造出并不断改进信息的储存技术成为人类早期信息技术的主题，而这一切又是以文字的出现为契机的。文字出现以后，由于它必须依赖载体（严格地说是固体载体）才能存在和保存，使得从人体之外去发现和发明载体的技术活跃起来，为的就是能够更多、更好、更为便捷地储存人们所需要的信息。由此载体这种技术信息在相当长的时间中成为决定信息存在方式变迁的因素，甚至形成了信息储存的方式决定信息加工和传播方式的关系。人类迄今所发明过的作为信息储存技术的载体包括天然载体（如甲骨、泥板等）、人工载体（如竹木简牍、缣帛等），人工载体的后续发展中又连续出现了纸质载体、缩微载体、音像载体、封装型电子载体和网络载体等。

当然，信息的储存技术又是不绝对地、孤立地处于"优先"地位的，因为如果追问信息之"有"从何而来时就会发现，信息储存技术所储存的信息，也不是从来就有的，而是通过一定方式（如载入）而获得的。被储存的信息主要地一是来自"摄取"、"探测"；二是来自"加工"、"处理"；三是来自"传播"、"交流"。这三者之间又不是绝对分开的，如"摄取"的信息如果来自网上，就同时也是从交流和传播中获取信息；在交流和传播中也可能使信息的内容发生变化，这就对信息进行了加工和处理；而探测信息的过程中如果有所选择时，就意味着"加工"和"处理"的过程已介入其中……。所有这些生成信息的方式，既可以由人的身体信息器官去进行，也可以由体外的器具信息技术作为身体的辅助和延长去进行，这种器具信息技术并且还是不断变化发展的。

可以说，是信息生成技术才使得信息从无中生有，即创造出了信息存在，从而才使得信息储存技术有了"用武之地"，或使其成为"有米之炊"。在这个意义上，信息的储存技术也是依赖于信息的生成技术的；或者说两者之间形成了一种"互相依赖"甚至"互为基础"的关系，从而形成了两者之间的深度关联：信息储存技术和信息生成技术之间，互相使对方有意义，互相为对方提供存在的条件，例如，"信息的记录存贮是载体传递功能的基础，记录存贮信息的目的是为了信息的有效传递。传递则是载体功能的归宿，要实现信息的交流，载体必须具有从时间上和空间上传递信息的功能。"①

更为重要的是，信息储存技术和信息生成技术之间还互相为对方提供改进、发展的动力。例如，随着信息生成技术水平的提高，人类有了日益增多的信息需要储存，而且还需要提取、检索和携带方便，由此导致体外信息储存技术的不断发展。储存技术的核心问题是储存量。纸质载体长期作为信息储存的主导手段，对人类文明的存在和发展起着十分重要的作用，但这种载体在扩展信息的储存量上存在严重的不足，因为"任何依赖于书写和印刷表述形式的技术，都有一个致命弱点，就是单个数据单

---

① 方卿、徐丽芳：《科学信息交流研究：载体融合与过程重构》，武汉大学出版社 2005 年版，第 16 页。

位——字母或语词不可能太小，否则人们就无法抄写或阅读"①。甚至印刷术的进步也并没有为提升纸质载体的信息容量带来突破，因为它解决的主要是信息载入方式的变化和载入速度的提高。

　　纸质储存带来的问题，是我们凭直观都能感受到的：图书馆的藏书越来越多，不断扩大的图书馆难以赶上纸质文献的增加对其扩大储藏空间的需求。当磁性载体（含磁带、磁卡、磁泡和磁盘等）出现后，为人类带来了一种全新的信息储存手段，它较之先前的各种载体来说，在信息的储存原理上产生了质变，从而在物质基础上摆脱了仅靠纸张进行可直观的符号载入的羁绊，开创了信息存贮的新纪元。"和纸张相比，计算机的数码记忆（以只读存储器、硬盘、光盘驱动器等形式）拥有巨大的储存能力。而且，当它们被以超媒体网络的形式链接到一起时，就能够创造出一个令人惊异的信息世界。"② 在光电存储技术发展起来之后，信息的储存容量几乎再也不是信息存在的瓶颈了，以至于"在当前社会中，信息的基本问题并不是存储……"③。也就是说，当磁性载体作为储存技术被发明之后，尤其是当网络技术发展到"网格"和"云计算"的信息储存与使用的高度共享后，信息技术的主题就不再是储存问题了，而是信息的生成问题。

　　这样，或许可以将信息技术发展的动力系统描述为：在信息需求（包括扩展人的各种信息能力）的推动下，信息储存和信息生成两大技术能力之间的平衡不断被打破，从而在追求新的平衡的过程中，两者的水平不断提高，由此所辅助的人的信息能力得到不断增强。这样，一部信息技术史，也可以看作是信息储存技术（包括信息的载体、载入技术等）与信息生成技术（计算和传播技术等）之间的相互作用史。

　　从更深层来看，信息储存技术和信息生成技术之间还具有直接的同一性。例如信息的处理和传播本身就是使信息的存在得以一种动态的维持，尤其是信息的代际传播，在没有文字的口耳相传的时代是信息得以储存的唯一方式；同时，"存贮实际上是时间上的传递，而传递又以载体的信息

---

　　① ［英］K. J. 麦克格雷：《信息环境的演变》，丰成君等译，书目文献出版社 1988 年版，第 66 页。

　　② ［荷］约斯·穆尔：《赛博空间的奥德赛》，麦永雄译，广西师范大学出版社 2007 年版，第 229 页。

　　③ 同上。

存贮为前提"①。在今天，我们可以清楚地看到，信息的人际间的广泛传播，实际上使得信息从单独保存变为分布式保存，使信息的个人记忆变为集体记忆，扩展了信息储存的广度，信息储存得以保持下去的可靠性也由此得到增强。在这个意义上，传播就是储存，信息的扩散性生成就是储存。另一方面，信息的储存也是信息的传播和交流，尤其是文字性的储存使信息保留在天然的或人工的载体上，这样信息的交流就从一种共时性的存在扩展为一种历时性的存在。

作为集合概念的"载体"本身就体现了信息的储存和传播的同一性。载体不动时，就是信息的储存技术，而当载体一动起来，产生空间位移后，就成为一种传播技术，使得信息不仅被"负载"，而且被"运载"，所以通常的载体技术均可以兼备信息的储存和传播之"一身二任"功能。例如纸质载体被人从甲地送往乙地时就形成为"书信传播"；今天的网络更是将信息的储存和传递结合得"水乳交融"，它既是一种信息传递通道，也常被我们视为信息载体，我们可以从网上"提取"我们的信息，将其作为一个最大的"信息仓库"；还可以将我们需要保存的信息存到网上（虽然是网络某一终端的服务器）。当然，有些特殊的载体，如作为岩画载体的岩石岩壁，作为唤起人们对历史事件和人物记忆的纪念碑，就难以起到直接运送信息的功能，其信息的传播要依靠另外的技术手段。在传统的载体技术中，易于传输的常常不易保存，而易于保存的常常不易传输，这就是传媒学创始人伊尼斯对媒介的分类：空间偏向的媒介和时间偏向的媒介。他发现，媒介可以分为两大类，两者有一个基本的区别：有利于空间上延伸的媒介和有利于时间上延续的媒介。比如，石刻文字和泥板文字耐久，所以它们承载的文字具有永恒的性质。但是，它们不容易运输，不容易生产，不容易使用。相反，莎草纸和纸张轻巧，容易运输，方便使用，能够远距离传播信息，然而它们传播的信息局限于当下，比较短暂。②

当然，无论是信息技术的存在分类，还是信息的存在分类，都不会被上述所列的范围所穷尽；上述的分析只是表明，两种存在之间具有内在的

---

① 丰成君：《论信息交流（二）》，《情报科学》1989 年第 4 期。

② ［加］哈罗德·伊尼斯：《传播的偏向》，何道宽译，中国人民大学出版社 2003 年版，第 27 页。

关联，即信息技术在存在上的多样性可以造就信息存在的多样性，而信息存在的多样性同时也需要信息技术的多样性，两者在存在上的多样性都可以从对方的多样性中表现或折射出来。信息技术通过改变信息的存在或创造信息的新存在而造就了信息存在的多样性，这一点还可以通过诸如"书写"、"印刷"之类的信息载入技术来体现。当人通过自己的身体信息行为——书写——将自己所想的写出来时，就使得信息由主观存在变为客观存在；而印刷则使信息的个体存在变为社会存在，因为它将个性化的书写变成了大生产式的制造，形成的是较之手写体更容易辨识的千篇一律的"印刷品"，所以具有了更大的社会性。再拿计算机来说，它使得信息的传统存在变为数字化存在，由此进入到信息的储存、加工和传播的更便捷、更自由、更高效的阶段。随着信息技术的不断发展，信息存在的形态和方式也将更为多样和丰富；而信息存在的方式和形态演化，同时就是信息技术不断扩展自己存在范围的进化历程。

这样，无论何处我们所辨识到的信息，都是信息存在，但有的是静态的信息存在，有的是动态的信息存在，它们依赖于不同的信息技术或信息技术所处的不同状态。

当然，对信息技术的存在论分类还可以有更多的视角，例如从存在的样态上，信息技术可以分别表现为作为人工制品（信息器具）而存在、作为信息技艺（身体信息技术）而存在、作为知识而存在以及作为活动而存在，这也是通常技术作为一种存在所表现出来的四种样态；从存在的层次或影响力的扩展上看，信息技术则可以作为技术而存在、作为文化而存在以及作为一种新的世界观即哲学而存在，后者就是它所导致的信息技术哲学的存在。

三　为人而存在的信息显示和信息传播

信息被信息技术生成和储存之后，要成为一种现实的存在，还有一个重要的环节，就是对人的"显示"。只有对人显示出来的信息，或者只有被人所读取的信息，才是在"信源—信道—信宿"的系统中完整地实现了功能的信息，才是"属人"的信息，从而才实现了人通过信息技术创造出信息存在的人本意义。所以，信息的显示是实现"信息为人而存在"的必要环节，也是"人是信息存在的尺度"的最好注解。

在简单的信息技术系统中，信息的显现是信息载体"自动"完成的，亦即信息的所谓"自我"显现。拿纸质的书本来说，只要它摆放（翻开）在人们面前，其中的文字就会"自动"呈现在人的面前，因为运载信息的符号被直接写在或印在纸面上，其"墨迹形式"具有可视性的外观形式，人直接就能从中对可视的符号加以释义从而读取信息。在这种信息环境或系统中，信息的储存就同时解决了信息的呈现或读取问题，因为它需要在直接呈现的状态下完成信息的输入，由此决定了它的直接显现本身就构成了该信息技术的技术特征。

更广义地看，传统的信息技术通常在信息功能上是综合性的。例如纸张，既是信息的载体，也是信息的显示方式，还是信息的传递手段；言说也是如此。而到了当代信息技术，其信息功能则走向分化：磁盘只起信息储存作用、显示器只起信息显示作用，键盘只起信息载入作用，CPU 只起信息处理作用……某种意义上就是说：信息技术越复杂，其信息功能越需要分化，这一点大概也类似于物质产生技术的状况：在手工工具时代，一把锤子几乎就是"万能"的工具；而到了机器时代，则分化出了动力机、传动机和工具机，而工具机中，仅机床就进一步分化出车床、冲床、钻床、磨床、刨床、镗床等繁多的类型，分别去进行"车"、"铣"、"刨"、"钻"等等不同的工序或操作。

这就是说，在复杂性达到一定程度的信息技术系统中，信息的显现（也是信息的输出）和信息的输入、信息的储存甚至信息的传播都发生了技术性的分化，不同的环节或功能分别要由不同的信息技术装置来完成，它和先前传统的信息技术相比，其物理操作的背后也具有了不同的复杂性："当我用纸张和铅笔来写的时候，铅笔在纸上移动；当我用打字机写的时候，杠杆和齿轮在运动；当我使用计算机写的时候，电子脉冲改变微芯片中的结构。所以，我使用计算机技术时，书写发生的物理事件是非常不同的。"[1]

由此看来，在电子信息技术系统中，当使用磁盘等作为储存的装置时，无论是信息的存入还是读出，都是经过复杂的技术环节才得以实现的，在屏幕上显示时还包括要结合复杂的成像技术才能实现，这使得信息在载体上的存在被加以了技术性的细化与功能区分，并由不同的技术装置

---

[1]　［美］D. G. 约翰逊：《计算机伦理学》，载［英］弗洛里迪《计算与信息哲学导论》，商务印书馆 2010 年版，第 172 页。

去完成。过去一张纸一支笔能同时完成的信息的输入、储存、显示乃至传递，在电子信息技术那里则要成千上万的电子元器件组成的若干系统才能完成，信息技术的多种功能不再直接同一，而是走向分化。从显示来说，至少从物理原理上，就从纸质的反光显示到电子屏幕的发光显示。

应该说，缩微载体的出现第一次使信息的存储和显示发生了分化。缩微载体无论从载入方式还是信息的储存量上都较纸质载体有了重大的突破，它所载的信息通常需要借助相应的阅读设备才能读取；而今的所有电子信息技术中，可以说信息的显示都成为一种专门的技术，其中储存的信息都需要专门的"显示器"即屏幕来完成。如果没有显示器，我们就不能直接从储存有海量信息的硬盘那里读出任何信息来，我们能直接看到的无非是个立体的盒子状的存在物，打开它我们还能看到的无非是平板状的芯片，虽然其中包含了通过电磁感应载入的以电磁符号系统表述的信息，但我们并不能直接阅读它，从直接性上来说信息被深层地"遮蔽"，必须要通过诸多技术条件的调动和使用才能使信息得以"敞开"，因而我们不能直接感觉到信息在其中的存在。

可见，显示和储存的技术性分离，使"信息为人而存在"的人本属性受到了一定程度的消极影响。由于信息的载体失去了信息显示的直接性，信息的读取便也失去了便捷性，"打开电脑"通常比"打开书"要更为复杂和麻烦；还有，从微缩性储存技术开始，到磁盘储存，都使被储存的信息逐渐成为一个"微观世界"或一种"微观存在"，与人的存在的世界不再处于同一个空间尺度的等级上，出现了"存在层级"上的空间性差异，从而成为不能被直接感觉的对象世界。凡此种种，至少从直接显示的角度上，电子信息技术与人的亲和性受到了削减，从"人是信息存在的尺度"这一点来说，这无疑是一种"负面影响"。正因为如此，在电子信息时代到来之后，纸质载体并未消失，所谓"无纸社会"并未到来，因为纸质载体至少在信息显示的直接性上，与人的亲和性更好。

但是，电子显示较之纸质显示也有极为重大的进步意义和人性价值。只有信息储存与信息显示的分离，才能使不同的信息功能获得更大的发展，也才能使信息的显示向更高的技术水平提升，形成今天我们所看到的超文本显现以及多功能一体化的多媒体显现乃至全媒体显现，进而实现任何人在任何时间、任何地点、以任何终端都可以获得任何想要的信息。

我们知道，信息技术既改变了信息的存在方式，也改变了人的存在方式；信息技术作为纽带，使得人的存在方式和信息的存在方式紧密关联。这一关联形成的动因，是缘于人有不断增加的对信息存在的多样性、获取的便捷性、传递的快速度等方面的需求，通过信息技术的改进和发展可以不断满足人的这些需求，在这个过程中，既创造了新的信息形态，也因此而改变了人自身。

由信息技术的变迁所造成的信息形态的变迁可以有多种多样的分析维度，其中信息的不同显示技术造就不同的信息形态就是一种重要的维度。如果把纸质显示的文本信息称为信息的"固态"或"固态信息"，那么作为身体信息技术的言说或语音所携带和显示的信息就是信息的"气态"或"气态信息"，而电子信息技术显示的信息则是信息的"电态"或"电态信息"，它们分别在不同的时代居于信息显示的主导地位。一定意义上信息的显现就是信息的传播，所以信息显示的三态也相对于麦克卢汉所划分的人类所经历的三个不同的信息传播阶段或媒介时代：口传时代、文字和印刷时代、电子时代。三种信息显示方式的依次出现，也是传播方式的历史性变迁，其间使得信息的显现和传播方式日趋丰富化。

任何信息的传播都是通过介质或载体的传播来实现的，所以分析信息的传播离不开从物理层面上去认识负载信息的物质载体是如何"送达"信息的。

在气态信息的口耳传播和交流中，携带信息的语音是以空气为介质进行传播的，亦即信息是由"声波"送达的，显然在传播的空间范围和时间延续上都受到极大的限制。固态信息的传播是通过对作为"固态物质"的书信之送达来实现的，这种"传播"与运送其他物质的"物流"运送别无二致，其载体的生产尤其是"硬载体"的生产，也跟物质的生产别无二致。由于无声的纸质文本可以脱离人的肉体而存在，就使这种信息传播突破了人身的限制，在时空上得到扩展。

信息传播的方式的最大变革，是从实物的运输（如书信的传播）到电子的发射，由此而实现了信息的电态传播，它是通过电和电磁波的运动来实现的信息送达，作为信息载体的电和电磁波不是一般的电流或电磁运动，而是作为电子符号而存在的，是特定信息的电子代码，或者是通过特定编码之后的电磁形态。在电态信息的传播中，虽然也是通过载体的传送来实现信息的传播，但由它只传送"软载体"，可以视为"符号流"从而"信息流"的直接传播；在这样的传播中，只有电或磁的波动在流动，而没有硬载体的位移，所以它和先前的固态信息的传播方式有了本质的区别，使得信息传递的速率和成本都大大优于传统的信息传递方式。

从口传时代到文字和印刷时代再到电子信息时代，人类借助信息技术的革命实现了所能创造与获取信息形态的丰富化，并反馈到相应的身体信息器官，使作为"信息身体"的人也获得了更多的丰富性。在口耳相传主导的气态信息的显示和传播时代，形成的是"听觉中心"时代；而纸质传播主导的固态信息的显示和传播，由于其将视觉信息和听觉信息截然分开，导致了"视觉中心"时代的到来；今天的电态信息的显示和传播，则超越了信息感受器官的单一性，多媒体的信息显示可以使人的听觉和视觉乃至其他感受器官同时得以"启用"，从而成为一种"大综合"的信息传播和接收方式。从技术上看，此时的信息技术不仅具有前面所说的"分化"特征，更具有"融合"特征：各种信息功能呈现高度融合的状态。该体系中的不同技术之间互相融合的程度，已经不是简单的结合、组合甚至整合的关系。这也是信息存在的"兼容方式"，即从一种形态变为另一种形态的便捷快速，信息世界由此成为一种更加丰富的存在。在这个意义上，以前的信息技术革命基本上都是"单项的信息革命"，而今天的电子信息技术给人类带来的则是"综合全面的信息革命"，所以是更高形态的信息革命。

视觉中心的时代曾经压制了与听觉中心相伴的口头文化，所以成为一种不利于人的"全面发展"的信息形式。而今天，"口头文化在我们的电子时代复活了，它与尚存的书面形态和视觉形态建立了一种非常多产的关系"，两者的结合"会产生丰富的文化成果。"① 这种"大综合"、多形态、文字与形象、声光电、从3D到4D乃至nD的丰富的信息展现，使得人的信息器官被更加全面地调动，人不仅可以理性地理解信息的存在，更可以感性地感受信息存在的无穷魅力，例如虚拟实在给人扩展的存在空间，就极大地唤醒了人对信息世界的体验和经验，"信息为人而存在"的更多内涵由此被开启，真正的"人的信息时代"便随之到来。

这就是说，人利用信息技术使人造的信息成为更符合人之要求的存在，使信息的存在更好地服务于人的存在（生存），必要时还要改变人的

___

① ［加］哈罗德·伊尼斯：《传播的偏向》，何道宽译，中国人民大学出版社2003年版，序言第4页。

存在，这就是信息技术对人与信息的存在方式和存在状态上所造就的一种永恒的相互作用，并由此形成了一种协同进化。

总之，信息技术本身就是为了信息的存在而存在的，它创造和变换了信息的存在，并凸显了信息的为人而存在，这就是从"存在"的视野所看到的信息技术的哲学特征。

第四节　信息技术的现象学探寻

当代信息技术是导致"后工业社会"或"后现代社会"到来的重要因素，而现象学作为一种后现代哲学，也无不与当代信息技术具有紧密的联系。我们既可以从现象学的角度来分析信息技术的特征，也可以从信息技术的维度把握现象学的意蕴，例如，从作为信息技术的媒介这一视角，就可以对现象学的三个重要代表人物——胡塞尔、海德格尔和梅洛-庞蒂的"实事"、"存在"和"身体"三个核心范畴形成独特的探寻和延展。

一　从胡塞尔的"回到实事"到实事的媒介呈现

作为现象学的创始人，胡塞尔的思想可以有若干经典语汇来表达，其中"回到实事本身"无疑是流传最广、影响最大的表述之一。尽管在进入胡塞尔的文本后，对"实事"的理解甚至汉译都会存在多种解读和方案，但从对这一表述的"直观"中，无疑跟我们在日常生活中力求把握事情的真相、不被歪曲的、附加的、错误的信息所误导等等诉求是一致的，可以说这也是人在面对世界形成对事物或事件之理解和认识时的一种"本能"或"原初"的追求。

然而，自从人类开始使用媒介后，尤其是进入到今天这个"媒介为王"的信息社会后，"实事"（或"事实"、"事情"）被人了解的方式就越来越多地是通过媒介来完成的。生活在网络时代的现代人，他们的资讯丰富、眼观六路、耳听八方，天下大事小事无所不知，世间好消息坏消息尽收眼底。更有一些"网迷"几乎是处处都"挂在网上"，尤其是移动网络技术的使用更为他们把网贴在身上提供了方便。这样的生活方式反映了一个不争的事实，当今人们获得信息的主要途径是依靠网络，他们所了解的"实事"，大多数都是通过网络传递而来的，再加上其他媒介方式，人所把握的"实事"日益增多地都是媒介所呈现出来的。由此形成这样一个"媒介哲学"问题：由媒介呈现出来的实事与实际发生的实事之间的关系是什么？当我们要"回到实事本身"时，如何看待由媒介所呈现出来的实事？

可以说，媒介的呈现或显现，也就是媒介在表达的东西。在胡塞尔看来，"表达在意指某物，并且正是因为它意指某物，它才与对象性的东西发生关系。这个对象性的东西或者由于有直观相伴而显现为现时当下的，或至少显现为被当下化的（例如在想象图像中）。"① 所以，媒介的呈现就其认识论功能来说，是为了传递已经或正在发生的事情，使"对象性的东西"能被人了解。

那么媒介所呈现出来的"实事"是"实事本身"吗？如前所述，任何事情，一旦经过媒介呈现出来，就是经过了媒介"把关人"筛选、加工后的产物，事情的呈现就被植入"把关人"的意图和愿望，其中既可能包含出于认识论原因的无意走偏与遗漏，也可能包含出于利益原因的有意歪曲与臆造（即"意向性黑箱"）。这样的媒介呈现和"原本"发生的事情显然产生了"距离"，有时甚至是"天壤之别"的差距。

既然媒介的呈现难以避免产生与实事本身的偏差，那么为什么一定需要媒介的呈现呢？这可以说是"在场呈现"的局限所致。对实事的最直接把握，无疑是人亲临在场时的把握。但这样的亲临在场是有极大限制的，因为任何一件事情的发生，都不可能让所有人可以亲临在场去感知，一个人也不可能亲临所有的现场去感知他所希望知道的"实事"；当某一实事为更多（超出亲临者）的人想要知晓时，就只能通过媒介呈现的方式来实现，所以事件或事情的媒介呈现是使得相关信息为更多人知晓的必要手段，是信息扩散的必经方式，也是人的视界扩展的重要途径。

但是，在这个过程中，媒介因素不可避免地介入到"实事"或"事情"之中，它们既成为对象向我们呈现的一个组成部分，也成为我们使对象向我们呈现出来的一种主体能力和主体过程。我们创造各种媒介时，既是在创造主体也是在创造对象；在此时，媒介是呈现的背景，也是呈现的手段，还是呈现的本身，事件或实事的媒介因素是我们了解事实时无法"剔除"的组分，由此形成了"媒介寓身于实事"和"实事寓身于媒介"

---

① ［德］胡塞尔：《逻辑研究》（第2卷第1部分），倪梁康译，上海译文出版社2006年版，第45—46页。

的"双重寓身"或"相互寓身"现象。

实事的媒介呈现使得实事的存在形态可以区分为"纯态"与"媒介态",而且,事实一旦成为"媒介态"后,"纯态"的事实就成为"过去时",使得媒介态的实事成为其余人要获知该实事的唯一通道,即使是该实事的"现场目击者"的叙述,也成为一种通过语言表达出来的媒介态实事,由此似乎使得两者的本体论关系也发生了"移位":此时不再存在不依赖任何媒介的纯态事实。

在这样的背景下,我们又如何实现现象学"回到实事本身"的精神呢?

一方面,如前所述,我们在大多数情况下只能通过媒介了解实事,否则我们的眼界就会大为受限;另一方面我们也要看到,媒介的呈现的确具有局限性,尤其是存在着诸如"网络失范"之类的反常呈现问题,像网络欺诈、虚假信息等就属此列,它们导致信息或事态的真假难辨,使得我们面对这样的信息,从技术上不知道它是如何生成的,从内容上不能确证它的真实性,从来源上不知道是谁发布的,如此等等,使得媒介呈现的社会监管问题常常成为突出的社会问题。

从现象学的视角来看,促成媒介呈现走向"事实本身"的重要方式,就是强化其多维性。在现象学看来,事实的呈现是一个"自然向人的生成"的过程。在胡塞尔看来,世界呈现为一个多角度、多层次和多侧面构成的"交互主体性"的世界,由此推知通过对实事的多种媒介呈现以及多家媒介呈现,无疑有助于我们把握对象的"多面性",从而更能产生对于对象的"统觉"。统觉实际上起着综合的作用,使我们对实事形成趋于完整的了解,从而不断趋向于实现"回到实事本身"。

再就是从媒介的"自身建设"来说,当媒介不可避免地介入实事呈现时,要尽可能避免虚构和歪曲实事、任意捏造和随意"打扮"事实。用现象学的"本质直观"的要求来说,就是要尽可能清除媒介呈现中非明证性的因素,达到对事实的无成见、无预设的直接把握,用胡塞尔的话来说:"任何原初地给予的直观都是认识的合法源泉,一切在直观中原初地(即所谓在其亲身的现实性中)呈现给我们的东西,只能按照它自身被给予的那样,而且也只能在它自身在此被给予的界限之内被接受。"①

---

① ［德］胡塞尔:《纯粹现象学通论》,李幼蒸译,商务印书馆1992年版,第84页。

如果不遵循这一原则，那么世界就果真会成为一个"设计出来的世界"，成为一个"课题化的世界"。而现象学所追求的"生活世界"是先于一切课题化世界的世界，它由人类的全部目的、欲望和态度交织而成，所以也应该由全部媒介的呈现和非媒介的显现所组成。通过这种多维度的媒介呈现，我们就可以走向一种交互主体性的共识，我们所面向的就是这样一个由"实事本身"组成的生活世界。

二 从海德格尔的"存在"到语言之家的媒介融合

在"信息化"席卷一切的今天，在媒介的触角无处不在的当代，不仅有前面所说的"实事"的媒介化，而且有存在的媒介化，这就使海德格尔的现象学与媒介问题也产生了关联。

我们知道，海德格尔的哲学体系是从"存在"开始的，他是以"存在"为核心来建构自己不同于胡塞尔的现象学的。如果说胡塞尔的现象学可称之为"意识现象学"，那么海氏的现象学则通常被称为"存在现象学"，他认为存在才是"实事本身"，所以贯彻现象学"回到实事本身"的根本就是要"回到存在本身"。

海氏的一个自认和公认的重要工作，是区分开"存在者"和"存在"，他认为先前的哲学只是专注于存在者而遗忘了存在，虽然从古希腊哲学起就讨论"存在"，但迄今它并不是一个明白无误的概念，其中很多问题哲学家们没有搞清楚，尤其是忽视了存在与存在者之间的存在论差异，使得存在问题始终没有得到解决。"任何存在论，如果它未首先充分地澄清存在的意义并把澄清存在的意义理解为自己的基本任务，那么，无论它具有多么紧凑的范畴体系，归根到底它仍然是盲目的，并背离了它最本已的意图。"[①]

人们以前把存在等同于存在者，以为把握了存在者就把握了存在。其实"我们不可能直接地真正把捉在者的在，既不可能在在者身上，也不可能在在者之中，还根本不可能在其他什么地方。"[②] 存在也不是存在者整体意义上的存在，它是非实体性的存在，是一种可能性或生成性的存

---

① ［德］海德格尔：《存在与时间》，陈嘉映、王庆节译，生活·读书·新知三联书店1987年版，第15页。

② ［德］海德格尔：《形而上学导论》，熊伟译，商务印书馆1996年版，第33页。

在，只有这样的存在才是世界的真正的原初的东西，而所有存在者都是短暂的。所以，要把握最永恒、最根本的东西，就需要把握这个"存在"。

由于存在不是任何具体的存在者，某种意义上就不具有具体的可感性，我们也就不可能在感性层面上体验到这个存在，所以他提出存在只有思想才能把握，是思想把我们带上了这样一条路："以便这种思想在存在之真理中专门思索存在本身"①。

可见"存在"不仅重要，而且是超感性的，即它不是通过感官被接受的。理解存在时不可能像理解存在者那样只要面对某种具体的事物以实指方式就可以实现，甚至也不能通过简单的定义去揭示存在的含义。在海德格尔那里，他是通过各种隐喻来曲折、迂回地解释存在的含义，从而使我们理解到：存在就是使存在者被规定为存在者，它是存在者得以被规定的意义和形式；存在者只有通过存在才能产生出来，存在是存在者的基础，存在者建立在对存在的把握中；存在规定着存在者，存在又是存在者的存在，如此等等。可以说，在这里我们看不到"存在"的形象化显示，而只接触到其体现在文字中的表述，以至于没有上述语词，就没有所谓的"存在"；当存在成为只有通过语言才能呈现出来并获得其意义时，语言就自然成为"存在之家"；而一旦离开语言，我们对"存在"就一无所知。语言说到底也是一种媒介，所以存在的唯一呈现方式就是媒介呈现。

"语言是存在的家"意味着"存在"是以词语的方式被带到我们的面前，同时也使世界以词语的方式展示出来。当然，这里展示"存在"的"语言"是本质的语言，即"道说"。"语言是存在的家"也就是指"道说是大道的家"，或"澄明是遮蔽的家"。存在只有在语言中才有其栖息之所，而语言只有作为存在的家才有其本质。因此，语言就是存在，存在就是语言，"语言是存在本身的又澄明着又隐蔽着的到来"②。

通过言说来展示存在，通过倾听来显现存在，通过文字来迂回地揭示存在，如此等等，表明了理解者只有用言说比喻来理解存在者如何被存在所规定、来理解存在如何向我们展现。凡此种种表明了"存在"不可能脱离符号的运作③。当海德格尔认为存在具有不可定义性时，无非是尝试

---

① ［德］海德格尔：《路标》，孙周兴译，商务印书馆 2000 年版，第 438 页。
② 孙周兴：《说不可说之神秘》，上海三联书店 1994 年版，第 371 页。
③ ［法］德里达：《论文字学》，汪堂家译，上海译文出版社 1999 年版，第 390—410 页。

超出形而上学的语言来理解存在，例如他不是把存在当作某种静态的名词来使用，而是将其当作一个活跃的动词来理解，意味着我们无法规定存在是什么，而只能追问存在怎么样。但是，他终究还是不得不用形而上学化的语言描述存在意义形成的历史。在"存在"、"本有"这样的文字符号下，终归是用道说的文字符号的编织阐明非主观化意义的形成问题，是从语言和诗的维度来言说存在，甚至对存在给予不同的名称，解释存在的运作，探索存在的意义。①

当海德格尔的"存在"这一最核心的概念与语言这种媒介形成上述的内在关联时，必然引出作为媒介的语言之本体论地位问题，其中隐含地通向了"语言决定论"的世界观，语言具有了重构"存在"的哲学功能。

从"存在"与语言的关联，我们还可以联想到，在汉语世界中对"存在"（Being）的理解产生了若干问题。例如对于 Being 的汉译可以有多种，从而关于 Being 的学说——ontology 也产生了多种译法："本体论"、"存在论"、"是论"、"有论"、"存有论"，如此等等，而且这些译法之间并不是可以处处互换的，表明我们的语言与西方的语言并不能形成完全的沟通。克服或削减这一局限的途径就在于多语言交融地理解，从现象学的"主体间性"、"身体间性"必然过渡到"语言间性"，而作为语言间性的"语言融合"也可视为"媒介融合"的一种特殊形式，在这里它可以成为沟通对"存在"的不同理解的桥梁（当然不是消除语言间的差异搞所谓统一的、单一的语言），正是在这种不同语言之间的"可译"与"不可译"之间的不断协调中，持不同语言的人对"存在"的理解才逐渐取得不断扩展的共识，使得"存在"成为不同主体和不同语言之间可交流的对象；而且，随着语言间性的扩展和增强，"存在"得以通过语言来呈现的空间也随之扩展，"存在"的内涵也随着语言的多样性而变得更为丰富，以至于老子的"道"和海德格尔的"存在"之间也成为可以彼此"纠缠"的东西，而最后我们还可以通过语言并超越语言，去"得意忘言"地达到对"存在"的"本质直观"。

三　从梅洛 - 庞蒂的"身体"到身体的媒介化

我们知道，梅洛 - 庞蒂的现象学是以知觉为起点的，他认为"知觉

---

① 王海英：《浅论海德格尔的"存在"之思》，《经济研究导刊》2011 年第 11 期。

是一切行为得以展开的基础，是行为的前提。"① 也就是说，只有基于知觉，我们才可以意识和行为，从而才能真正做到胡塞尔的"回到实事本身"，亦即返回到世界的原初或事物的本原状态。这也是他所强调的"知觉的首要性"。

梅洛－庞蒂进一步认为，要重视知觉，就必须强调身体的作用和价值，因为"知觉"无非是人以身体为凭借或中介的对世界感知和体验，或者说"知觉，是借助身体使我们出现在某物面前，该物在世界的某处有其自身的位置，而对它的破译旨在将其每一细节再置放到适合它的感知境域之中。"② 如果我们调整身体，就可以调整我们对世界的感知，使得每一次对象对于我们的"视角"（perspective，也译为"侧显"）不断增加，进而使对象的意义不断向我们"涌现"出来，将物的"细节"纳入我们的掌握之中。总之，由于知觉受制于身体，所以知觉在现象学使命中的重要地位也必然体现为身体的重要性。甚至可以说，在梅洛－庞蒂的"身体"中，既体现了胡塞尔的境域性，也显示了海德格尔的在世界中存在，身体和世界虽有界面，但融为一体。

从梅洛－庞蒂关于身体重要性的现象学思想中，可以进一步引申的问题是：在作为信息技术的媒介的影响下，人的身体日趋明显地被媒介所介入，甚至出现"身体的媒介化"趋向，那么应当如何面对身体的这种"新现象"？

较之身体的作为信息技术的媒介介入更为先行也更为广泛的是身体的一般技术介入，简称"身体的技术介入"。身体的技术介入就形成了伊德所说的"技术身体"，这一点我们曾在"身体信息技术"中介绍过。可以说伊德的现象学已经不满足于梅洛－庞蒂在看到身体时只看到自然存在的身体，而是认为需要将现象学的身体视界进一步推向技术身体，因为在技术普遍影响整个世界的今天，人的身体早已不是纯粹的"自然身体"，从人一出生直到死亡，其身体都在被各种技术所作用、影响和塑造。借助于伊德的现象学推进，我们还可以在媒介日趋重要的今天，将我们的视线专门指向作为媒介对身体的作用，或者将"身体的媒介化"凸显出来加以

---

① ［法］梅洛－庞蒂：《知觉现象学》，姜志辉译，商务印书馆 2001 年版，第 5 页。

② ［法］梅洛－庞蒂：《知觉的首要地位及其哲学结论》，王东亮译，生活·读书·新知三联书店 2002 年版，第 73—74 页。

分析，从中发掘新的哲学或现象学问题。

"身体的媒介化"可以表现为人的身体被媒介所形塑，被若干外在的媒介所"延长"（如同麦克卢汉所说媒介是人的"延伸"）；"身体的媒介化"还可以表现为身体被数字化、作为身体标志之一的人的身份被媒介技术所虚拟化，从而人连同自己的身体变为"赛博身体"、"虚拟身体"等等，此时这样的身体如何经受现象学的分析以及相应地是否会改变现象学对身体的看法？

梅洛－庞蒂的知觉现象学或者身体现象学，表明了人的知觉是一种"涉身"或"具身"的活动与过程；而当身体被技术和媒介介入后，则进一步表明了人的知觉也是一个"涉技"或"具媒"的过程。当媒介日益多样而深刻地介入甚至"融入"人的身体后，由身体所形成的知觉对于我们"回到实事本身"起着什么样的作用？是促进还是阻碍、强化还是弱化、澄明还是遮蔽？

媒介对身体的影响是不断扩展和深入的。媒介技术起初只是外在地附加在身体之上，形成对身体的外部延伸；而今我们看到媒介还可以植入到身体之中，与其在内部融为一体，成为身体的一个"内在"组成部分，或成为身体的"有机器官"。人的身体的这种变化或将要发生的这类重大变化，在信息技术、纳米技术、生物技术和认知技术出现"会聚"从而形成"会聚技术"的情况下，更被视为可以改变人类进化方向的技术事件，其变化的重大性或深刻性或许只能用"身体革命"来形容。当身体被技术"改造"到这个地步时，即使我们不能称这样的身体为"万能的身体"，也会想探问这样的身体所能形成的"知觉"将是一种什么样的知觉？它将会是一种"全方位的知觉"吗？通过这样的身体可以更为便捷、更为迅速地实现"回到实事本身"吗？

当然，在这样的"身体革命"中，我们又不能不担心其中有一个巨大的如前所述的"技术黑箱"之存在，也就是这些新型的身体技术的设计者们，如果由于某种利益或政治因素的介入，使得这些新技术中负载上我们所不知道的"价值"，从而将人的身体变成可以被另一些人更容易操控的对象，使这些受控的身体所能形成的知觉完全按照操控者的意愿去进行，那么由此所带来的后果就更是不堪设想的，此时无论是身体现象学还是媒介现象学的主题或许就要转向"政治现象学"：什么样的媒介化身体是我们能够接受的，什么样的媒介化身体是我们所不能接受的？

　　此外，还有一个问题就是身体的"信息能力问题"。人类之所以在存在风险的情况下还要用媒介技术对身体加以"改造"，是因为身体在自然属性上的局限性，决定了由自然的身体充当媒介的不足，因此需要在身体之外寻找媒介来辅助和扩展身体的信息功能。在这个过程中，我们身体的信息功能一方面被体外的媒介越来越多地取代；另一方面被植入体内的媒介所增强，使我们的身体成为一种新的身体。这种新的身体，如果更有助于我们身体的整体知觉能力的提高或进化，有助于感官的综合协调运行，那么无疑是与人相"亲和"的，从而是人性的，也是现象学的；但由于任何一种媒介向身体的引入都可能会取代身体原有的功能，所以也可能在最后"吞并"我们的身体，或者导致主宾的颠倒：身体成为媒介的"伺服系统"，而媒介则成为身体的主宰，这里的身体当然也包括心灵。

　　这就意味着，即使媒介可以帮助我们的身体获得更充分的知觉，我们也不能将知觉的获得完全交付媒介。某种意义上，就是要保持身体的身体性，这也就是保持人的属人性，否则人和一切非人的现象之间的界限完全消除，也就是人自身的消除，也就是人和世界关系的消除，一切意义的消除，这无疑是"面向人"的现象学所不能接受的。

四　显现：现象学与信息技术的交汇

　　"显现"既在现象学中具有重要的地位，也是信息技术的重要功能，它形成为信息技术与现象学的会聚。

　　对象是如何显现出来的？这是现象学所要回答的主要问题之一。在这个意义上，"显现"自然就成为现象学中的一个核心概念。事物的显现就是对象以我们能够感知的方式对我们的展示，或者说对象以我们能够把握的方式被我们所把握。由此，显现过程就是显现者使我们能够感知到的过程："现"者"见"也，"显"者"明显"也，"显现"因而就含有"使其明显可见"的意思。由此，某种自为的存在因其显现而在我们的知觉中成为"有"而不是"无"。在这个意义上，显现也涵括了若干与其相近的词汇的含义，如"显示"（Display）、"展示"或"展现"（Show）、"呈现"或"宣示"（Declare）、"出现"（Appear）、"在场"（Presence）、"表现"（Performance）等等。

　　我们通常谈论的显现，包括在现象学中谈论显现，还指的是事物的"自身显现"。在现象学那里，所谓"自我显现"，绝不是与人无涉的显现。从梅洛－庞蒂的"世界就是我们想象中的世界"①，可以认为：世界就是我们让其显现的世界，离开这种显现去追求"事物的自身显现"是不可能的，因此显现出来的世界，即"现象学的世界不属于纯粹的存在，而是通过我的体验的相互作用，通过我的体验和他人的体验的相互作用……显现的意义"②。

这一点也可以从信息传播的角度来看：显现中不仅有信息的发出者，还有信息的接收者；如果一种显现只发出信息而无信息的接收者，那么它在向谁显现？当一物向虚无发出信息时，那还是显现吗？显然不是！所以显现首先具有"两极性"：显现者和观察者。没有被观察的显现就不是真正的显现。由于真正的观察者就是人，所以显现也是一种与人相关的现象。

接下来的问题是，当显现与人相关时，这种显现是否也进一步与显现技术相关？由此也涉及到"显现方式"的问题。显现离不开显现方式，因此，现象学如果是关于显现的学问，那么也就是关于显现方式的学问。看到这一点如此重要，以至于"分别地来看，现象学的确没有权利被看作是完全独创的方法"，但是现象学的"某些步骤，特别是观察显现的方式和揭示现象在我们意识中的构成，可以称作是全新的"③。

谈到显现方式时，必然引入技术问题，这里主要指作为信息技术的显现技术或显示技术，广义地还包括观察技术。凡是延长人的观察功能的技术，或者使对象成为能被人感知的技术，都可以称之为显现技术。显现技术可以使不可见的变为可见的，使可见但只能模糊地见变为可以更加清楚地见，使技术性地被储存或传播的信号成为可识别的信息，如此等等。

当显现离不开人时，就意味着显现离不开作为身心统一体的人的身体；同时，如果作为身体延长的显现技术介入了身体之中，那么显现也就离不开技术，尤其是离不开作为感官和神经系统延长的信息技术。从显现就是发送信息的意义上，显现也常常离不开信息技术，因为信息技术（包括身体信息技术，但在本节主要是指器具信息技术）就是帮助人发送信息的。这样，在使用信息技术时，显现就是对象、人和信息技术相

---

① ［法］梅洛－庞蒂：《知觉现象学》，姜志辉译，商务印书馆2003年版，第7页。

② 同上书，第17页。

③ ［美］施皮格伯格：《现象学运动》，王炳文、张金言译，商务印书馆2011年版，第933页。

"纠缠"的结果，或者至少是这三者的互相适应：如眼睛对光线的适应，仪器对人的适应，还有仪器对信号的适应等等，因此显现就是这些要素融为一体的结果，是它们的联合创造。

信息技术作为人的观察能力的延长，其功能显然是显现范围的扩展。我们使用望远镜和显微镜使得在我们的肉眼中不能显现的对象得以显现；我们使用电脑和网络使得许多我们因无法在场而不能获得的在场性显现得到"虚拟显现"。无论哪种技术方式，都使我们的视野极大地得到了扩展。在这个意义上，现象学的自我显现如果是一种不借助信息技术（信息器具）的显现，那么这样的显现就是十分有限的，因为许多对象是无法对人自我显现的。

如果承认了借助技术手段的显现之"合法地位"，那么就可以形成关于显现的最基本的分类：自然显现与技术性显现，其间的差别就是人是否借助了技术（人的体外的延长）而获得显现。在技术性显现中，又可区分出两种不同的类型，一种是直接延长人的感官的各种观察仪器中的显现，简称"仪器显现"；另一种是在计算机或其他电子设备屏幕上的显现，可简称为"数字化显现"，后者还可扩展为"符码显现"，此时它还可以超出电子屏幕而包括以纸本为载体的文字显现等等。当然，在今天的电子信息技术中，观察仪器中的显现也可以通过电子屏幕来显现，例如在 e-Science 系统中远端的天文望远镜所观察到的图景可以通过网络传送到研究人员的电脑终端上得到显现。此外，还可将技术性显现区分为视觉显现与非视觉显现，哈拉维就曾把超声波技术看作人类"视觉技术"PK"触觉技术"取得胜利的结果，它使得"触觉知识"或通过触觉方式获得的显现在现代科技发展进程中越来越被边缘化。

人类借助技术来显现的方式是不断变化的。拿符号类型的技术性显现来说，如果在这里将技术理解为包括"身体技术"在内的"广义的技术"，那么它就历经了用身体信息技术的直接显现到用器具信息技术显现的过程，或者从身体显现（口耳相传）到纸本的文字显现、再到电子显现的过程。

现象学所讲的显现多为自然显现，当技术性显现在我们的生活世界中变得如此重要后，理所当然要把技术性显现纳入现象学的视野，即探讨技术显现的现象学意义。信息技术作为帮助人使一切都在场地显现出来的手段，有了它，现象学的"自我显现"才能贯彻到底。因为仅凭我们的身体器官，不能保证一切都能对我们显现，但借助信息技术，我们可以从原则上保证一切都可以对我们显现——在这个意义上，现象学的原则需要信息技术的支撑。但同时带来的问题是，当我们不得不依靠技术显现时，从现象学上看，我们得到了什么、失去了什么？从"得"来看：它使不可见的成为可见，使一切存在都在原则上可以显现，从而使"观看一切"成为可能；从"失"来说，它有可能使直观变成"曲观"，使"自观"变成"他观"或"它观"。即是说，对象通过信息技术的显现不再是"悬置一切"的自我显现，而是技术化的显现，是对象转化了存在方式的显现，是带着技术黑箱和意向性黑箱的显现，而不是所谓"本来面目"的显现，所以同时也不是现象学的显现。尤其是在今天视觉文化占统治地位的背景下，我们所看到的事物都是透过某种技术手段呈现出来的，"技术性观看"已成为最重要的视觉活动。这使得我们在面对各种显现时需要保持的一种"现象学警醒"："在我们全神贯注于所显现的东西时，这种显现的方式通常都被忽略了。"①注意显现方式，一个重要的方面，就是要在技术显现和自然显现中保持适度的平衡，尤其是当我们处在一个技术显现的时代时，不断要告诫自己尽可能回到自然显现之中。

---

① ［美］施皮格伯格：《现象学运动》，王炳文、张金言译，商务印书馆2011年版，第918页。

第四章　信息的文化哲学研究

20世纪以来，文化问题逐渐成为现代哲学研究的中心问题之一，文化哲学也成为一种重要的哲学范式，将其作为基点和视角考察对象显示出强大的探新功能，对信息现象进行文化哲学研究无疑也包含了这方面的巨大潜能。鉴于"文化"概念的丰富性以及"文化哲学"视域的开阔性，对信息的文化哲学研究可以囊括关于信息文化、信息文明、信息时代价值观的哲学研究，或者从这几个方面可以窥见信息问题所蕴含的文化哲学意义。

第一节　哲学视域中的信息文化

从文化哲学看信息问题，通常要侧重于信息及其相关的文化现象给我们的时代或社会所造就的深刻变化，尤其是侧重于信息时代的文化转型：一种走向信息文化的大趋势。"信息文化"的存在以及成为一种时代性、标志性的文化，充分表明了信息与文化之间极其紧密的关系，这就是从一般的意义上信息离不开文化，文化也离不开信息；从特殊意义上，在当今时代，文化日益信息化以及信息日益文化化，而"信息文化"作为两者的集合体，更显示了信息与文化之间的协同发展关系。

一　文化与信息之间

无论是从文化的复杂含义还是简单规定，都可以看到，它和我们经常谈论的信息是分不开的，因为一方面，信息是作为文化而存在的，信息的内容是一个时代的文化内容，信息的全部价值和意义就是形成文化；而信息如果是一种人化现象的话，同时也就是一种文化现象，即不存在非文化的信息，即使是表征自然的信息，作为人所接受和表达的东西，成为关于自然的知识，也成为一定时代的文化成果，具有了文化的属性，更不用说信息的传播、交流方式，直接构成一个时代或地域的文化存在样式。

　　另一方面，文化也是作为一种信息而存在的。我们知道，文化形成的本质就是人工信息的积淀，文化的内核是特定信息的凝聚，"文化，究其本质乃是借助符号来传达意义的人类行为"①，"文化是一种生成着的符号信息系统"②，也如同美国文化学家怀特所认为的，人类和文化的开端在于语词之中；全部文化（文明）依赖于符号。正是由于符号能力的产生和运用，才使得文化得以产生和存在；正是由于符号的使用，才使得文化有可能永存不朽；没有符号，就没有文化，人也仅仅是动物，而不会成其为人类。因此，文化中必须有信息，必定要表达和传递出某种信息，否则就不成其为文化。即使是物质文化或物质性的文化成果，也是凝聚了特定历史信息的人造物品，而文化灭绝的实质就是相关信息的消失。此外，文化就是一定时代和地域、群体的"信息生态"，即文化的直接意义无非是某种信息生态的形成，而文化的终极意义无非是某种信息的延续。文化影响的实质就是信息的扩散，文化传播的本质就是信息的交流，文化成果无非就是特定的人工信息制品。因此，文化无非是一种特殊的信息，一种具有特殊功能的信息。

　　文化作为信息而存在还表现为文化行使信息的功能，文化是信息的一种存在方式，文化的生存离不开某种具体的信息工具，如此等等。"文化本身实际上是社会信息现象的大系统，其全部内容充斥在多种多样的信息过程中。不夸张地说，就其本质而言，文化被信息化了。……正因为如此，文化学的所有根本问题，从对文化现象的解释到物质与精神的划分，无疑都与信息学领域的研究相关"；甚至文化之间的区别也体现为信息形式的差异，如科技文化与人文文化之间："显然，在人类文化发展的两个方向上占主导地位的信息明显不同：如果说在传统的人文文化中，形象—情感信息起重要作用，那么在科技文化中，纯理性的、逻辑—语义的信息则显然是在更高程度上形成的或至少是完全受形式化的条件下支配的。"③ 如果把信

---

① ［美］马克·波斯特：《信息方式》，范静哗译，商务印书馆 2001 年版，总序第 1 页。
② 董焱：《信息文化论》，北京图书馆出版社 2003 年版，第 30 页。
③ ［乌克兰］Э. П. 谢苗纽克：《信息科学与社会人文知识》，吴育群摘译，《国外社会科学》2003 年第 4 期。

息看作"广义上的数据处理",那么它应该与文化有着广泛的重合。这种重合使得我们甚至无法区分"最广泛意义上的数据处理"和模式化的意义领域的文化之间的界限,因为计算机程序难道不是文化产品吗?难道文化这种表现形式不拥有可用于组织化工作的信息潜能吗?①

　　信息与文化的双向建构、一体化发展是两者密切关联的一个重要表现,例如信息手段(方式)的演变与文化形态的演变就集合地形成了口语文化形态(口传文化、语音文化)、文字(以及印刷)文化形态、电子文化形态这些不同的信息文化的历史形态。或者说,从历史的发展过程来看,信息与文化一直是处于动态性的相互建构之中,文化发展过程是人类信息量不断增加的过程,而信息交流则是文化生成与发展的基本要素。如果再从"媒介史就是人类社会发展史"的角度看,信息技术的变迁还导致文化传播方式的变迁,这也是媒介决定论的文化分期说,同时也是麦克卢汉所持的观点:有什么样的媒介,就有什么样的文化;因为有什么样的媒介,就有什么样的感知模式,从而就有什么样的世界结构。

　　不同形式的信息(或不同的信息方式)形态还适合于不同的文化活动和行使不同的文化功能。例如,在戴维·克里斯特尔看来,言语非常适合于社交或"情感交流"之用,像消磨时间或者一些偶然地和未经计划地讲话的场合。它也同样适合于表达社会关系、个人观点和态度,因为它有许多通过韵律以及非口语特征来实现的细微差异;文字非常适合于事实的记录、思想的交流以及记忆和学习的任务。书面的记录更容易保存和查找,表格可表达出事物之间的联系,注释和列表可供记忆,而文本则能以适合于个人学习能力的速度来阅读。还有,"言语的独一无二的特征包括韵律学中的大部分内容。声音语调的细微差别以及高低对比度、节奏、韵律、停顿和语气,都是不能有效地写出来的",而"书写的独特性包括页、行、大写以及标点的若干方面,只有很少的一些书写习惯才会与韵律相关。像问题的标识、斜体(用于强调)、若干书面类型(比如时间表、图、复杂公式)是不能被有效地朗读出来的,但必须是可从视觉上进行理解的"。而概括起来,"言语体现出典型的时间约束性、自发性、面对面性、人际交互性、松散的结构性、可立刻修正性和富有诗意性;书写的特征则是具有典型的空间约束,经过了仔细的构思、可脱离视觉背景

———————————

① ［美］丹·希勒:《信息拜物教》,邢立军等译,社会科学文献出版社2008年版,第23页。

（即不必面对面），具有事实交流性，精心组织，经多次修改，并且富于图形表达。"①

二　作为信息与文化集合体的信息文化

信息与文化的一体化，可形成一个集合名词：信息文化。

信息文化是什么？一般地说，它是指信息作为一种文化存在和文化作为一种信息存在的统一；特殊地说，它是信息时代的文化或文化在信息时代的样式。目前，通常在后一种意义上使用，形成所谓"狭义的"信息文化，可将其进一步理解为社会全面信息化所形成的文化样式，是现代信息技术作为一种文化存在对社会的全面影响，具体来说就是随着电脑的普及和网络的深入千家万户而形成的一种新型的文化，是信息时代带上信息技术烙印的物质文化和精神文化的总和。从"信息"的角度，信息文化则是信息的生产、传播、交换、创新过程中所构成的文化；而统合起来，它是人们借助于信息、信息资源和信息技术，在从事（广义的）信息活动中所形成的文化形态，它是信息社会特有的文化形态，并且是信息社会的主流文化。从文化就是生活样式的角度说，信息文化无疑就是"信息社会中人们的生活样式。"② 这种含义尤其体现在为了适应信息时代的要求而被大力提倡的"信息文化教育"中，进一步体现为对一般社会成员的信息素养要求，包括有关信息科学、信息伦理和信息意识的要求与培育。

从信息文化的形成来看，它是由于信息技术对社会生活的全面渗透造成的。这样的信息文化就是一种技术文化，如网络文化、计算机文化、电脑空间文化、电子信息文化、赛博文化、虚拟社会文化等，类似的表述还有"后工业社会文化"、"大众文化"、"消费文化"、"传媒文化"等等。戴维·莱昂（David Lyon）在《信息社会观念的根源》（*The Roots of the Information Society Idea*）一文中，将"信息文化"研究的起源追溯到贝尔的后工业文化研究，并且也是从信息技术的层面上提出信息文化所需要研究的课题：计算机和通信渗透的影响是否在事实上改变了社会和文化经

---

① ［英］戴维·克里斯特尔：《语言与因特网》，郭贵春等译，上海科技教育出版社 2006年版，第18页。

② 董焱：《信息文化论》，北京图书馆出版社 2003 年版，第60页。

验，其中包括宗教和意识形态方面。不少研究者还明确指出了信息文化的特征就是由信息技术的特征所造成的，例如信息文化的三个特征——数字文化、全球文化、互动文化就明显地归属于计算机和网络技术的特征，它还进一步使人类很可能进入一个空前的"文化熔炉"乃至在此基础上的"文化重塑"时期。

在这个意义上，"信息文化"就不再是前面所说的"三态"（口传、印刷和电子文化）中的一态了，而成了"传统的"和"现代的"两态中的一态，抑或说，电子信息文化的出现意味着文化的一种"转型"或"变迁"。有人将这种转型归结为：文化性质从工业文化到信息文化、文化主体从区域文化到全球文化、文化状态从离散时空文化到同步时空文化（信息可以一体化地同步传播，导致秀才不出门，全知天下事）、文化变迁从稳态文化到动态文化、文化权力从垄断性文化到平等性文化、文化层次从精英文化到大众文化、文化传递从纵向文化到横向和逆向文化、文化方法从分析文化到综合文化、文化结构从偏重物质文化到偏重精神文化、文化态度从自信文化到自省文化（从自信地征服自然到所造成的文化负效应到对这种结果的反省）。① 在这样的归结和分析中，我们或许能看到文化样态或范式的一种根本性改变，使得我们当今所谈论的"信息文化"有了区别于传统文化形式的许多新含义，也使之成为我们把握当代文化特征的一个"纽结"或"关键词"。

还是在这个意义上，信息文化就是信息化的生活方式："在发达工业社会，看电视是一种主要的社会活动；就所花时间而言，它仅次于工作和睡觉"②，"我们接受电视的方式有点像我们接受日常生活一样自然"③；而在现代网络社会，人们接受网络和电脑的方式也日趋日常生活化，而看电脑和看电视时间的总和则可能超过任何别的时间，因为工作时大多也是在看电脑。尼古拉·尼葛洛庞帝用"数字化生存"来概括这一生活方式，他认为，在电脑和数字通信呈指数发展的今天，我们正奔向突发剧变的临界点，我们周围越来越多的信息都被数字化了，被简化为同样的"1"和

---

① 高清海等：《社会发展哲学：中国现代化的理性思考》，高等教育出版社1999年版，第92—99页。
② ［美］马克·波斯特：《信息方式》，范静哗译，商务印书馆2001年版，第67页。
③ ［英］罗杰·西尔弗斯通：《电视与日常生活》，陶庆梅译，江苏人民出版社2004年版，第4页。

"0"，我们就生活在"1"和"0"组成的一串串"比特"所代表的数字化信息空间中。在数字化空间中，人们将出现一种新的生存方式，这就是数字化生存方式。

强调信息与文化的密切关联，在今天我们甚至用"信息文化"来使两者"一体化"，无非是侧重于从信息的角度阐释文化，与从文化角度阐释信息，从而形成"交集"。然而，有"交集"的存在就意味着还有不交的地带，即信息与文化也有区别，就意味着不能在两者之间简单地画等号，于是若干问题就此而生成：一切信息是否都是文化现象？如果不是，那么哪些不是哪些是？它们之间的划界标准在哪里？

也就是说，虽然信息与文化具有千丝万缕的联系，然而文化又不能全部归结为信息，例如当文化的载体本身就是文化时，这种载体就不能归结为严格意义上的信息。于是形成了信息与文化之间的复杂纠缠：究竟是信息大于文化还是文化大于信息？如果文化是形式而信息是内容，那么文化形式与信息内容之间可能会出现这样的情况：有文化而无信息的文化是一种什么文化？有信息而无文化的信息是一种什么信息？

"有文化而无信息"一方面可以从"文化与信息脱节"的意义去理解，即那些没有"思想内涵"的文化，空有一种文化活动或过程的形式，但传达不出任何有意义的内容，或许是一种"空心文化"，一种"为文化而文化"的表现。另一方面还可以从"文化未转化为信息"的意义上去理解。

同样，"有信息而无文化"也可以一方面从"信息与文化脱节"的意义去理解，例如在教育中，"一位名叫格拉德格林德先生的校长，此人相信教育的真谛是向学生头脑里填入尽可能多的信息。只要事实，其他都不要……除了数据和数量，其他都不教授"①。也就是把教育变成一种纯粹的知识信息的传授，而完全失去文化、精神、价值养成的功能，显然是没有文化灵魂的"信息活动"。另一方面，"有信息而无文化"还可以从"信息未转化为文化"的意义上去理解，这大量地表现为个人的或少数人获得的信息，没有传播、交流以及在一定群体内被接受、成为共享和共识性的信息，即个人信息没有成为集体性的信息乃至社会性的信息，从而上

---

① ［美］罗斯扎克：《信息崇拜》，苗华健等译，中国对外翻译出版公司1994年版，第148页。

升不到"文化"的层次，它将随个体的消亡而消失，形不成信息上的文化传承。

信息的文化化，也可以称之为信息的人文化，就是使非文化的信息成为文化性的信息。包括使私人信息变成公共信息，乃至社会信息，也就是个人信息的社会化，它类似于个体意识转化为社会意识的漫长过程。可以说，信息的最高发展目标就是形成为文化，或为文化系统所吸纳，唯有这样的信息才是"有生命力"、"能产生社会影响"、"具有实际交流功能"的信息，也才是能够长久流传下来的信息。否则，不被文化化的信息，就常常是自生自灭、转瞬即逝。而信息要被文化化，就是要通过传播在一定范围内被社会中的人知晓、接受和认可，就是要超越信息的个体负载状态而实现信息的"社会化"，使得信息成果积淀为能够影响人的心灵的文化。

文化的信息化，这里的"信息化"如果从广义上理解，就是将不是信息的文化变成信息，如将物质文化成果加以文字记载、将人类生活事件与过程变成符号或编码系统，这样，那些作为"事"或"物"的存在与过程就成为负载在各种记号形式中的信息，从而可以保存、交流和传播。如果"信息化"从狭义上理解，就是使还没有转化为现代电子信息形式的文化成果"数字化"，使之成为可以被计算机处理、可以在互联网中传播、可以被网络终端的用户加以交互性使用的数字信息或网络信息。

在电子信息时代，作为文化日益信息化的一种形式，文化的数字化正在成为一种潮流。数字技术使得信息的采集、处理和传播日趋便捷和先进，也造成了人类文化存在形态的变化。例如日益广泛的科学、教育、艺术的数字化，甚至人文社会科学的数字化：把信息技术引进人文科学的研究和教学中，利用现代化的技术收集信息、加工处理信息、储存和提取信息，形成所谓信息人文科学，或简单地叫数字化人文科学。而这些现象的出现表明，文化的数字化正在成为一种支配性的趋势，以至于未经数字化的文化就难有广泛的受众，难获当代的生命力。

第二节　信息文明的哲学意蕴

文明与文化是两个交织程度极高的概念，它们同时都是文化哲学的研究对象。从文化与文明之间的关系可以推知信息文化与信息文明之间的关联，因此对信息的文化哲学研究，就自然要包括对信息文明的哲学研究。

一　从信息文化到信息文明

文化与文明是两个紧密联系的概念，从它们均指"人类所创造的财富"的意义上，可作为"同义语"来使用，如在讲到文化模式时，学界就常常视其为与文明形态是一致的，例如人类历经的三大文明形态就是人类从纵向上存在过的三种主导性文化模式：其一是原始社会的以神话、图腾、巫术等构成的表象化、直觉化的文化模式；其二是农业文明中以经验、习俗和情感构成的经验化的文化模式；其三是现代工业文明以科学、技术、信息构成的理性化的文化模式。

在相当的程度上，马克思所说的文化也就是指文明。如在《1884 年经济学哲学手稿》中，马克思深刻地批判了粗陋和空想的共产主义和社会主义，指责主张绝对平均主义甚至公妻制的粗陋共产主义，称这是"对整个文化和文明的世界的抽象否定，向贫穷的、没有需求的人——他不仅没有超越私有财产的水平，甚至从来没有达到私有财产的水平——的非自然的单纯倒退"①。而研究马克思文化哲学的学者，也通常是将其相关著述中使用"文明"、"自然"、"精神生产"、"精神生活"、"现代社会"、"现代世界"以及"意识形态"等概念作为标示马克思文化哲学思想的基本轮廓。

可见，在含义上"文化"与"文明"具有相近和交叉的关系，"文化形态"与"文明形态"也彼此包含和互渗，文明通常被认为是文化的积极成果，由此文化哲学通常是把文明纳入自己的视野的。信息文明作为当代人类文化活动的最新成果，当然也应该是当代文化哲学的重要对象。

当然，文化与文明也有所区别，18 世纪欧洲启蒙思想家认为，文明是一种与野蛮相对立的社会状态，所以文明相对的概念是野蛮，特指社会发展水平较高的有文化的状态，而文化相对的概念是自然，凡由人所创造的非自然的东西（无论是物质的还是精神的现象）都是文化；文明与野蛮都是社会进化的某一个阶段，其中都有当时人类所创造的文化；由此可见，只要有人类就有文化，但有文化时的人类并不一定进入了文明社会，文明是人类文化发展到一定阶段的产物；所以文化包括了人类文明的总

---

① 《马克思恩格斯全集》第 42 卷，人民出版社 1979 年版，第 118 页。

和，也包括人类还没有进入文明社会时所创造的物质和精神成果。也就是说，文化是先于文明的，文化发展到一定程度，才出现文明与野蛮的区分。这一关系也表明：并非所有的文化都能结出文明的果实，但任何文明都是基于一定的文化基础和条件；文化可以决定文明的命运，文明的程度可以影响文化的改变。

这一关系也类似于信息文化与信息文明之间的关系：人类开始使用信息时，就有了信息文化，但信息文明作为一种文明形态，则是工业文明之后才出现的，所以信息文明是比信息文化晚得多才出现的现象，是文化的信息化即信息文化进化到特殊阶段的产物，或者说信息文明是信息文化的当代形态；而信息文化则是信息文明产生的背景和基础，信息文明是集合了多种文化因素的一种文明形态。

此外信息文明还内含与外接了多种文明和文化形式，它与物质文明、精神文明、生态文明、现代文明、科技文明、制度文明等等文化成果相互包含和交叉，更使得文化哲学可以从中获得丰富的研究资源，同时也表明在今天尤为需要一种"大文化"的文化哲学视野来厘清上述错综复杂的关系，从而把握其"核心"主旨以及信息文明在诸种文明和文化形式中的枢纽功能。

文化与文明之间从总体来说，既有差异也有交织和"互渗"，例如较之文明来说，文化通常是具体的、感性的实践行为和意识形态，而文明是概括的、总体的、历史的形态。但在与文明交互中实际使用文化这个概念时，又常常很少指具体的、有形可感的、处于生灭之中的创造物（尽管这些东西是非自然的、人为的即文化的产物），而更是指渗透在文明成果中那些历经社会变迁后被保留下来的稳定的东西，这些东西是无形的，但在社会生活中起着某种作用。此时对文化的理解实际上就有了"广义"和"狭义"之分，前者是指人类在社会历史实践中所创造的物质财富和精神财富的总和，而后者则是指社会的意识形态或价值取向。在这个意义上，信息文化也可视为信息文明中所包含的具有精神价值的东西，例如在本章第三节中将要讨论的那些独特的价值取向。

同"信息时代"、"信息社会"一样，"信息文明"是我们今天经常使用的一个概念，它对于我们把握当今的时代特征和社会面貌乃至动态趋向都有"指针"的意义。但迄今还没有一个普遍公认的、准确和全面的关于"信息文明"的界定。

"信息文明"是由"信息"和"文明"两个单词组成的合成词，这一合成词中可依据所强调的重点不同而形成不同修辞结构：一是侧重点在"信息"的"'信息'文明"，强调它是与"'非信息'文明"不同的一种文明类型；二是重点在"文明"的"信息'文明'"，所强调的是与"信息'非文明'"（或"信息'不文明'"、"信息'野蛮'"等）不同的一种信息活动、信息行为中的情形、状态。换句话说，两种修辞结构决定了"信息文明"的两种语义侧重："'信息'文明"和"信息'文明'"。对于信息文明的两种修辞结构，可以说第一种指向的是"文明世界的信息化"，第二种指向的则是"信息世界的文明化"。

在第一种修辞结构即"信息文明"中，"文明"被"信息"所修饰，也表明了"信息文明"指称的是一种特定类型的文明，即信息性的文明、信息化的文明，或文明的信息化，指文明世界达到信息化的状态。"信息化"就是"信息技术化"，通常指在生产和生活的各个领域主动地推进与最广泛应用先进的信息技术，以提高生产力，促进经济发展，或者说要在计算机和网络的基础上建立社会的信息基础设施，实现从企业信息化、产业信息化、国民经济信息化直到社会信息化的发展目标，也就是进入发达的信息社会。因此，文明的信息化就是由信息技术在走向社会、走向应用、走向生活的过程中所建构起来的一个新型的文明世界。人们周围被计算机和网络等现代信息技术所"全覆盖"，使得社会的整体，包括从基础的生产工具到最综合的人的生存方式都进入信息化水平，进入一种信息化、数字化的生存状态：我们无处不使用计算机和互联网、无一领域不依赖当代信息技术而运转。

信息文明也是对文明"分类"的产物。对文明的分类有多种视角，从而形成了对文明的不同划分：有基于地域的划分，形成诸如"东方文明"、"西方文明"、"两河流域文明"等不同的类型；基于时间维度则划分有"古代文明"、"近代文明"、"现代文明"等；基于民族的视角有"中华文明"、"印度文明"、"希腊文明"等；还有基于宗教与文化的角度划分出伊斯兰文明、基督教文明、儒家文明、道家文明等；也有基于生产力的维度划分出农业文明、工业文明，等等。当然有的视角是可以交叉重叠的，如希腊文明与古代文明之间就是如此。在这些多维的视角中，"信息文明"主要是一种基于生产力或产业以及经济形态的文明类型或文明形态的划分，抑或主要是为了从上述这些方面将其与"'非信息'文明"从性质或类型上区别开来。那么在生产力或产业形态上，什么是"非信息文明"呢？显然是工业文明和农业文明，它们和信息文明一起构成了文明形态更替的"三次浪潮"，它所表明的是人类社会进入文明阶段后，历经农业化、工业化后又进入一个新的阶段。从最切近的基础来说，就是对既有的工业文明加以信息化，使其发生"文明形态转型"，由此进入信息文明的时代。

在这个意义上的信息文明，通常也是技术社会形态的专门用语，并且主要是用于同最切近的"工业文明"相区别的一种新的技术社会形态，由其描述了迄今最新的一种文明形态；此时的文明是作为"文明形态"来理解的，"信息"在这里主要是指与"工业"、"农业"不同的技术、生产力和产业形态的代词。如果加以对比，工业文明是因为有了"工业"而兴起的文明，信息文明并不能照此类推说是因为有了"信息"而兴起的文明，而只能说是因为有了以电子计算机和互联网这些当代的信息技术并导致了信息产业（与工业相对）而兴起的文明，所以这里"信息"的语义是基本确定的，就是指"信息技术"，尤其是指"当代信息技术"。可以说在这种修辞结构中的"文明"无疑是作为"技术社会形态"的代名词，此处是否使用"文明"并不最为重要，即使用"社会形态"、"技术形态"、"产业浪潮"甚至直接用"社会"、"时代"等都行得通，因为这种修辞结构中的关键词素是"信息"，凸显的是信息（技术）的定性。

在这个意义上，"信息文明"也就是作为技术社会形态的文明形态历经三次"转型"后的结果，从技术是第一生产力的意义上，它也是人类生产力历经三次大飞跃后，继手工生产工具主导的农业文明和大机器工具主导的工业文明之后，正在进入的由自动或智能机器主导的更新类型的文明。

在第二种修辞结构"信息文明"中，我们可以看到，当社会活动的一切领域都被信息化之后，人所从事的主要活动就逐渐演变为信息活动，人主要是使用各种信息技术（如计算机、互联网）从事信息的创造、传播、控制等工作，在各种信息空间（主要是网络空间或赛博空间）中相互交往，而这种活动与现实的实在世界中的物质性活动具有极大的不同，例如其匿名性就为一些网民从事"不文明"活动提供了方便；其传播的无边界性、便捷性、及时快速性等又为这种"不文明效应"的急剧扩展和影响提供了条件。诸如此类使得信息活动中的"文明要求"成为重要的问题，使得"信息文明"的第二种修辞结构的语义指向必然成为信息社会的成员们关注的课题。因为信息化后的信息世界中，人们在从事信息活动时切身感到需要有文明规范的约束和要求，需要避免无序、混乱、伤害、为恶等负面效应，其表明的愿望是"文明人"而非"野蛮人"对信息工具和信息平台的使用……以"好坏善恶"来论之，则是希望由"好人""善良地"使用信息技术，而不希望出现恶人不怀好意地使用信息技术，用其作恶。这种道德性的追求还进一步提升为政治性的追求，使得信息世界的文明化也体现为信息时代的人对自由、民主和公平正义的追求，也就是对信息资源贫富分化、信息不平等、信息不公正、数字鸿沟、信息垄断、信息霸权、信息滥用等等的反对和克服，呼唤一种公正合理的信息治理体系。于是这第二种修辞结构也具有了政治的意义，人的"文明化"和制度的"文明化"由此成为社会发展的主题。它表明第一种修辞结构的信息文明出现后，第二种修辞结构的信息文明便作为问题而出现，这种逻辑递进也是"信息文明"从"表层结构"向"深层结构"的必然延伸。

以上两重含义体现了"信息文明"是"信息社会"与"文明社会"的交集：其一，作为信息社会的文明社会，即文明社会发展到了一个新的阶段，即信息文明阶段；其二，作为文明社会的信息社会，即信息社会不应是"反文明"或"非文明"的野蛮状态，这是一种对信息社会的精神、伦理要求。

二　从哲学的基本问题看信息文明的不同形态

从哲学基本问题的视角观察世界，可以按物质与精神、社会存在与社会意识的区分去考察所有现象的"归属"，形成基于哲学视角的"分类"。当我们将文明区分为"物质文明"与"精神文明"时，就是基于这一视角。对信息文明也可以从哲学基本问题的角度区分出作为物质文明的信息文明和作为精神文明的信息文明，前者还可表述为作为社会存在的信息文明、物化形态的信息文明，后者也可表述为作为社会意识的信息文明、道德形态的信息文明，如此等等。

基于这一视角，从"文明"概念那里就可以区分两种不同的维度：

其一，文明作为一种客观状态，它表述了某些客观现象出现后的人类发展阶段，这些标志性的客观现象包括文字的出现、城市的诞生，一定水平的人造器具的发明（通常指金属器具的发明），还有大型礼仪性建筑被建造起来，这些已成为今天"文明研究"中的共识，我们主要是依据这些客观标志来判断人类是否进入"文明社会"。文明如果是人所取得的物质和精神方面的积极成果的总和，那么信息文明理所当然是在信息方面（维度、领域……）所取得的积极成果，这种成果中首要的或最显著的就是器具信息技术和信息化造物能力（所谓"智能化制造"等），即高于工业文明的物质生产力（其中可以将物质性的生产工具作为不同文明形态的"终极标志"）以及生产方式，它正在或已经改变了人类经济生活及物质文明的几乎一切领域。由此也可以判断，在今天一个国家是否转型为"信息文明"的社会，并不能"主观随意"下结论，而是需要根据其物质性信息技术水平（信息技术高度发展且在社会经济发展中广泛应用）、知识经济的比重即产业结构（信息产业和知识经济高度发达且在产业结构中占据优势）、知识工人或信息工作者在全部从业人员中的比例（超过一半）等"客观指标"来判断。尤为重要的是从"造物"的方式和水平上，从先前的工业化造物提升到信息化或智能化造物。此外，人类从工业文明向信息文明迈进也是一个客观的具有必然性的过程，其中信息文明要以工业文明为前提和基础，不能随意跨越发展。例如，人类的整体不可能直接从农业文明进入信息文明，因为没有工业文明提供的现代机器技术，就不可能在此基础上发展出专门处理信息的"信息机器"即计算机；没有工业文明所开发出来的电力这种能源形式，就不可能有"电子"计算机和一切电子信息设备，从而就不可能有信息文明的出现。凡此种种，均展现出信息文明的"硬邦邦"的"物性"即"不以人的意志为转移"的一面。

其二，文明作为一种主观状态，它表述了人在精神品性上所达到的一种高度，是人对自身思想和行为的道德伦理规范，即日常生活中"文明礼貌"的谈吐行为举止，它延伸到信息文明中，就成为信息文明中的精神文明方面，成为人在信息活动中的道德境界和精神风貌。信息文明以物化的信息技术为基础，而信息技术不仅是作为器物而存在的，也是作为过程与活动而存在的，是一个由人所使用并不断处理和传播信息的过程或活动。作为一种人所参与的技术过程，在政治活动中就必然存在人如何使用信息技术的问题，其动机、目的、人格、德性等因素必然渗透其中，从而主观性的一面就得以显现。日本学者福泽谕吉认为，文明有外在事物和内在精神两个方面，内在文明重于外在文明，人不应单纯仿效文明的外形，而首先要具有文明精神，在这个意义上，"文明就是指人的安乐和精神的进步"①。这也表明在一种整全的哲学视野中，仅看到物化的信息文明是不够的，还必须看到精神层面或社会意识维度上的信息文明，即作为伦理规范的信息文明，这就是"信息伦理"（具体还有计算机伦理、网络伦理、赛博伦理等），它体现的是信息时代的道德伦理精神，对信息世界中公平正义、善良友爱的追求，也就是作为文明行为的信息文明。

这样，作为文明包含着物质和精神两个维度的表现，信息文明也有"物化"和"德化"两个基本的形态，分别代表作为客观实在的信息文明和作为主观精神的信息文明，也是分别作为社会存在的信息文明和作为社会意识（意识形态）的信息文明，作为造物方式的信息文明和作为人文状态的信息文明，作为外在化或对象的信息文明和作为内在化主体性的信息文明，抑或也可视为作为技术形态和经济形态的"硬信息文明"以及作为意识形态、道德境界的"软信息文明"，还可称之为"物质世界的信息文明"或"信息物质文明"（信息技术文明、信息经济文明、信息政治文明等），以及"精神世界的信息文明"或"信息精神文明"（信息道德文明）等。用类似的哲学术语和视角来看，第一种信息文明主要引出的是事实陈述，或对客观状态的描述，其中存在着陈述的准确与否、对与错的问题，即客观上一个社会或地区是否真正进入信息文明时代的问题；第二种信息文明主要引出的则是价值判断，或是对道德的主观性要求的表达，存在的主要是"合适与不合适的问题"，即按人的尺度来判别某种信息行为应不应该的问题。这两种信息文明也是社会发展的客观界面与主观界面、物质层面与精神层面的分合问题。第一种信息文明作为客观的历史进程，第二种信息文明作为主观的精神提升，当我们的视野从第一种信息文明过渡到第二种信息文明时，就形成了信息社会中主客观的协同发展过程。

基于以上的视角，可以形成对两种基本的信息文明以及 N 种类型的信息文明的认识。

两种基本的信息文明就是物化形态的作为社会存在的信息文明，以及精神形态的作为社会意识的信息文明。在其统摄下，还可形成若干层级的

---

① 曹顺仙编著：《世界文明史》，北京理工大学出版社 2012 年版，第 4 页。

信息文明，如技术形态的信息文明、经济形态的信息文明、政治形态的信息文明、制度形态的信息文明、意识形态的信息文明、价值形态的信息文明、道德形态的信息文明、生产形态的信息文明、生活形态的信息文明，甚至还有生态形态的信息文明、人文形态的信息文明，等等，其中有的明显地可以归属于物化形态或作为社会存在的信息文明（如技术形态和经济形态），有的则明显地属于精神形态或社会意识的信息文明（如价值形态和道德形态），此外还有属于"跨界"的形态（如制度形态和生活形态等）。正是这种跨界性，使得信息文明这一概念具有哲学的性质，或只有从哲学的高度才能全面把握其含义，或者它的哲学含义由此得到了充分的展现：信息文明是一个涵盖社会存在到社会意识、包括作为物质形态和意识形态在内的社会现象，其相互之间的关系是哲学基本问题在信息时代的文明运动中的对象化和具体化。

信息文明的多种层级也使得这一术语在使用过程中的复杂性，此时就需要结合语用和语境的分析，因为"语词只有在句子的语境中才有意义"①，所以信息文明究竟意指为何，也需要根据不同的语境来确定。例如在技术学、经济学、社会学或历史学语境中谈论的信息文明多是第一种，而在伦理学、教育学、思想政治学等语境中谈论的信息文明多是第二种；在经济社会发展水平的意义上谈论的信息文明主要是第一种，在人的素质意义上谈论的信息文明主要是第二种；当信息文明作为"信息时代"、"信息社会"的同义语或等位概念使用时，指的主要是第一种，而当信息文明作为"信息德育"、"网络伦理"的同义语或等位概念使用时，指的主要是第二种；当然，在哲学意义上谈论的信息文明则具更宽广和全面的视野，是两种信息文明的交织与互渗，其力求表达的应该是信息时代的物化状况和精神风貌的统一，是信息化进程中物质文明和精神文明的集合。同时，在哲学中当我们进一步使用这一概念时，针对不同的语境也会进一步形成不同的侧重，例如当我们将其作为一个本体论概念使用时，信息文明就侧重于第一种含义，而对其进行价值论分析时，则主要是侧重第二种含义；但也有两者相互过渡的情形，例如将其作为一个认识论概念时，就是两种含义的交叉。

---

① ［英］达米特：《语言的转向》，载陈波主编《分析哲学》，四川教育出版社 2001 年版，第 134 页。

三 信息文明研究对哲学的新拓展

从时代精神和当代课题来看，信息文明进入哲学视野是一种历史的必然和时代的要求。今天的时代被称为"信息时代"，这主要是由于我们从文明形态上正在从工业文明过渡到信息文明。这种时代性的变迁意味着当代信息文明改变了历史，重塑了社会。可以说，信息文明深刻地、全方位地改变着我们的世界，"今天的信息革命不仅影响我们对人性和社会的理解，甚至影响我们对宇宙性质的理解"①，也使人和世界的关系呈现出新的特点，而以此为对象的哲学也必然要考察这种改变和变化，从而使自身也做出"调整"并成为与新时代相匹配的"新哲学"，这也是信息文明在哲学的层次上对人的心智产生的影响。

当信息文明纳入哲学研究的视域时，如前所述，它可进一步分解为两个方面："作为社会存在的信息文明"和"作为社会意识的信息文明"，而两者之间的关系就是信息文明的哲学研究中需要进一步深入探讨的对象，也构成为关于信息文明之哲学理论的丰裕性和深刻性的富饶资源。

两种信息文明的基本关系是：一方面，没有第一种信息文明，就不存在或提不出、产生不了第二种信息文明，从而就没有信息世界的道德伦理或精神培育问题，这是"社会存在决定社会意识"的关系；另一方面，第二种信息文明如果建设不好，就会阻碍第一种精神文明的发展，使社会的信息化出现挫折，这就是"社会意识反作用于社会存在"的关系。换句话说，特定的物质文明呼唤特定的精神文明，故作为社会存在的第一种信息文明必定要呼唤作为社会意识的第二种信息文明，即信息化呼唤信息伦理，以保障第一种信息文明的顺利拓展。它表明两种信息文明互为发展的条件，第一种信息文明是第二种信息文明的技术支撑和物质基础，第二种信息文明则是第一种信息文明的文化土壤，前者的出现提出了后者的问题，而后者则成为前者的"社会形成"和"文化建构"的要素，两者之间互相制约、协同发展。

信息文明还从多维度拓展了这一哲学的基本关系，例如信息文明使得"信息世界"的地位和作用得以凸显，也使得信息世界与物质世界的关系

---

① T. W. Bynum, "Philosophy in the Information Age", in *Metaphilosophy*, Vol. 41, No. 3, Oxford: Blackwell Publishing, Ltd. , 2010, p. 420.

（信息与物质的关系）作为哲学基本问题的新形式表现出来；其中信息依赖于物质，离不开物质作为其载体，而信息世界又引导物质世界，尤其是人工的信息世界引导我们创造出日趋繁盛的信息器具（人工的器物世界）。再如信息文明的信息化技术已经和正在带给我们的"物联网"、"知行接口"、"记忆移植"、"人造经验"、"人工情感"、"数字化增强"、"信息人"等等，其中的一个总特征就是在自然与人之间、物质与心灵之间、实践与认识之间、理性与情感之间造就更为紧密和协同的联系，使这些传统的二元对立趋向对接，形成主客体、主客观融合度更高的世界。

以上所体现的是信息世界与物质世界的关系，是信息文明凸显出来的最主要的哲学关系。

信息文明中的现实和理想之关系也是一种重要的哲学关系。作为现实的信息文明与作为理想的信息文明之间无疑是有差距的，因为信息化发展的规律化存在与人的理想化存在之间具有复杂的关系，这种复杂关系出现还可能以矛盾或悖论的形式表现出来，例如美国学者罗伯特·考特和托马斯·尤伦就揭示了这样一种"信息悖论"："在信息方面确立产权的每一种方法的显著经济特征在于这些产权都是垄断权。这似乎是个悖论，因为……通过给予思想的生产者以垄断权，该生产者就有一种强有力的刺激去发现新的思想。然而，垄断者对产品索取高价将阻止该产品的使用。简而言之，这个问题的困惑在于没有合法的垄断就不会有足够的信息生产出来，但是有了合法的垄断又不会有太多的信息被使用。"① 可以说，在一定范围内，信息的垄断必然限制信息的使用，而信息的共享则必然要求打破信息的垄断，因此两者之间存在着矛盾，而且在一定的阶段和领域还有日趋尖锐的情况。这也表明了理想的信息共享与现实的信息垄断之间、实现信息的社会价值和实现信息的经济价值之间的难以调和的关系，也是现实的信息鸿沟与理想的信息平等之间的关系，如何理解和处理这些关系，无疑需要更为深入的政治哲学的研究。

信息文明所具有的从改变社会到改变世界、再改变哲学世界观的功能，必然引向一种新的哲学的出现，这就是关于信息文明的哲学。马克思曾指出哲学是文明的活的灵魂。既然人类文明已经进展到信息文明，作为

---

① ［美］罗伯特·考特等：《法和经济学》，施少华等译，上海三联书店 1991 年版，第 185 页。

信息文明的活的灵魂的哲学自然要将其作为一种新的哲学来对待，由此从中提升出新的时代精神。

综合以上各方面的论述可以看到，信息文明既是一个经济范畴、文化范畴，也是一个历史学的术语（历史发展阶段）和社会学的概念（社会的当代面貌）；还一个描述改造物质世界进程的范畴，并且也是一个反映新的时代精神的语汇；"信息文明"作为一个集合了"信息时代"、"信息社会"、"信息革命"、"信息方式"、"第三次浪潮"、"后工业社会"、"网络社会"、"知识社会"、"智能社会"、"硅器时代"、"数字时代"、"大数据时代"、"计算机时代"、"新媒体时代"、"电子媒介时代"以及"信息伦理"、"信息德育"、"信息精神"等含义的一个基本范畴，其发展程度无疑体现了它所集合的对象的发展程度，其学术内容无疑也是这些方面研究成果的集中体现。因此从其整体性上看，从其内含的丰富的哲学关系和哲学问题来看，信息文明完全具备了作为哲学对象进而从哲学的视角加以研究的条件。

特定的时代必定造就特定的哲学，信息文明时代必定造就出关于信息文明的哲学。可以说，信息文明成为哲学研究的对象是信息革命的必然产物，它从特定角度反映了信息文明对世界的影响，从而蕴含了极为丰富的内容，拓展其研究无疑有助于我们更深刻地认识信息时代的本质特征，把握信息社会的哲学面貌。已有的具体学科对信息文明的研究虽然丰富生动，但在整体性上不能取代哲学的视角，因为不同学科对信息文明的把握通常都局限于自己的学科领域，而从总体上形成的信息文明的哲学研究，是关于信息文明的社会学研究、经济学研究、政治学研究、文化学研究、历史学研究、传播学研究、伦理学研究等等的概括与综合性提升。

不仅如此，在"形而上"方面各门具体学科的视角也不能取代哲学的视角。对信息文明的持续思考也会涉及关于信息文明的"终极问题"之类的"形而上"问题，例如信息文明的出现是必然的还是偶然的？信息文明的修饰词"信息"的本质是什么？"信息"文明与"非信息"文明划界的标准是什么？信息"文明"与信息"非文明"划界的标准是什么？信息文明时代出现知识和信息悖论的根源是什么？信息文明背景下自由意志与社会秩序、个人隐私与信息监控之间的关系之理论根基是什么？信息文明中物性与人性之间和谐与冲突的各自根源是什么？信息文明的最初动因和最终归宿是什么？这些深层的具有"形而上"意味的问题显然不是某门具体学科所能回答的，而只能留待哲学去探究。在这个意义上，关于信息文明的哲学研究，也是对信息文明中种种终极问题的洞见，或者说是信息文明研究中的形上学，它是这一研究中的世界观和方法论，其揭示的是信息文明的普遍本质和一般规律（关系），它所提供的是信息文明进程和建设中的哲学观，其对象是信息文明领域中需要哲学去研究的事实、关系和现象。由此信息文明的哲学研究可以帮助我们解决信息文明建设过程中的世界观、认识论和价值观问题。

贯穿在其中，信息文明的哲学研究还将整体论的方法引入到研究之中。如前所述，哲学视野中的信息文明至少包括了作为社会存在和社会意识的两种信息文明。只看到一种信息文明，还不能构成为对信息文明的哲学研究，而进行了这两方面的研究，才可以在此基础上走向一种整全的信息文明观，由此"信息文明"的语义指向才全面而完整。

推而广之，任何文明形态都应该是作为一个整体的文明，其中必须的组成部分便是物质文明和精神文明两大部分。具体在信息文明中，其中的"整体性"也表现为信息化的扩展所导致社会的全面变化和整体性改变，但其中的两个基本面就是作为物质文明的物化进程与作为精神文明的德化水平之间的关系。有了这种整体性的哲学视角，我们考察信息文明时就不能见物不见人。或者说，仅有物化的信息文明是不够的，还必须有德化（道德）的信息文明；仅有文明世界的信息化是不够的，还必须有信息世界的文明化。这样的信息文明是对文明存在方式的信息化提升与对信息活动的文明化要求的集合。在信息文明中，无信息则落后，无文明则野蛮，现代信息文明是物质存在和精神面貌的双重构建，是人类增强改造外部物质世界的能力与提升内在心灵世界之境界的统一。在现实的路径即信息文明的实际建设上，则要基于技术和经济形态，进而上升到精神形态，形成对信息文明的"两手抓"。

基于信息文明的整体观，我们还要进一步看到信息文明的建设是一个系统的发展过程：从信息技术文明到信息经济文明、再到信息政治文明，然后是信息道德文明，还包括从信息生产文明到信息消费文明、从信息传播文明到信息生活文明等等，由此将信息文明的建设视为一项复杂的社会系统工程，是一个经济性、政治性、思想性、科学性、理论性、实践性、现实性、未来性都极强的社会进程，需要在社会观、价值观、技术观、文明观上寻求协同性，从哲学高度上为其提供总体性的指导，从而对人类文明形态的转型和社会的进步、为我们能够更加顺利地迈向信息文明时代起到积极的促进作用。

第三节　信息时代的价值取向

文化的核心是价值观，对信息的文化哲学研究，在精神文化的最高层面上，就是新的价值取向的总结，而这正是形成于信息时代的新的价值观。信息时代的到来，伴随了一个神奇的价值新世界的诞生。一些新的现象对人的有用性显现出来，为我们提供了新的价值选择，甚至取代了一些传统对象的价值优先性，使得我们对世界的看法、对好恶的取舍发生了重大的变化甚至根本的变革，这就是所谓的"价值观革命"。从总体上说，信息时代区别于工业时代的价值取向主要有"信息大于物质"、"互联重于拥有"、"差异性优于齐一化"。

一　信息大于物质

信息文明所导致的价值观革命中，最重要的就是使"信息世界"得以重新发现，"信息"得到极大的看重和强调，并形成了以信息的价值开发为核心的一系列价值创造活动，包括信息的经济、政治和文化价值的发现与开发，以及在此基础上信息的总体价值的全面凸显，以致形成了"价值焦点"的新转移：从物品世界和造物活动为主导性价值取向转向以信息世界的开发和意义生成活动为主导性的价值取向，使得"物质"不再具有"一统天下"的重要性，"信息"成为不容忽视的价值源泉，以至于"信息大于物质"的新价值取向正在深入人心，成为共识。这也可视为发生在信息时代的主导性价值取向的转移。

作为一种新的价值取向，"信息大于物质"的新观念对信息（或信息的某种形式如知识）及其相关现象（如信息技术）十分重视，它使得"信息"日渐成为我们把握对象、解释世界和理解意义的关键词，也使得我们力求以一种新的价值视角来揭示信息的全面功能和意义，甚至将其视为整个世界最有决定意义的因素。如果先前的文明时代在价值取向上均视物质为决定性的因素，从而认可的是物质资源的价值优位，那么新的价值观就转变为视信息资源更为重要，从而主张"信息主导物质"，"信息的功能大于物质的功能"，"信息的有用性更胜于物质的有用性"……。如果说"没有材料就会一无所有，没有能量就会寸步难行，"那么在今天必须进一步看到"没有信息，一切都毫无意义"①；用尼葛洛庞帝的话说，比特的重要性远远超过原子。因此他主张用比特思维取代原子思维。这显然是顺应世界的信息化而出现的新价值观。信息时代不断强化我们对信息的重视，以至于形成了与"全球化"同日而语的"信息化"思潮；在这样的智力背景下，完全可以说形成了信息大于物质的价值取向，它形成后产生后又反作用于整个社会。卡斯特认为这一价值取向正在改造着我们的生产、消费、管理、生存的方式，根本性地影响了我们出身、学习、工作、生产、甚至梦想、战斗和死亡的方式……

信息时代是以信息资源为社会生存与发展的基本资源之社会时代，信息技术及其关联的信息资源得到广泛应用，对社会的经济、政治、文化和全部社会生活以及相应制度带来了根本性的变化，由此对社会的基础加以了重塑，使社会的结构发生了变迁，社会的新形态得以建构。信息的作用在信息时代的凸显使得"信息大于物质"的价值取向成为历史的必然，也是信息时代到来的思想观念标志；没有这种新的价值取向，就在精神文化的层面还没有进入信息时代。

上述这种价值取向的转变，也形成了一种类似于库恩所说的"范式转换"："当规范改变时，这个世界本身也同它们一起改变。科学家们在新规范的指引下采用新的工具观察新领域，甚至更重要的是，科学家们在革命期间用熟悉的工具观察他们以前已经观察过的领域时看到了新的不同的东西"②，换句话说，"在一次革命后，科学家是在一个不同的世界里工作"③。由此推知：新的价值范式使得我们看世界的基点变了。一方面我们将当今的社会阶段和文明形态都冠以"信息"这一限定词，形成了与先前以某种物质性生产活动（工业和农业）为限定词去定性社会的根本不同；另一方面还具体表现在对社会各领域（如经济、政治和文化等）中的现象与存在的性质、解释的框架乃至行为的目标追求等等都发生了深刻的变革。

信息时代的经济基础是信息经济的出现，而信息经济的最主要标志，

---

① ［美］丹·席勒：《信息拜物教》，邢立军译，社会科学文献出版社 2008 年版，第 6 页·
② ［美］托马斯·库恩：《科学革命的结构》，李宝恒、纪树立译，上海科学技术出版社1980 年版，第 91 页。
③ 同上书，第 111 页。

就是信息资源取代物质资源成为人类经济活动中最主要的资源。作为与物质资源不同的另一种资源，信息资源在新文明时代成为人们关注的中心。丹尼尔·贝尔在《后工业社会的来临》中曾分析到工业社会主要以能源和制造商品为中心的社会，而后工业社会（后来奈斯比特等称其为"信息社会"，亦即信息文明时代）是以信息与知识为中心的社会，最重要的既不是人力资源也不是自然资源，而是信息。信息和理论知识在这个社会中具有了"首要性"的地位，从而"大多数工业社会对于取得科学知识的必要性、组织研究工作以及信息作为社会战略资源的重要性日益增大，是非常敏感的"①。用丹·席勒的话来说，"知识正在替代资本和劳动，成为生产的决定性因素"②。

就是说，信息大于物质的价值取向使得信息文明在经济向度上与工业文明形成鲜明的对照。工业文明的"核心价值取向"就是追求物质财富的增长，并将其推向极端。在这种"物质主义"价值观的主导下，一方面工业文明使人类的物质生产力获得了长足的发展，使社会的物质财富总量达到了天文数字般的增长；但另一方面，由于对自然物质资源的过度掠夺以及物质消耗之后的"废物"向自然环境的过度排放，使得资源枯竭、环境污染、生态危机等日益加剧。不仅如此，物品的大量生产还和大量消费、大量废弃形成相互的推动，还导致消费主义的盛行，因为其"物质大于一切"的价值取向使人与人的关系受制于物与物的关系，人的价值被物的价值所取代，人的社会地位是以其消费水平来衡量的，从而产生奢侈浪费的畸形行为，对人类悠久的精神价值形成了冲击。而信息时代则使信息消费的地位不断提升，新的消费观不再鼓励去追求无限度的物质耗费，而是倡导一种新型消费观和生产观，也更多地导向一种与此关联的新人生观——人生的价值不在于占有和消耗的物质，而在于他能拥有和消费什么样的信息以及创造什么意义，获得什么样的体验，以及产生什么样的情怀和升华什么样的精神。这些方面无疑都属于人在信息世界中的收获与发展，而不是物质利益方面的富有和满足，甚至消费的重心也转向了消费物的差异性（即信息），而不消费物的物质性，形成了消费价值观上"转

---

① ［美］丹尼尔·贝尔：《后工业社会的来临》，高铦译，新华出版社1997年版，前言第16页。

② ［美］丹·席勒：《信息拜物教》，邢立军译，社会科学文献出版社2008年版，第5页。

型"。这种新的价值取向在一定程度上可以消解对自然环境和生态资源的
压力。

信息时代所生成的信息大于物质的价值取向，也是由"信息生产力"
的形成并在社会生产力中占支配地位的特征所决定的。当代信息生产力中
的劳动主体是具有高知识含量和高文化素质的脑力劳动者，并以现代化的
通信网络、通信技术和先进的计算机软、硬件为主要劳动手段，以信息资
源为劳动对象，以信息型劳动为主要的劳动方式，最后产出超过传统生产
力许多倍的价值。这就使得在生产和其他经济活动中，心智比体力更重
要："人类的心智成为一种直接的生产力"①，人获取信息、发现知识、把
握规律、形成创意、设计产品、控制器具等方面的信息能力成为经济活动
中最重要的因素，也构成为一种无形的"信息资本"，这种资本成为新的
经济活动中最具威力的"价值增值"的"加速器"。开拓新的信息资本也
成为增长财富的第一源泉，信息和知识成为经济增长的最强大和持久的内
生因素。由此也形成了新的财富观：知识、能力、见识、胆略、情感等非
物质要素成为日趋重要的财富，物质资本优位让位于信息资本优位。所以
罗斯扎克说，"在五十年代，信息被认为是生命的秘密。在七十年代，它
的地位甚至更高，它成了商品——并正如我们所见，是'各行各业中最
有价值的商品'。"② 由此也带来一种经济价值观的转变："时间就是金
钱"转变为"信息就是金钱"。

信息生产力体现为信息技术的发展能力、信息产业的提升能力、知识
信息的创新能力、信息经济的增值能力、信息产品的质和量、信息劳动者
的认识和实践能力等等。一个社会是否进入信息时代的最终标准就是看这
个社会的生产力是否提高到信息生产力的水平，而信息生产力中最重要的
就是创新能力——知识、产品、创意等等的创新能力，一个国家只有具备
这些方面的信息首创能力，才是真正的"信息强国"；而强盛的信息创新
能力伴生的科学发现和技术发明，则更有可能保持物质生产水平等"硬
实力"方面的先进与强盛。

可以说，"信息大于物质"的价值取向在今天的经济生活中处处可

①　［美］曼纽尔·卡斯特：《网络社会的崛起》，夏铸九等译，社会科学文献出版社 2001
年版，第 37 页。

②　［美］罗斯扎克：《信息崇拜》，苗华健译，中国对外翻译出版公司 1994 年版，第 16 页。

见，它抽象地表现为符号（能指）大于所指，具体表现为商标的价值大于原料的价值、品牌的价值大于生产过程的劳动价值、版权的价值大于制造的价值、发明专利的价值大于技术制成品的价值、知识产权的价值大于知识载体的价值，如此等等。这些关系所表明的是，对于经济的价值增值来说，富集信息的创造日益高于仅仅富集简单劳动力的制造；经济日益成为"知识密集型经济"，如同德鲁克所说："知识是今天唯一意义深远的资源。传统的生产要素——土地（即自然资源）、劳动和资本没有消失，但是它们已经变成第二位的。假如有知识，能够容易地得到传统的生产要素。在这个新的意义上，知识是作为实用的知识，是作为获得社会和经济成果的工具。"① 或如同查尔斯·利德比特所指出的，"财富不再由体力所生产，而是来源于'理念、知识、技术、天赋和创造力'"②。可以说，在信息时代的新经济中，物品中负载的信息（包括评价）越多（越高），则财富值越高。如一件珍贵的文物、一部好看的大片、一个科技含量很高的新产品、一支期望值很高的股票，其中产品的信息附加和物质载体之间的价值差别越来越大，"定价"越来越取决于商品中包含的信息而不是其质料。一言以蔽之，至少在经济活动领域中，"知识与信息如今已是'决定性变量'"③。正因为如此，那些率先进入信息时代的国家都把占有、开发和利用信息资源作为一项基本的国策，因为"在后工业的社会里，一国的信息储存是它的主要宝贵财产，也是财富的最大潜在来源。"④ 而在经济活动全球化的分工中，产品的物质性制造或组装只能居于价值链的低端（因为信息化带来的自动化和高效率使体力资本和物质资本的价值下降），而设计出品牌以及把握住销售网络的两端才处于价值链的高端。可见，一个国家的信息资源富集程度及其信息能力的强弱，直接影响着其在世界经济中的地位。因此，"知识以资讯的商品形态出现，成为生产力不可或缺的要素，在世界范围内的霸权争夺中，已然变成最重要的筹码。"⑤

---

① ［美］彼得·德鲁克：《从资本主义到知识社会》，樊春良等译，珠海出版社 1998 年版，第 57 页。

② C. Leadbeater, *Living on The Air : The New Economy*, New York : Viking Press, 1999, p. 18.

③ ［美］马克·波斯特：《信息方式》，范静哗译，商务印书馆 2001 年版，第 37 页。

④ ［美］汤姆·斯托尼尔：《信息财富》，吴建民译，中国对外翻译出版公司 1987 年版，第 5 页。

⑤ ［法］让－弗郎索瓦·利奥塔：《后现代状况 关于知识的报告》，岛子译，湖南美术出版社 1996 年版，第 36 页。

信息大于物质的价值还表现在落后国家的引进技术过程中，是引进专利信息还是购买现成的装备？此时如果重物质轻信息，就难以通过引进来真正提高技术水平，这也是我们在通过引进来追赶国外先进技术水平时需要极为重视的一点。所以在发展经济的战略和道路选择上，从国家层面上就需要转向重视信息的价值观，包括对知识、软实力、创新能力的崇尚，才能走向创新驱动的经济发展道路，才能在全球价值链中向高端趋近，并在这个过程中完成经济结构的转型，从不可持续的以物质资源消耗为支撑的经济增长模式转向以信息资源开发为持续动力的健康发展模式。

此外，信息大于物质在政治价值上也有显著的表现，这就是信息对权力和政治的意义变得越来越大，信息或信息工具更加深刻地介入政治活动过程，更加显著地造就政治行为特征，以至于信息及信息工具对政治本身或它的许多侧面形成了决定性的作用。在政治和权力领域中所产生的"信息大于物质"的价值转型，被托夫勒称之为"权力的转移"，也被奈斯比特表述为，新的权力来源不是少数人手中的金钱，而是多数人手中的信息。

从经济和政治领域中的信息大于物质，还继续扩展到文化领域中的信息大于物质，进而对人的生存方式也造成了根本性的影响，以至于人也正在走向"信息人"。这方面的内容将在下一章"信息的人本哲学研究"中继续探讨。

二　互联重于拥有

信息时代又被称为"互联网"时代，互联网时代的"互联"也具有日益重要的价值，以至于正在成为代表这个时代的一种新的价值取向，取代传统社会所推崇的"拥有"（或"占有"）这一价值取向。

"互联"是有了互联网后被逐渐普遍使用的一个新概念，它是对互联网功能和本质的一种概括和抽象。广义地说，通过信息技术或基于互联网而实现的联系，我们称之为"互联"（interconnection），它也是在当代信息技术领域中经常使用的"联结"、"链接"、"连接"、"连线"、"在线"、"上线"、"上网"、"联网"、"入网"等概念的同位语或集合词，同时也反映了目前"互联网＋"所不断扩展的各行各业进行的网络化升级的实质；它揭示了人类进入信息时代后的一种新的普遍联系方式。

作为一个技术用语，互联在通信领域的含义是使一个网络与另外的网络或设备、设施实现物理连接，使其相互之间的数据交换成为可能。因此信息时代的互联，始于信息机器（电脑、服务器等）的联通，简释为"信息互联"。网络或信息设备之间的互联实质上就是人和人以及人和物之间的互联，因此互联就是把分离的人和物通过互联网连接为一个整体的技术过程，就是通过互联网建立起各种要素之间相互联系的活动，它是一种人为创造的技术性的关联状态。基于这样的含义，可以将互联视为"联系"的一种状态或形式，即由人所建立的自己与对象之间或对象与对象之间的"人工联系"。这种人工联系也造就了人和世界的一种新的存在方式。

"互联"作为基于互联网的相互联系，不是传统意义上的联系，而是富含了许多新的内容，从而是联系的新拓展、新形态，所导向的则是一种新的联系观。

总体上说，由于"互联"包含的是"使……互相联结"的句式，由此给我们的第一印象就是一种"使然性"的联系，从而更显示出这种新型联系所具有的动态性、人为性、实践性、创造性等特征，更传神地表达了一个生动的由人创造或建构出来的新型联系，即由人使某些事物或对象所发生的联系。将"联系"推进到"互联"，也是将联系观从"存在论"进一步推进到"实践论"，还是从"自然辩证法"（承认自然界有联系）进一步推进到"实践辩证法"（可以通过社会实践来建构人所需要的联系），辩证法的联系学说与实践哲学和人的哲学由此走向新的交融。

当前的互联技术还把我们带入到了"大数据时代"。大数据将所发生的事件或现象转化为数据，然后从数据库中提取并统计这些数据，形成各种分布或结构模型，通过对它们的分析，就可以使自然状态下似乎并不关联的东西或现象关联起来，从而帮助我们发现或挖掘出新的相关性，找出规律性，形成科学有效的预测和决策，这就如同《大数据时代》一书的作者所说的，"在大数据时代，新的分析工具和思路为我们提供了一系列新的视野和有用的预测，我们看到了以前很多不曾注意到的联系……帮助我们更好地了解了这个世界。"[1] 大数据技术中的"互联"对于"联系观"的推进在于，它使我们从"有联系"进入到"如何发现联系"，并使

---

[1]　［英］迈尔－舍恩伯格、库克耶:《大数据时代》，盛杨燕等译，浙江人民出版社2013年版，第83页。

我们从过去面对数据量较大时只能用抽样的方法去掌握局部的联系，进展到可以用大数据手段把握整体的和全部的联系，即所谓"样本＝总体"，由此形成的是互联的"全息态"；它还使我们从仅仅意识到"存在联系"更进入到找出"联系的意义"，以便让"联系"为人服务，这更为体现了"联系"的人本观。

总之，互联中包含了对传统联系观的超越意义，或形成了联系观的"互联转向"，它是和信息时代的"信息转向"或"信息大于物质"协同发生的世界观进化。互联作为基于互联网的新型联系，无疑是对既有的联系图景和联系方式的新拓展，它更鲜明地呈现出以人为本、以实践为基础、以技术为平台的新联系观，也形成一种对"自在联系观"加以辩证否定的"自为联系观"，使联系从过去只能作为"发现"和"认识"的对象演变为可以"建构"、"改造"和"创制"的实践对象，使得基于互联的联系观包含了与人的哲学、实践哲学和技术哲学的深度贯通，从而成为若干哲学视野的新汇聚点。如果将这一视野纳入历史的分析，就可以看到人类联系观的一幅进化图景：古代的哲人主要是依托自然哲学去猜测世界的联系，近现代则主要是依托实证科学去发现事物之间实在的联系，而在进入信息社会后的当代，则主要是依托信息技术（尤其是互联网）去创造人为的联系。今天，当我们用互联的观点看世界时，呈现的是一幅由我们介入其中并由我们自己一手建构起来的世界联系的新图景。

互联所内含的上述新特征，使得它不再仅仅是一种作为"实然"的联系，更是一种"应然"的联系，是一种按人的目的意图所创建并服务于人的联系，从而使联系从"事实态"进入到"价值态"。

价值态的互联是具有价值属性的联系，它有诸多表现。例如，互联和"信息"一样成为今天这个时代最重要的资源，甚至信息本身也需要在互联中才能具有价值，互联之外的信息点只能是信息孤岛，产生不了任何意义，因为信息只有在交流中才有意义。今天，信息通过及时迅速的互联所能产生的价值还呈几何级数般增长，这也是"信息时代三大定律"之一的"麦特卡尔夫定律"所揭示的道理：网络的价值以互联终端（即用户）数量的平方之速度增长。互联也是对信息的一种组织。互联把拥有不同信息的人组织起来，结成各种系统，不断变换结构组合，形成信息和知识的交流与互构，从而在群体智慧中涌现出创新。这也正是群体理论所揭示的道理：越多的有差异性的个体进行越多的互联，就能产生越多的智能。这就是说，更多的互联导致更多更新的信息；频繁而多样的互联创造一个繁盛的信息世界。你自己的信息和别人的信息都在广泛的互联中具有了生命与活力，成为共享财富、趋向的无穷的意义和价值。

互联对于物也具有重要的功能。拿计算机来说，互联网出现后，孤立于互联的计算机价值大跌，而联网的计算机则价值倍增，以至于"网络就是计算机"。计算机如果不在互联状态中，对普通人来说，就只不过是一台"打字机"或"文字处理器"；而一旦进入互联状态，计算机似乎就"无所不能"。至于其他人造器具，当其纳入到新一代互联网——物联网中时，人就可以实现对它们的追踪和控制，其为人服务的价值就显著提高。

互联的所有这些价值，最后都要落脚到对于人的意义。如前所述，人进入互联的状态，就是通向自我存在的一种新状态，就是进入一种新的生存体验之中，人可以在其中获得新的发展。今天，随着互联网深度介入人的生活，使得人只有进入互联的世界才能进入信息时代：从学习上他可以经由互联去检索整个世界的知识库或信息库，从交往上他可以和世界上入网的一切人"相识"与交流……"在线"成为人生存的一种"新常态"，"我在线故我在"就形象地表达了"失去互联，你就等同于不存在"，即意味着你就在很大程度上失去创造价值的机会和空间。在这个意义上，互联时代如果剥夺一个人对于网络世界的进入权，就等同于剥夺他在信息社会中的存在权，至少是他作为人的价值和意义大为降低；与此同时，如果一个人不具有上网的条件或能力，就会直接影响其成为"合格的社会成员"，因为这不仅意味着他们的知识和观念因脱离网络的日新月异而难以"与时俱进"，还意味着作为公民的许多责任和义务难以在互联中发挥，相应的权利自然也就难以得到行使。所以，失去互联，就失去整个网络世界，就失去现代信息世界，就几乎失去了整个世界，就只能沦为"数字难民"。所以，互联网对于当今的人来说被比喻为像空气和水一样不可缺少；抑或说"衣食住行"是人的传统的四种基本需求，今天无疑还应加上"互联网"，由此形成"五位一体"的基本需求新系统："衣食住行网"。

总之，互联网时代无疑是一个普遍互联的时代，是互联一切的时代，是互联的方式不断"花样翻新"的时代。可以说，哪里有网络，哪里就有互联，网络的泛在创造了互联的泛在，并使哲学上"联系的普遍性"

化作我们周围世界中人和物的互联的具体性，体现为"任何物"与"任何人"在"任何时间地点"（Anything，Anyone，Anytime，Anywhere）的互联。互联网的不断"升级换代"，使得人和人通过信息连接的速度和容量都不断增强；从固定互联网到移动互联网、从有线互联网到无线互联网，更使人和人连接的范围和便捷性大大改善。人通过"联网"而实现的连接或联系，使人即使在移动中也同样处于联网状态，从而人与人处于无时不有、无处不在的连接状态：无论认识的和不认识的、比邻的或天边的、实名的或匿名的人之间，都可以建立其连接。网络时代的互联不仅能使人信息沟通，还能在线购物、进行电子商务、从事互联网金融……实在世界中越来越多的活动与对象，都可以纳入到互联网连接的状态中形成一个网络新世界。

　　由于互联是信息时代生存和发展的必要条件，所以也是人在这个时代的一种基本追求，其重要性足以成为一种新的价值取向。当我们把这个时代的"公民"称为"网民"或"数字公民"时，也反映了这种基本的价值取向。

　　可以说，互联正在改变我们的世界，也在改变着我们的人生，还在改变着我们的价值取向：通过互联发现新的世界、产生新的价值、开辟新的发展、创生新的存在、进入新的境界。这种"互联创造意义"的价值取向，也与工业文明时代盛行的"本质主义"和"实体主义"形成鲜明的对照，它否认互联之外的实体或元素先在地具有某种固定不变的本质，所有的性质和属性从而价值和意义都必须在互联中才能生成，在这个意义上，它更倾向于"关系实在论"或"建构实在论"的本体论主张。于是，对于意义探询来说，在以互联为导向的价值追求中，就要从"发现本质"转向"建构互联"。可以说，本质主义或实体论与传统社会中追求"拥有"资源或"占据"财富的价值取向密切相关，而互联则内在地倡导一种新的价值取向："互联重于拥有"。在互联时代，各种信息设备和器具，尤其是大型的计算工具、储存装置、探测设备、实验器械等等，拥有它们并不是最重要的，与其互联进而有效地利用它们才是关键。互联使得人可以和更多的人进行联系，也可以和更多的物进行联系，还可以用更多的方式与他人和外物进行联系，从而将人的联系能力提升到一个全新的水平。一旦互联，云端的资源、超级的计算能力、昂贵的实验设备等，都可以汇聚到互联的终端"为我所用"。可以说，在信息资源和计算设备等方面，任何主体的拥有能力或范围都是有限的，但在互联中对它们的使用则是无限的，因此互联是对"拥有"的无限扩展，也是对"拥有至上"的传统观念的颠覆：与其在占据的意义上拥有，不如在互联的意义上使用，这也正是互联时代全球合作中正在日益明晰的理念和共识：互联互通、共享共治；当互联共享日益成为人们的普遍意识时，一种超越私有的公共精神无疑得到了有效的培植，而生产资料公有制由此也获得了技术和文化的根基。

总之，互联网时代是互联创造意义进而互联创造一切的时代。互联所形成的功能和意义是巨大的，因此互联比拥有更重要，崇尚互联比追求拥有能够创造出更大的价值。

三　差异性优于齐一化

与上述价值取向相联系，信息时代还趋向一种崇尚差异的价值取向。

首先，对信息的重视和崇拜，就意味着对差异的重视和崇拜，因为从根基上，"信息就是造成差异的差异"[1]；换句话说，信息就是在制造差异的差异之间记住差异。当代信息哲学家沃尔夫冈对此的解释是：在自组织过程中，系统的输入和输出之间出现了差异，这个差异是由于系统的一些输入之间的差异而产生的；这就是说，环境中的差异被系统转化为一些东西，这些东西产生了和系统之间的差异。同时，这些由这个系统提供的差异能够被其他的系统转化为另外的东西，而那些东西又产生了和其他系统之间的差异，如此等等。另一位当代信息学家拉斐尔甚至认为，信息不仅是"产生的"差异或者"发现的"差异组成的，而且也是由"设计的"差异组成的。[2] 在上述意义上，没有差异就没有信息，信息的一个重要功能就是告诉我们对象或现象所包含的差异，即该对象或现象不同于其他对象或现象的特征，否则其中就"不包含任何信息"。所以"找到信息"的含义在某种意义上就是"发现差异"，而我们"制造信息"或人为地生成

---

① 英国社会科学家和控制论学家、信息学理论研究者贝特森（Gregory Bateson）认为"信息是一种制造差异的差异"（a difference which makes a difference），http：//en. wikipedia. org/wiki/Gregory_ Bateson。

② Rafael Capurro, Peter Fleissner and Wolfgang Hofkirchner, Is A Unified Theory of Information Feasible? A Trialogue, in *The Quest for A Unified Theory of Information*, The Netherlands：Gordon and Breach Publishers, 1999, pp. 9 – 30.

信息（即所谓人工信息、人文信息等）就是在设计差异、也是在制造差异。

例如，拿两个人工制品来说，它们之间如果全同，不包含任何区别，我们就无法从中找到一个区别于另外一个的"信息"，而工业文明时代在机械化条件下的生产方式和造物结果，就是形成大批量产品的齐一化、全同化，我们无须也无法从中找到包含差异性的信息，由此也形塑了我们看重同一性或一致性的思维方式及价值取向：尽量减少产品中包含的信息，也就是尽量减少产品中包含的差异，由此才能适合机器操作中千篇一律的运作方式，才能使机器的运转按照统一的轨迹加快速度、提高效率、降低成本、获取经济效益。这种生产的全同性也造成消费的全同性，从而造就作为消费者的人呈现的"千人一面"的无差别性。当无论我们的生产还是消费趋向全同化之后，其中的信息活动就相应减少，在这个意义上，工业文明的技术形态、生产形态和消费形态都是"消除差异"从而"远离信息"的存在形态。所以阿多诺与霍克海默认为工业文明中的"大众文化"就是以"标准化"、"批量化"与"同质化"为特征的"文化工业"，这种技术化批量生产的"大众文化"形成为一种我们生活于其中的冷冰冰的"社会水泥"。①

如果工业文明是一个"设计同一性"、"制造同一性"、"向同一性看齐"的时代，那么信息时代就是一个"设计差异"、"制造差异"、"向同一性开战"的时代。这个时代的技术形态从一般机器发展到信息技术控制的机器，"信息技术是工业技术的反向技术，它不是导向集中控制、决定论，而是相反。"② 信息化生产改变了大机器生产时代的标准化、专业化、集中化、同步化、大规模化、中央集权化的模式，走向"柔性生产系统"或智能化"定制型生产"，使得制造用品和实施服务走向个性化（因此"智能化生产"也是"个性化生产"），"工业经济是非差异化经济（'大规模'经济），信息经济是大规模的差异化经济（大规模定制）……工业经济主导性的问题意识是同质化……信息经济主导性的问题意识是差异化"③。信息经济和智能化生产时代，产品具有更多的丰富

---

① ［德］霍克海默、阿多诺：《启蒙辩证法》，渠敬东、曹卫东译，上海人民出版社 2006年版，第 4 页。

② 姜奇平：《新文明论概略》上卷，商务印书馆 2012 年版，第 54 页。

③ 姜奇平：《信息经济有什么不同》，《互联网周刊》2014 年 8 月 5 日。

性、多样性和人性化,不仅生产体现出以人为中心,而且产品也凸现了以个体的人为中心,即根据消费者的不同个性需求进行生产(个性定制),因为此时的消费是更加个性化的消费,尤其是在这种消费文化中培育起来的"80后""90后"的年轻消费者,其极度追求个性化的特征变得非常显著。由此所导向的是需求和生产的双重灵活性,这样的信息经济也视为"服务化的经济",而差异化正是服务化经济的本质所在,没有差异就没有真正的服务化经济。总之,扬弃了工业时代"齐一化、好大狂"的生产模式,新的个性化差异化的技术范式与生产方式,决定了新的崇尚差异的价值取向。

其次,网络时代的普遍连接也导向一种崇尚差异的价值观。互联网的技术特征就是去中心的、多元的和异质的,形成了对工业思维的集中控制、标准化和"好大狂"等理念的解构。网络的去中心化也是一种对个体主体性的突出,即对主体性上的差异性凸显。在这样的网络世界中,每一个人都有其独立的存在价值,并可以在网络空间中进行多重选择、自由交往,获得多样化的生存与发展,这就扬弃了工业文明时代的造就的人的存在方式的齐一化、全同化。我们知道,差异是个性和多样性的展现,是对单一性的否定,对于人来说就是其自由和个性得到凸显,就是从一个同质世界不断迈向一个异质的世界。托克尔所说:"在我的以计算机为媒介的世界里,自我是多样的、流动的,并且是在与机器的交互作用中形成的……标记每一个身份的那些分离和碎裂带来新的优势,并且在在线社会的虚拟实在中找到了新用途。"[1] 尼葛洛庞帝认为网络的丰富性也体现为个性的显现:"个人不再被淹没在普遍性中,或作为人口统计学中的一个子集,网络空间的发展所寻求的是给普通人以表达自己需要和希望的声音。"[2] 卡斯特则将这一"网络逻辑"阐述为:"原子是过去式了。下个世纪的科学象征是动态的网络……原子代表了干净的简单特质,网络则引导了复杂性的散乱力量……其他的形态均限制了可能性。网络的群集四周都是边缘,因此,无论你由哪个方向接近,都是开放性的。事实上,网络是能够称得上具有结构的组织里最不具结构性的组织……各种纷杂多样的

---

① [德] D. 斯坦诺夫斯基:《虚拟实在》,载 [英] 弗洛里迪《计算与信息哲学导论》,商务印书馆2010年版,第380页。

② [美] 尼葛洛庞帝:《数字化生存》,胡泳、范海燕译,海南出版社1997年版,第191页。

成分也只有在网络里才能维持一致性。没有任何其他安排，例如锁链、金字塔、树形、圆形、轮轴等，可以容纳真正的差异又能够整体运作。"①

网络是可以处处实现个性化的技术平台，信息社会就是时代条件，而个性和个体作为相互区别的节点。从网络中形成的文化来看，"网络文化既不是现有的西方文化，也不是现有的东方文化，而必定是多元文化，是世界文化。每一种优秀的民族文化都可以在网络文化的大舞台上展现自己的风采和特色，找到自己生存的根据和发展的空间。单极性现象必定会逐步走向丰富多彩的多极性。"② 而体现在具体的人身上，互联网文化所造就的人无疑更趋向差异性和个性化，泰普斯科特分析了由信息文明所造就的网络一代的新特征是：崇尚自由和选择权，追求个性化，喜欢交谈，讨厌说教，天生就善于协作，会仔细监督组织，速度是生活的常态，创新是生活的一部分；他们积极地寻求信息，而不是被动地接受信息；寻求自主、创造认同；网络有助他们充分质疑、挑战既有观点、表达不同想法；自信，看重自己；不按常理出牌，备受争议，褒贬不一，喜欢在网上晒心情、晾隐私、扒新闻、传视频、打网游，看似待在小天地，却能抵达全世界……③互联网不断显示出这方面的意义，它使我们告别了"整齐划一"的时代，使每个人的世界开始变得"独一无二"，使每个人的世界开始"量身定制"。总之，互联网世界就是一个差异纷呈的世界，信息产品的差异性比物质产品的差异性更为显著，虚拟主体的差异性比现实主体的差异性也更为突出……一言以蔽之，互联网世界就是差异更容易得到显现的世界。

可见，信息时代的到来也是差异时代的到来，在今天我们可以看到，经济上如果不尊重消费者的差异就会导致产品滞销和积压，政治上如果不尊重公民的差异性就会导致社会冲突，国际关系上如果不尊重主权国家的差异性就会导致地缘冲突。在教育上我们也可以看到，如果不尊重学生的差异，还是按工业时代进行整齐划一的培训、用同一个尺度的要求，就培养不出创新性人才；因此信息时代带来了电子信息化的学习方式，学习者

①　[美] 曼纽尔·卡斯特：《网络社会的崛起》，夏铸九等译，社会科学文献出版社2001年版，第83页。

②　钟义信：《论网络文化》，《北京邮电大学学报》（社会科学版）2003年第4期。

③　[美] 泰普斯科特：《数字化成长（3.0版）》，云帆译，中国人民大学出版社2009年版，前言第10页。

可以更自主地调节学习时间，并趋向更加个性化的学习，而不是印刷时代依据"千篇一律"的教材和课堂模式所实施的同质化教育。换句话说，信息时代提高了劳动生产率，提供了更丰富多样的物质和精神产品，以及更多的可自由支配的时间，并拓展了人的活动与生存领域（如网络空间和更丰富的交往方式），从而使人可以进行更多的个性化的选择，由此造就了更多个性鲜明的人。这无疑是一个差异性更加纷呈的世界。

总之，由信息的"本性"和网络的特征共同决定了"向新文明的价值观的转变，主要体现在异质化的生活世界转向上。"① 生活世界中人的差异化需求使得人的个性得到显现，一个包含丰富的信息内含的社会由此"崛起"，表现在社会层面：尊重制度差异、道路差异、理论差异，尊重民族文化的多样性，尊重各国自主选择适合自己国情的有自己特色的发展道路。从总体上，一种尊重差异、包容多样的兼容并包的文化精神深入人心。

如果说工业时代与强调齐一化的现代性同步，那么信息时代无疑与推崇差异性的后现代性相伴，后者的这一特征甚至被凝练为一个口号："差异万岁"。信息时代与崇尚差异的价值取向的关联，也显示了它与后现代性中的一系列价值观的关联，或者说以分布式计算为核心的信息技术和以多元化为特征的互联网世界，是对后现代性的技术性支持，甚至也可视为后现代性得以传播的物质基础。信息社会本身就是对工业社会代表的现代性的一种超越，从而是进入后现代社会的同义语，所以其代表的价值取向的变迁自然吻合于后现代性所蕴含的价值观念。

可以说，后现代性中的一系列价值取向，甚至也与前面论及的"信息大于物质"、"互联重于拥有"等等相吻合，而它们的集合也被有的学者概括为对"绝对理性"的否定，即对现代性的价值取向的扬弃："基于与后现代主义面对征候的一致性，以去中心化、互联性、交互性、无序性……为特征的互联网，也需要自我觉醒地意识到，信息技术革命冲击的对象，正是启蒙运动的绝对理性。正是在这个意义上，新文明不同于旧文明，信息文明不同于工业文明……互联网所推动建立的新文明，一开始就需要把基本价值观上的范式转移定位，对准启蒙运动。不如此，就不足以为去中心化、互联性、交互性、无序性……这些'外围'的价值选择，

---

① 姜奇平：《新文明论概略》上卷，商务印书馆 2012 年版，第85 页。

提供基本价值观上的依据。"① 可以说，与"信息大于物质"相反的物质主义或物化崇拜、与"互联大于拥有"相反的实体主义或本质主义、与"崇尚差异性"相反的膜拜齐一化、全同性，构成了现代性的一系列价值取向，而信息时代所趋向和倡导的，是对现代性价值取向的全面超越，由此才形成了信息时代与工业文明在质的区别和整体形态上的飞跃，以至于形成了"价值革命"，构建出总体上的价值进化：从现代性价值世界进入到后现代价值世界。

---

① 姜奇平：《新文明论概略》上卷，商务印书馆 2012 年版，第 75 页。

第五章　信息的人本哲学研究

信息的属人性使得信息问题必然要纳入人本哲学的视野。哲学自诞生以来，其重心经历了从古代的本体论到近代的认识论再到当代的人本论的变迁，哲学的对象也被确定为人与世界的关系，因此从人与世界的关系中去探寻信息问题，自然成为信息的哲学研究的一个基本视角，由此引申的思想则有人本意义上的信息观，以及人与信息之间的互构关系。对信息的人本哲学研究，实际上也形成了人本哲学与信息哲学和信息技术哲学的视界交汇，使得人与信息之间、人与信息技术之间的互相规定和影响成为阐释人和信息的丰富性的一种重要路径。

第一节　从人本哲学看信息

"人本"与"信息"的哲学联姻，离不开人本主义视界的兴起。人本主义对传统哲学实行了"革命"，认为哲学不是追问"存在是什么"，而是追问"存在有什么意义"，因为"存在的意义问题"才是"存在"的本质问题，因此他们不再关注与人无关的抽象世界，而把眼光放在人的生存领域、人的活动领域以及人的意义领域。以此来观照信息问题，也就有了人本信息观：与人无关的信息，或者根本不存在，或者存在不存在我们无法知道，也无须知道。也就是必须也只能从人的视角去理解信息，这就是涉人的或属人的信息观。

一　两种信息观

如同在第一章我们分析信息概念的哲学含义时所看到的那样，目前信息观上的学术分歧很大，而综合起来，一个基本的分歧还在于信息是否是一个"涉人"或"属人"的概念，由此形成两种基本不同的信息观。

涉人或属人信息观也是信息的属人观，其基本主张，就是认为"信息是一个我们必须参与形成的现象"，也就是加以了人本约束的"认识论信息"，或称其为"狭义信息"。与此相反，"广义的"、"本体论"的信息则是从"纯客观"的立场来加以定义的，它主张信息来自客观事物，信息是对事物运动状态的描述，或者说信息是事物运动过程的表征，任何一个事物的运动状态以及状态变化的方式，都叫信息，与我们主观是否感觉到它的存在没有关系。

这样的区别，也可以说是客观性信息观与主观性信息观、科学性信息观与人文性信息观的区别，或许还可以称之为自然主义信息观与人本主义信息观的区别。"自然"通常指在没有人的作用下或没有人的意志和意识的作用下发生的事情，而自然主义的信息观，可以视为至少存在这样一种信息，可以在没有人的情况下也能够存在。

如果对于信息的解释和提出最先起于具体科学领域，那么从哲学上主张一种人本信息观，就包含了两个理解上的跨越，一是从科学性的信息观跨越到人文性的信息观；二是从人文性（humanism）的信息观跨越到人本性（anthropology）的信息观，成为一种更加深度化和彻底性的"人化"信息观。因为人文性的信息观是要看到信息中与人文学科的属性相关的侧面，即信息概念不能只从纯科学的角度去理解；而人本性信息观所诉求的则是信息在本质上的属人性而非自然现象和客观现象，从本体论上不把信息看作是一种人之外的独立存在。

"信息"本来是一个日常概念，但后来被科学"祛魅"，成为一个"科学概念"，这种祛魅化也使信息成为一个脱离人的"纠缠"的客观可度量现象。在罗斯扎克看来，维纳和申农二人是使信息科学化的代表，他们彻底更新了信息的概念，给这个词增加了以前没有的数学精确性，从而成为一个超越日常生活的科学概念。

科学性的信息观通常以客观性为诉求，其中不需要主体立场的干预，所有信息的接收者都是被动的。此观点是信息系统领域中较为传统的观点。这个观点最大的问题就在于，无法解释被称为结构化数据的信息是如何对人们产生影响的，以及为什么相同的数据对不同的人会产生不同的影响。这种观点以信息系统创始人戴维斯（Davis）为代表，此外还有帕克（Parker）、德雷特思科（Dretske）、斯通尼尔（Stonier）等。针对客观主义或科学主义信息观所面临困境，软系统创始人彻克兰德（Chekland）和玻兰德（Boland）等人提出具有浓厚人文特征的信息观："信息是基于意义而形成"，由于不同的人具有不同的价值取向、信念和期望，因此，不同的人从相同的数据中，可能产生不同的信息。对于处在某情境中的某人属于信息的东西，对于另一情境中的另一人则不一定是信息。也就是说，人们通过将意义附于数据，就产生了信息，他们拒绝承认有一个独立于接受者的信息存在，认为信息是后于接受者而存在的；信息与特定的具体情境相联系、与特定社群相联系。①

如前所述，信息不是一个纯科学认识的对象，而是包含许多人文因素，甚至可以说，凡是人使用的信息，都带上了人文的特性。同样的信息，经过不同的修辞，会达到不同的效果，因此"信息"的含义与内容如果也是"被接受"、"被理解"的含义与内容的话，就在相当程度上是个"软概念"，和修辞及其产生的具体效果紧紧联系在一起，而不纯粹是经由科学分析能完全表达的。所以，科学的信息观需要过渡到人文的信息观。在这个意义上，似乎科学的信息并不比人文性的信息更"宽"。

如果两种信息观的区分是一种可以接受的分类，那么进一步从哲学上来看，科学性的信息必须过渡到人文性的信息。

作为一个被日常使用的语词，后来被日趋严格地加以"定义"，使"信息概念"在"学术"上也日渐归于科学，但在继续的使用中又超出了科学，从科学走向人文，再从人文走向人本，使得信息不仅被看作是一种人文现象，而且是一种依赖于人存在的现象。某种意义上这也是使"信息"概念回归"生活世界"，而只有能在生活世界中自如运用的概念才可能是真正的哲学范畴。从更一般的意义上，某物是存在还是不存在，不同的视野可能有不同的判据。自从古希腊哲学家普罗泰哥拉提出"人是万物的尺度，是存在事物存在的尺度，也是不存在事物不存在的尺度"之后，一种"人学"的视野从此产生。这种视野表明，一切对象的状态、属性，都必须和人联系起来考察才有价值和意义，甚至连存在或不存在这种属性也是如此。这种存在论的人学本体论在深层上成为我们去思考信息存在问题时与"我们"密切联系在一起，于是人是信息存在和不存在的

_____

① 王素、汪胤：《从经验主义到现象学：一种新的信息哲学观》，《上海交通大学学报》（哲学社会科学版）2007 年第 3 期。

尺度，也是信息这样存在或那样存在的尺度。

二十多年前就有国内学者持这样的观点：信息不是一切事物都具有的普遍属性；不是事物的组织性、有序性的表征；不是负熵；不是事物间在时间、空间、能量分布上的差异和不均匀性；不能笼统地说信息是物质的一种存在形式。信息只是一类特殊事物，是信息系统的特殊运动和联系方式，它只存在于信息系统之中；而信息系统由信源、信道和信宿构成；信宿是一个系统能否被称为信息系统的关键因素，信宿必须是具有目的和"价值观念"（广义的）的生命体，自组织系统（自复制系统）等。① 如果将人扩大为"信宿"，实际也是将人看作标准的信宿，只有人才是这样的信宿，就形成人本信息观。再借用上面的分析，动物只是"准信宿"；而人工的信息系统则是人造物，也与人关涉。

需要指出的是，目前学术界有一种寻求"统一信息理论"的追求，这和从哲学上理解信息形成了一定的关联，也使得哲学上的信息概念能否充当一个统一的信息概念——涵盖自然、社会和人文领域所有对"信息"的用法——就成为一个问题。可以说，从哲学上究竟如何把握信息，这是同你如何理解哲学密切相关的，如果将哲学理解为关于"整个世界"的学问，那么哲学的信息概念与"统一信息理论"就在很大程度上是一致的，就会有可能难以区分哲学与宇宙学、与物理学尤其是理论物理学的区别；而如果将哲学理解为关于"人与世界的关系"的研究，那么信息就是人与世界交换的内容，信息就是属人的现象。从人的角度看信息，信息就是被人把握和理解了的对象和物质，也是人所把握的物质世界的差异性，但它本身不再是物质，而是被人用信息器官"置换了的"物质，从而是物质的虚在形式，也就是属于心智世界的现象，只不过是强调传播和语义功能的心智现象。

这种属人的信息现象在后来被泛化地理解后，就把其他所有领域中的交互作用进行拟人化的"信息交流"的理解，正如信息哲学家拉斐尔指出的那样：我们把电子邮件的收发和细胞的复制看作是一种相同的"信息"过程。尽管在计算机和细胞中，它们不仅材料和结构不同，彼此的"信息"处理方式也不一样；我们其实经常是在近义的方式上使用"信息"概念；如果信息是一个在人类层面上使用的概念，那么，当我们在

---

① 陈忠：《信息究竟是什么？》，《哲学研究》1984年第11期。

非人类层面上使用它的时候，我们就面临着一个拟人化的问题，于是我们就认为是"某种原子""正以某种方式"在相互"交流"着等等。所以从各自真正的含义和不同上看，信息无论如何也不可能成为一个统一的概念。①

总之，人和信息的内在关联是不言而喻的，至少作为研究人与世界关系的哲学的信息概念需要从人的角度加以解释，即需要理解信息是人的产物，信息的形成必须有人的参与，信息世界与生活世界、实践世界尤其是价值世界具有内在的联系；即使从信息离不开信源、信道和信宿的意义上，信息世界也是离不开人的世界的，否则就是无意义的信息，从而不成其为信息。

二　走向人本信息观的意义

把信息归结为一种人文现象和人本性存在的"好处"是什么？最大的好处是保持信息的独立性，避免把一些物质现象说成是信息，将物质与信息混为一谈，尤其是避免将信号、声光电等东西直接当成是信息。其实由于信息不具有广延性，所以是"看不见""摸不着"的，所谓"看到"或"听到"什么信息，其实那并不是"信息"，而是信息的载体，是神经中枢对这种载体所形成的刺激加以"意义"的理解后才形成了所谓的"信息"。

从意义理解的角度，我们即使说出或以其他的方式表达出特定的信息，但如果是向一堆石头说出，显然后者不会"认为"那是什么信息；而"对牛弹琴"之类就更是表明了信息的存在是与意义的理解联系在一起的。

这样的归结于是避免了信息的泛化，避免将信息作为万能的解释工具，将一切从物质或能量层面还解释不清楚的机制都归结到信息之上去，信息成为"终极原因"的代名词。其实，当我们用"信息"来解释物质和能量层面上所不能解释清楚的东西时，我们没有获得任何什么真正的信息。例如当我们还不知道量子纠缠之间物质机制是什么而用"量子信息"

---

①　Rafael Capurro, Peter Fleissner and Wolfgang Hofkirchner, Is A Unified Theory of Information Feasible? A Trialogue, in *The Quest for A Unified Theory of Information*, The Netherlands: Gordon and Breach Publishers, 1999, pp. 9 - 30.

来解释其"奥妙"时，我们对量子纠缠的本质其实还是一无所知。

　　人本信息观的意义还在于避免"纯科学的理解"中的信息的"无意义"化。本来，信息论创始人严格地规定"信息"概念是为了准确地使用信息概念，结果事与愿违，一种脱离人本、脱离语义的纯科学化信息观反而会导致混乱。例如，罗斯扎克在《信息崇拜》中分析道：根据申农的"信息"定义，信息不再与陈述的语句意义有联系。相反，信息开始成为通信交换的纯数量单位。大多数人认为信息是指发生在谈话过程中谈话者和受话者之间的交流的内容，而申农则仅仅对双方谈话时电话线中会发生什么感兴趣，即他只对信息的形式或量感兴趣。所以，他提出了噪声、冗余度、熵、比特等概念。比特是一个纯计量单位，它使所有通信技术的传输能力都可以量化。按照申农的观点，只要有人愿意传输，即使是毫无意义的噪声也可以是"信息"。[①]

　　按照申农的意思，下列的句子都是"信息"：

$E = mc^2$

Jesus saves.（耶稣保佑）

Thou shalt not kill.（汝忌杀戮）

I think，therefore I am.（我思故我在）

Phillies 8，Dod8ers 5

Twas brillig and the slithy toves did gyre and gimble inthe wabe.（一个人为杜撰，没有任何含义的句子）

　　确实，这些句子与我愿意花钱发到地球另一端的任意一个字符串（x19#44jGH？566MRK）组成的电传在意义上没有任何区别。按照申农的理解，这"两条消息，一条寓意深刻，而另一条纯属废话，但作为信息它们是等同的，这个结论尽管有悖常理却是成立的"[②]。从中可见，信息系统学科形成开始就带来了信息本身的难以琢磨。

　　人本信息观也是"以人为本"的信息观，它将信息的存在与人的存在联系在一起，不涉人无信息。这种观点也是与"哲学就是人学"的立场相一致的，在这样的哲学视野中，信息无疑应该是人本信息。人本信息

观就是一种反对只见信息不见人的信息哲学，主张信息和人的内在关联，信息需要从人的角度加以解释，信息是人的产物，信息世界与生活世界、实践世界尤其是价值世界具有内在的联系；即使从信息离不开信源、信道和信宿的意义上，信息世界也是离不开人的世界的，否则就是无意义的信息，就不成其为信息，只是些无意义的"噪声"而已。

　　这种人本信息观也决定了我们对信息之特征的一些更多的看法：

　　所谓"信息的显现"实际上就是信息的被开发被摄取，它不是一种主动性的存在，不会由对象自动流射出来，即不会自行显现出来，而只能是被信宿所把握的东西，即信息是信宿所反映的信源的性状。这也是我们前面所说过的，实在只能是"被"信息化，而不可能自主地信息化。只有人才能主动信息化，即信息地展现自己；而作为无信息能力的对象及物，只能被人信息化。如果信息是信息化的产物，那么一切信息都是一种被动存在，它作为对象的"显现"，其是否显现和显现的程度与信宿的开发和摄取能力有关。

　　人本信息观还使我们会重新思考所谓"正确的信息"与"错误的信息"的问题。信息有正确与错误之分吗？在我们的日常用法中，无疑有"X向我们传递了错误（或正确）的信息"的说法，如果有自然或客观信息的存在，那么就会有"自然向我们传递错误信息"的情况，例如乌云密布被解读为天要下雨的信息，但结果并未下雨，于是我们就会认为那"信息"是错误的信息。然而，如果深入思考，就会发现，那"信息"如果是错误的，这种错误似乎并不产生于乌云本身，而是产生于人的解读，即人对乌云导致下雨的有些因素还未充分把握。由此，作为自然现象的乌云并不主动地向我们传递任何信息，无论是正确的还是错误的信息，只有人去解读或解释那乌云的"意义"才产生了所谓的信息，也才有了所谓"正确的"或"错误的"信息。

　　人本信息观也启示我们重新区分所谓"可观察对象"与"不可观察对象"。如果信息是由对象表现出来的，就不应该有不可观察的对象，因为任何信息不可能永远不会自动显现出来，如果真有那样的信息，我们也不能断定那就是信息，就像永远不说出来的话我们无法断定那就是话一样。但由于人的直接感觉能力的限制，确实存在着不能直接观察的对象，例如电子，从而不能获得关于电子的直观信息，而关于电子的直观信息并不跟电子作为对象实在相等同，而是我们希望"直观"电子的产物，当这样的产物不能出现时，我们就转向通过仪器和思维去获得关于电子的信息。这样，无论是什么对象的信息，都离不开人的创生。其中，可观察对象由人的感官创生，不可观察对象由人所创造的仪器和思维创生，前者导致由经验语句负载的信息，后者导致由理论语句负载的信息。

由此也可以看到，由于人所创造的信息技术对于信息的存在和形式具有越来越重要的作用，所以信息也日益增多地是在人以及相应的技术所组成的"人—机"装置中产生出来的，是这种装置与对象发生物质和能量的相互作用中生成出来的，以至于当今凡谈到信息的地方，均离不开信息技术。而广义的信息技术无非有身体的和器具的信息技术两种；前者是人本身，后者是人造物，所以信息也就是与人纠缠在一起的信息技术的创造物。当信息离不开信息技术时，也就标志其离不开人；或者说信息的属人性还日趋增多地延伸为信息的属技术性。

这样，还引申出所谓信息的分类问题。从人本信息观上看，信息主要地不应是根据对象的不同来进行分类，而是应以人的信息感受形式来分类，于是有直接知觉中的信息、技术性信息、概念性信息等；或者根据人对信息加工的程度，分为"零次信息"、"一次信息"、"二次信息"，等等。

人本信息观是哲学在当代发展的要求。由于一种新的哲学视野必须反观人，必须以人为中心和归宿，而人本信息观揭示了信息的人本化来源，其进一步的要求则是对信息的人本化处理，包括信息的人本传播模型，以及对信息内容的人本要求，尤其是用积极健康的信息造福于人的精神生活。

总之，信息的人文性使得我们不能将信息只看作是科学研究的那种客观现象，只追求一种无意义的"精确解"或计算出"纯粹量"；而信息的人本性使得我们更进一步要看到信息的存在和人的存在的不可分离，从而是一种"以人为本"的现象。

第二节　从信息的视界看人

从人的角度看信息与从信息的角度看人是联系在一起的，信息离不开用人本的视角来解释与人离不开用信息的视角来解释也是对称的，这就是说，从人本信息观过渡到信息人本观是交互的。不仅信息需要从人本的角度加以阐释，人也需要从信息的角度加以刻画，否则人就不过是一堆普通的物质。

一　"信息人"的哲学解读

人本观的一个最重要的问题，就是人的本质是什么，或简称"人是什么"？对"人是什么"有着许许多多的解释，如"经济人"、"道德人"、"社会人"等都揭示了人的不同的特性。而"信息人"是信息人本观对"人是什么"的一种新解释。

"信息人"最早在图书馆学的意义上被使用，用它来指那些具有一定信息意识和信息能力、具备合理知识结构的人。美国图书馆协会的"信息素质总统委员会"于 1989 年对信息人（Information Literate）作了如下的定义："作为信息人，一个人必须能够认识到何时需要信息并且能够有效地查询、评价和使用所需要的信息……信息人最终是指这样一些人：他们懂得如何学习。懂得如何学习是因为他们知道知识是如何组织的，知道如何找到信息，知道如何利用信息。"① 在这个意义上，它与"知识人"、"消息人"或"讯息人"（消息灵通人士）甚至"智慧人"（具有较强的处理信息的能力）有相通之处。信息人后来还被用来指称信息文化环境中形成的又一代新人类，尤其是指"信息依赖"意义上的信息人。随着社会从工业时代到信息时代，随着信息对于人的生存的重要性和消费比重的增加，人类从物质依赖型的生活过渡到了信息依赖的生存方式，例如有的人成为离不开网络和手机的"讯息人"，有的成为"网络沉溺"中的"异化信息人"，这就如同一句电影对话"TV is my life"所引申的：网络就是我的生命——信息就是我的生命；其中有的成为乐于消费"娱乐信息"甚至"垃圾信息"的"快餐信息人"或"垃圾信息人"。与上面的积极意义上的信息人不同，这些都是"反常信息人"、"消极信息人"乃至"负信息人"（搬弄是非，造谣，骗子等）。当然以下的分析主要还是在积极的意义上使用的"信息人"。

人与信息相关这一点是毫无疑义的，即使不持信息主义的主张，也会承认这一点，例如从"类"的角度看，信息是人社会性地存在和人类文明延续的必要条件，已是无可争辩的共识。还有，人除了物理意义上的存

---

① 岳剑波：《信息环境论》，书目文献出版社 1996 年版，第 88 页。

在之外还是一种"信息存在",人的存在不仅以生物体形式展现,还能够以信息数据的形式被描述,人具有了一个不同于生物外观的信息化外观。在这个意义上,人就是关于其各种信息组成的集合……人的"信息存在"不仅可以包括生物信息,还包括个人的社会文化信息,比如宗教信仰、民族、工作经历、婚史、政治倾向、消费习惯等等。信息时代中,几乎所有的人类活动都具有信息形式的记录,从而具有了一个全面的信息化外观。① 斯皮尔伯(Sperber)和威尔森(Wilson)在阐释人类交往的总体目标时指出:"信息加工是人的终生任务","人类是有效的信息加工装置"②。信息活动是人类生存与发展的基本形态,而语言活动是人类信息活动的高级形态,这种意义上的人也可视为"信息人"。总之,人与信息的相关性是无疑的。

当然,在强调这种相关性时,一种观点还进一步认为只有人的信息方面的属性才能体现出人的本质特征。例如,信息是与物质和能量相对照的现象,人也有物质和能量方面的属性,但是,"如果说人是物质的或是能量的实体,都没有把人与外部世界区分开来,而当我们说人是信息的符号化高级处理器时,则就凸显了人之为人的根本特性。正是信息基质决定了人在根本上是'信息人'。或者可以说'信息人'是人之为人的根本标志。""人是能组织和处理信息的存在物,人的信息能力是人的创造性的源泉,是人的理性能力的重要表现,也是人区别于其他动物的一个基本特征"③。就是说,必须从信息的角度对人加以解释,否则人就不过是一堆普通的物质。人的本质并不是组成他的物质,而是物质按特定的信息指令组成的具有特定功能的形式。这也是在人的本质观上精神性重于生理性的主张的一种表现,即人的最重要的特征是由信息来刻画的。可以说,孟子关于人"身小心大"的说法,柏拉图认为人是"利用身体达到一定目的的灵魂",以及麦克卢汉提出"无形无象之人",目的是要"避开肉体的东西",因为物质性的肉体不过是思想从而信息繁殖的工具④,如此等等,也在某种意义上表达了类似的观点。

---

① 李晓辉:《信息权力研究》,知识产权出版社 2006 年版,第 117 页。
② 吕公礼:《语言信息新论》,中国社会科学出版社 2007 年版,第 56 页。
③ 余潇枫等:《"信息人假说"的当代建构》,《学术月刊》2007 年第 2 期。
④ [美]保罗·莱文森:《数字麦克卢汉》,何道宽译,社会科学文献出版社 2001 年版,第 89—90 页。

　　从动态的角度看，人起先并不是以信息人的方式存在的，但正是后来不断从社会环境中所获得的信息才使人成其为人，使人获得了自己的本质。从"教育"的功能上来看，也可以发现，"人"是被文化信息建构出来的，没有先在的本质，人的"可塑性"，就是指人能够接受外来的信息并顺应这种信息将自己加以改变，是有内容的信息造就了有"本质"的人，使存在的人获得本质，信息使人"是其所是"。可以说，有什么样的信息环境或信息生态，就有人的什么样的具体"本质"。人区别于动物的最主要特征，就是其独特而高超的处理与传递信息的能力。

　　越到当今，我们看到信息对人的解释力越来越强，或者人需要用信息来加以刻画的特性越来越多。如果说在以前，人的信息活动只是物质能量活动的伴随，那么到了信息时代的今天，信息活动则被视为人的主导性活动。最明显的看法是：人的思维过程是一种信息过程，人的行为活动则是一种信息反馈调节活动，这就是维纳在《人有人的用处》一书所说的："人是束缚在他自己的感官所能知觉的世界之中的。举凡他所收到的信息都得通过他的大脑和神经系统来进行调整，只有经过存储、校对和选择过程之后，它才能进入他的效应器，一般是他的肌肉。这些效应器又作用于外界，同时通过运动感受器官末梢这类感受器再反作用于中枢神经系统，而运动感觉器官所收到的信息又和他过去存储过的信息结合在一起去影响未来的行动"①；不仅如此，就是人的生理过程也要从几大信息系统（遗传信息系统、神经信息系统和免疫信息系统等）去加以说明。这些视角表达了人自身就是一个信息系统的意思，它包括感觉器官——信息接收系统，神经系统——信息传输系统，大脑——信息处理系统，以及效应器官——信息作用系统等，于是，只有信息才是人这一生命体的实质。

　　即使认为动物也有某种"准信息能力"，人在这方面较之也具有无比的优越性，可以说人拥有最完善的信息加工系统，独特的信息能力是人区别于动物的最主要标志。"人类之所以能够主宰世界，完全因为人类的信息工具大大优于其他所有生物，而并不因为其他生物周围没有能量和物质。"② 当然在信息能力上，人与动物之间也具有某种"连续性"，语言

---

①　［美］维纳：《人有人的用处》，陈步译，商务印书馆 1978 年版，第 9 页。
②　奚博先：《把语言放到信息范畴中来认识——关于语言的哲学思考要点》，载陈章太等《世纪之交中国应用语言学研究》，华语教学出版社 1999 年版，第 433 页。

生物学、符号学及生物语言学的发展表明，从低等生物间人类的历时演化中探寻人类语言行为的起源已成为一种基本的理论选择。语言生物学试图在人与其他灵长目动物之间演化的连续性中构拟语言信息传递行为的演化轨迹，甚至还有学者把这种连续性演化链条延伸至全部有机体（包括原始生命形态）的信息交换过程。现代生物学研究也表明，早在类似神经系统之类专司信息处理的系统出现之前，信息加工活动就已产生了。例如，单细胞生物已经能够对机械、热、电磁、引力、化学等各种刺激作出反应，具备了一定的信息加工能力。生命体从低级向高级形态演化过程的一个最显著的标志是信息活动从物质能量过程中的逐渐分化与特异化。① 正是这些"准信息能力"构成了人的信息能力的生物学基础。

　　甚至在人类的起源上，信息能力的形成比制造劳动工具能力的形成更具有决定性的意义，以至于有学者认为，拥有发达的口语，是人类和所有其他生命物种的最明显的能力上的区别。"人类学家只能肯定两个与语言有关的问题，一个是直接的，另一个是间接的。首先，口语显然区分了智人和所有其他的生物。除人以外没有任何生物具有复杂的口语，具有一种沟通手段和一种进行内省思考的媒介。其次，智人脑量是进化上和我们最近的亲戚非洲猿的脑量的 3 倍。这两者之间肯定是有关系的，但是关于它的性质存在着激烈的争论。"② 洛杉矶加利福尼亚大学杰出的神经学家哈里·杰里森指出语言如同人脑的发动机，否定了人是工具制造者的假说所体现的思想，即操作技巧提供了进化压力使脑子变得更大。"在我看来这似乎是一种不合适的解释，不只是因为工具制造可以由很少的脑组织来完成"，他于 1991 年在美国自然历史博物馆的一次重要演讲中说道，"另一方面，简单、实用的会话要求大量的脑组织。"③ 在这个意义上，人是能造复杂信息的动物，正是这种能力导致了他能造物。

　　不仅一般的作为"类"的人是如此，具体人的具体本质的获得，更是需要在一种"社会信息场"中才能得到确认，而这种"公认"就是一种特定的信息关系。人的差异性既有生理差异性，也有信息差异性，后者则进一步包括信息能力的差异性（大脑中所储存信息的差异性）、信息需

---

① 吕公礼：《语言信息新论》，中国社会科学出版社 2007 年版，第 12、25 页。
② ［英］理查德·利基：《人类的起源》，上海科学技术出版社 1995 年版，第 2 页。
③ 同上书，第 98 页。

求的差异性等等。社会人的差异性更多的是一种信息差异性。

总之,不仅信息需要从人本的视角加以理解,而且人也需要从信息的角度加以解释;人的本质并不是组成他的物质,而是物质按特定的信息指令组成的具有特定功能的形式。从"人的本质是信息"的看法中可以继续追问这样一个问题:人的本质在多大程度上需要从信息的层面上加以揭示?离开了信息的层面可以说清楚人的本质吗?从中我们看到信息的属人性与人的信息性二者的整合。

二 基于信息视域的"人是什么"

如果人是一个过程的集合体、各种活动的主体乃至人就是生活中的人,那么这些侧面的本质通常也离不开信息的说明。如同维纳所指出:"接受信息和使用信息的过程就是我们对外界环境中的种种偶然性进行调节并在该环境中有效地生活着的过程。"而"所谓有效地生活就是拥有足够的信息来生活。由此可知,通讯和控制之作为个人内在生活的本质就跟它们之作为人的社会生活的本质一样"。① 这里,维纳把人的生活,也就是人的行为的本质归结为通信和控制,也就是信息传递和信息处理。

从计算机和符号的类比也揭示了人的这一信息本质。20 世纪 60 年代,在信息论的一系列巨大成果和电子计算机的强大影响下,认知心理学和认知科学诞生了。这种观点把人与计算机作类比,明确提出人是一种"信息处理系统"。由于符号是信息的软载体,而所谓信息处理就是一系列符号操作,所以信息处理系统又可称作"符号操作系统"。这一观点还认为,人的思维(其实也是人的特质或本质)同计算机一样,不能用其物质形式来解释,而只能用符号操作过程即信息处理过程来解释。所以人在本质上才被认为是一种信息交流的动物(Information communicating animal),是受控制论的接收、处理、存储和发送信息的原则支配的动物。还有将人的基因比喻为 CPU,人的大脑比喻为软件,人的脸部比喻为显示器。总之,越到当今,我们看到信息对人的解释性越来越强,以至于在思考"人之为人的最重要东西是什么"这类问题时,就难免要在人的信息特性与物质特性之间思考谁主导谁的问题,甚至从人依赖于信息到直接

① [美] 维纳:《人有人的用处》,陈步译,商务印书馆 1978 年版,第 9 页。

定义"人是信息动物"①，再到道金斯的"生命不过是遗传信息的载体"，麦克卢汉关于物质性的肉体不过是思想从而信息繁殖的工具②，还有威廉·吉普森的《神经漫游者》以科幻的形式展望了人在赛博空间离体存在的种种经历，这些都包含了"人的本质是信息"的指向，或者至少提出了这样一个问题：人的本质在多大程度上需要从信息的层面上加以揭示？离开了信息的层面可以说清楚人的本质吗？

即使定义"人是社会关系的总和"，也和"人是信息的动物"不相矛盾，甚至可以从中得到进一步的说明。因为人成为社会的人、成为社会关系中的人，是通过信息交往而完成的，人和人之间正是通过信息而互相沟通、了解、建立起相互之间的社会联系，社会成员靠着信息作为"黏合剂"而实现相互的联结与组合。没有信息能力的人，只能是孤立的、孤独的人，至多只接受社会性的救助而生存，并不是内聚着社会能力的人。人的自然性与社会性之间的区别与联系，实际上就是人的物质性与信息性的区别与联系，故认为人的本质是社会性的与认为人的本质是信息性的看法是一致的。

另外，将人定义为"制造和使用工具的动物"，也必须以"人是信息动物"为前提，人具有制造和使用工具的能力不是像动物那样从遗传中本能地形成的，而是学习而来的，没有信息能力，显然就不可能有这种学习。拉斐尔也持类似的主张，他认为人是信息性存在（informational beings），而非理性的动物相互之间不能够从合适的上下文中理解另一些含义，所以它们不能相互沟通，这一点只有人通过语言才能做到。当然，这种人类的特权并不是对物种沙文主义的特许！从这个意义上说，人是信息概念的基本类比项。③

于是可以说，人因信息而成其为人，人因信息能力的形成而成其为人，因信息而从抽象的人变为具体的人，以后还会因信息能力的提高而获得发展……从中我们看到的是信息的属人性与人的信息性的整合。甚至不

---

① 李伯聪：《赋义与释义：多元关系中的信息》，《哲学研究》1997年第1期。

② ［美］保罗·莱文森：《数字麦克卢汉》，何道宽译，社会科学文献出版社2001年版，第89—90页。

③ Rafael Capurro, Peter Fleissner and Wolfgang Hofkirchner, Is A Unified Theory of Information Feasible? A Trialogue, in *The Quest for A Unified Theory of Information*, The Netherlands: Gordon and Breach Publishers, 1999, pp. 9 – 30.

仅人的一般性需要用信息来说明，人的特殊性也离不开信息的说明，如人的信息能力、信息不对称所造成的人的社会地位与生存状况的不同等等。

由于信息与语言的关系，信息视角的人本观也常常表现为语言视角的人本观。笛卡尔认为使用语言、使用符号可能是人与禽兽的真正区别，海德格尔说，"言说是我们的本性……人是能言说的生命存在。这一陈述并非意味着人只是伴随着其他能力而也拥有语言的能力，而是说唯有言说使人成为作为人的生命存在。作为言说者的人是人。"① 当巴甫洛夫认为"正是词才使我们成为人"，詹明信提出"语言的哥白尼革命"，认为是"话在说我"，伽达默尔认为语言是"我"和世界相遇的中心点，表现了语言是人和世界的原始统一，创造了人能够拥有世界的可能性，是人的界限的真正标志，从而人的本质是语言性的，或者说语言本源的属人性质同时也意味着人在世的基本的语言性。伽达默尔还认为，亚里士多德曾把人定义为具有逻各斯的生物；后来人们把逻各斯说成是理性，而实际上逻各斯的本义是语言，所以亚里士多德的定义是"人是拥有语言的存在物"，于是伽达默尔认为，人的本质是语言性的。"语言的原始性同时也意味着人在世的基本的语言性。"② 维纳说言语是人所特有的，是正常表现出来的人类全部社会生活的中心，人对语言的兴趣似乎是一种天生的对编码和译码的兴趣，它看来在人的任何兴趣中最近乎人所独有的。言语是人的最大兴趣，也是人的最突出的成就。③ 人类之所以能够主宰世界，是因为人类有语言。人类的语言高于其他生物的信息手段。这些从语言的角度对人的解释，也是在从信息的角度解释人，主张的是语言信息构造了人和世界。

或者，还有从语言的上位概念"符号"来说明人是什么的，最著名的就是卡西尔的"人是符号的动物"。他认为人的全部活动无非是运用符号创造文化，人类只有通过符号活动才能创造出使自身区别于动物的文化实体。人类精神文化的所有具体形式，包括语言、神话、宗教、艺术、科学、历史、哲学等，无一不是符号活动的产品。同时，人类智力活动需要概念，而一个概念只有在它体现为符号时才固定下来，才能让人把握，所

---

① ［德］海德格尔：《诗·语言·思》，彭富春译，文化艺术出版社1990年版，第165页。
② ［德］伽达默尔：《真理与方法》，洪汉鼎译，上海译文出版社1999年版，第401页。
③ ［美］维纳：《人有人的用处》，陈步译，商务印书馆1978年版，第65页。

以符号化的思维和符号化的行为是人类生活中最富于代表性的特征。由于人的本质是永远处在制作之中的，于是人运用符号创造文化就构成了他的全部内涵，这也使得人类生活在一个独有的"符号世界"中，以符号活动为中介走上一条文化、文明之路。系统论思想家贝塔朗菲也持类似的观点：人是一种自始至终都在创造符号、使用符号，并受到符号制约的动物。"人所特有的能够将人和别的事物截然分开的独特行为就是在思想和语言中创造符号宇宙的能力。除了直接满足生物需要以外，人不是生活在事物的世界中，而是生活在符号的世界中。"①

这一思想更是被后现代思想家鲍德里亚推进到一种对人的"编码"本质的揭示。他认为当代已是一个新的编码时代，自然界及其所有的所指物都被自我指涉的符号所代替，整个社会文化表达也从"以所指为中心"转变为"以能指为中心"，符号成为主客体间距的化合，客体世界被人为的编码和仿真所同化，于是整个人类现实生活仅仅是表象、程序和编码，编码成为人的生存根基，人与编码获得了完全的融合，编码的意义就是人的意义。作为编码形式的数字化成为这个时代最大的形而上学，或"编码本体论"，取代了传统的数字理性，在我们所处的符号空间中，"只剩下代码的黑匣子，只剩下发送信号的分子，我们受此辐射，我们被作为信号射线的问/答所穿越，我们不断地被我们自身细胞中记录的程序所测试"②。在这个过程中，"我"也成为数码的"我"、符号的"我"，人与人的差异只是符号的区别。这种编码本体论或符号决定论受到了来自德里达的质疑："有什么权利把某物的本质统一推测为符号呢？"③

也就是说，对人的本质的这种信息视角的解释也是存在疑问的，除了德里达所提的问题外，其他还如：人（类）的信息活动起于何时？动物也有信息活动吗？非生命体、人造物（如计算机）也有信息活动吗？当然我们可以说，即使人之外也存在某些类似于信息活动的现象，但也是与人的信息活动有实质性差别的，例如维纳就指出：编码消息和译码消息的采用，不仅对人是重要的，而且对其他生命体以及人所使用的机器也是重要的。飞鸟之间的通信，猴子之间的通信，昆虫之间的通信以及一切诸如

---

① 董焱：《信息文化论》，北京图书馆出版社 2003 年版，第 31 页。
② ［法］鲍德里亚：《象征交换与死亡》，车槿山译，译林出版社 2006 年版，第 81 页。
③ ［法］德里达：《声音与现象　胡塞尔现象学中的符号问题导论》，杜小真译，商务印书馆 1999 年版，第 29 页。

此类的通信，都在一定程度上使用了信号或符号，这些信号或符号只有建立该信码系统的参与者才能理解。但是复杂的编码语言就不一样，"一般而言，言语是人所特有的；特殊形式的言语则是特殊社会集体的成员所特有的——这个事实最最值得人们注意"①。而"人有人言，兽有兽语"中的言、语，无非是人对人类以外的"生物信息"无以名之而借用的说法而已。

抑或，从言语作为一种符号信息的角度，可以更加严格地认为人所具有的不同于动物的信息能力是一种"符号信息能力"，由此将人更具体定义为"人是能组织和处理符号信息的动物"，因为人的符号信息能力是人的创造性的渊源之一，是人区别于其他动物的一个基本特征，而将"信息人"视为对人这一特征的一种概括。② 或者说，只有进一步阐明人的信息活动与其他类型的信息活动之间的区别，才能从信息的角度将人的独特特性揭示出来。

信息人本观具有的合理性在于，从信息的角度丰富对人的本性的认识。如果结合前面的人本信息观，则形成人与信息的影响的双向整合，可以认为两者的内涵是本质一致的，所以在使用中也是可互换的，具体说来就是人与信息之间的互相建构、互为解释乃至本质性的说明，例如"人类创造了电脑，接着电脑又创造了新型的人"③。

三　当代信息技术介入的人本观

信息对人本观的建构，还可以进一步延伸到信息技术对人本观的影响这一维度之上，其重要的体现就是当代信息技术对传统人本观的解构。

技术是一种不断改变人的力量，今天的信息技术也同样如此。当信息技术日渐深刻地介入对人的改变时，在最高的人学层次上，关于"人是什么"的本质问题有可能面临新的疑惑。

例如"人是自然的产物"是千古以来关于"人是什么"的一个重要侧面，但随着现代信息技术的发展，"机器人"正在使"人是机器"变为现实；"制造人"的技术使得"人的制造"不仅可以通过生物和医学技术

---

① ［美］维纳：《人有人的用处》，陈步译，商务印书馆1978年版，第63页。
② 徐维克：《关于信息人的若干思考》，《华东理工大学学报》（社会科学版）1994年第1期。
③ ［美］马克·波斯特：《信息方式》，范静晔译，商务印书馆2001年版，第11页。

去实现，而且可以通过信息的、电子的技术得到扩展，从而向智能机器人的方向延展。当然，目前的机器人，即使是智能程度很高的机器人，由于技术水平的限制离真实人的距离还十分遥远，因此，对机器人是不是人的问题可以很容易就做出"正确的判断"。

然而，无论从愿望上，还是能力上，作为信息技术的人造机器人都不会停留在现在的水平上。人类无疑会在智能模拟上不断前进，现有的计算机技术已实现了人类左脑的许多逻辑推理功能，人工智能研究的下一步还将模仿人类右脑的模糊处理能力和整个大脑的并行化处理（同时处理大量信息）功能，并且在赋予计算机更多的逻辑能力的同时，还要赋予它情感能力从而造就出"人工情感"。再发展下去，智能机器人首先就可以从智能活动的功能上和自然人几无区别。当机器人具有一些更"高级"的功能，如会"繁殖"、"进化"、甚至制造比它们自身更高级的机器人时，它们就可能会被我们视为"人造生命"或"人造人"。

这就是机器的所谓"类人性"。根据这种特性，有人主张机器人可以全部取代人脑的思维功能，从而得出这样的结论：在功能上如果与人没有什么差别，就难以否认那样的技术制造物不是人。奥地利科学家莫拉维奇这样说："机器人将具有同人一样的技能和动作，所以，它能像人一样地教育孩子和做其他各种事。事实上，从各种实际用途来看，这个'机器人'就是人……所有人类能干的事，这个人造替代物都能干。所以，如果你不想把它叫做人，只能使你自己显得很反常。"[①] 在这样的视野中，未来的机器人就是人，人与机器的界限终将消失。于是，如果从功能的角度将人视为能思维有理性的动物，那么来自信息技术的可预期的发展也对"人是什么"形成了一种新的解构。

其实，从功能的角度，早在1950年图林就提出人工智能发展到一定的程度就会和人的智能无法区分；他认为如果一部智能机器在指定的条件下，能模仿一个人把问题回答得很好，以致在很长一段时间里能迷惑提出问题的人，那么就可以认为这部机器是能思维的。这就是所谓"行为等价标准"或"反应等价原理"。彭罗斯对这一标准做出了如下的解释：如果电脑对这些问题的确能以一种和人不能区分的方式回答，并如此适当地

---

① 转引自［美］埃德·里吉斯《科学也疯狂》，张明德等译，中国对外翻译出版公司1994年版，第152—153页。

一致地愚弄了我们有理解能力的质问员，那么，在缺乏任何相反的证据下，我猜电脑实质是在思维、感觉等等。[①] 也就是说，在功能主义者的视野中，人工智能在一定条件下和人类智能没有什么区别。于是，即使在现阶段，在特定的场合下，某些智力活动的成果，我们已经分不清是智能机器完成的，还是人来完成的，从效果和功能的角度，就使人脑和电脑的界限模糊了；随着电脑功能的逐渐提高，这个界限还将更加模糊。

我们知道，人之为人的一个重要特质，就是他有智力、有精神和有认识活动。而今，人的智力活动也可以在人脑之外，通过信息技术手段模拟或者制造出来，人的这一最能体现自己是"万物之灵"的东西也变成了技术的产物。如果再在这个基础上，利用材料科学技术的发展，使机器人的"身体"组织被做得和人的组织几乎完全一样，那么从内在思维能力到外在的"皮囊"就都和人"真假难分"了，就如同我们屏幕上看到的科幻作品中的那些"以假乱真"的机器人形象一样。这样，智能技术、材料技术连同生物技术相结盟，就可以使人的物质方面和精神方面都可以人工地制造出来。或者这样来说，既然有的人有"义肢"，那么以后就可能会有"义脑"（或"准义脑"，如在失忆者的大脑中装上人造记忆体，在痴呆患者的脑中装上微型计算机）。义肢如果无限地逼近真肢，"义脑"如果无限地逼近真脑，然后"义肢＋义脑"，是否就有了"义人"？它当然不再仅仅是信息技术的产物，而是若干技术的会聚性产物。

对人的制造同时也包含了对人的改造，在这种改造的过程中，有可能使未来的人不同于现在的人。例如，有人设想用信息技术改造人，在人体中植入一些微电子元件，也就是让计算机进入人体内，它们不像起搏器和助听器那样只是人体的外在补缀，而是通过微技术像细胞般被吸收并成为我们身体的一部分。而且当微电子产品演化到一定程度的时候，人还可以得到一组由人造神经相连的可以互换的器官，这些器官彼此嵌合得很好。在这些电子器官与人的感觉接受器和肌肉的结合处，不断地会有比特流在碳/硅裂隙间穿过。它们与外部数字化世界连通的地方，也就是人的神经系统与全球数字化网络接通的地方。那时人将成为一个由标准部件构造而成、可重新予以设置的电子人，具备无限的扩展可能。

这就是所谓"赛博人"或"电子人"，它是一个合成名词，是 cy-

---

① 　［英］罗杰·彭罗斯：《皇帝新脑》，许明贤等译，湖南科技出版社 1996 年版，第 9 页。

bometic device（神经机械装置）和 organism（有机体）这两个词语构造而成的。Cyborg 一般被定义为：一个人的体能经由机械而得到拓展与延伸进而超越人体（能力）的限制或一个人由机械或是电子装置辅助或控制某种程度的生理过程。① 作为机械和人的结合体，它意味着"信息技术正在开始变成我们身体的一部分，就像假肢技术所发挥的功能一样，后者取代或增加了生物功能，将人类变成赛博人，从而改变人性。"② 用波斯特的话来说，"人类与机器间的共生合成体可以说正在形成。我们一直觉得人类身体在世界中的位置有一个界限，而这种共生合成体威胁了我们这种感觉的稳定性。"③

　　赛博人或电子人也从人文的视角成为一种象征，即象征一个新的人类种群，或人类进化的一种新可能，其中所蕴含的问题有：信息技术在赛博人的存在中是否已经延伸和协同建构了人性？如果赛博人成为一种更普遍的存在，那么先前的人是否反而应该称之为"自然出生的赛博人"？人向赛博人方向的变化是好的和值得的吗？对这个问题有两种对立的观点，其中"超人主义"持正面的看法，认为赛博人技术的目的是通过人的增强来增加人的自治和幸福，消除人的苦难和疼痛（可能的话也包括死亡），由此达到一种超人类或后人类的状态，其中身体的和认知的能力靠现代技术而增强。而"生物保守主义"则反对上述看法，认为人性不应该通过技术来改变，人的增强是非自然的，它会损害人的尊严和平等，并且是身体上和物理上有害的。雷蒙·巴格洛认为：类似赛博人的观念颠覆了西方传统的主体概念，人似乎成为"一个头的意象……其后挂着一个电脑键盘……我就是那个程式化了的头"④。这无疑会使得自我认同出现危机，人的生存意义也可能迷失。

　　"知行接口"技术的使用中也会碰到相同的问题。知行接口作为人与机器的中介，它提出了"人是机器的延伸，还是机器是人的延伸"的问

---

① 〔英〕乔治·迈尔逊：《哈拉维与基因改良食品》，李建会等译，北京大学出版社 2005 年版，第 7 页。

② P. Brey, J. H. Søraker, Philosophy of Computing and Information Technology, In D. Gabbay, P. Thagard and J. Woods, eds., *Handbook of the Philosophy of Science*, Amsterdam: Elsevier, 2009, pp. 1341 – 1408.

③ 〔美〕马克·波斯特：《信息方式》，范静哗译，商务印书馆 2001 年版，第 11 页。

④ 〔美〕曼纽尔·卡斯特：《网络社会的崛起》，夏铸九等译，社会科学文献出版社 2001 年版，第 27 页。

题，它无疑可视为赛博人的一种特殊形式，它使得人与机器的边界被突破，按照《连线》创刊主编凯文·凯利的概括，这种趋向下的"机械"与"生命"这两个词的含义在不断延展：人造物表现得越来越像生命体，生命变得越来越工程化，直到所有复杂的事物都可以被视作机器，所有可以自我维持的机器都可以被视作是活生生的。有机物和人造物之间的面纱已经起皱，表明两者实际上而且始终是同一个生物。我们应该将我们称作有机物和生态系统的有机界与机器人和计算机电路等人造物之间都存在的灵魂称作什么呢？①

著名女性主义者哈维曾率先对赛博人进行了深入的分析。她认为赛博人是人与技术的结合中产生的杂交网络，是我们无法用传统分类概念理解的"融合物"，它的出现使我们先前理解人时所持的三个坚固区别趋于瓦解，一个是人与动物之间的区别，因为在其他灵长动物身上也能看到语言、使用工具和社交现象。再一个是机器和人之间的区别，例如原本受人控制的机器开始越来越像"人"了；生物芯片的发展，机器开始突破以往程序性思维框架，已经在创造性思维领域跃跃欲试了，可以像人一样思考甚至反过来替人类思考；原本控制的机器的人开始越来越"机器化"了，现代医学技术使人体内可以植入芯片等，人身上"机器"的成分愈来愈多，且人越来越离不开自己发明与创新的机器，或者说是"异化"了，而且令人诧异和不安的是，我们的机器变得越来越活泼，而我们自身变得越来越呆板和无生气。其三，身体的与非身体的界限也被突破了，这意味着世界不同部分的边界变得更加具有渗透性，过去所进行的那些二元划分不再有效，所以赛博世界是一个二元论"坍塌"的世界，所有异质的、不兼容的、原来你死我活、势不两立的东西均可"和平共处"；或者说赛博世界是一个多元的、没有清楚边界的、非本质的世界。用这种突破边界、跨越划界和反本质的观点来看人，哈拉维认为也许更应该把人类看作节点（nodes）、看作众多不同网络的交叉点，而不是独立的单由细胞构成的生物。哈拉维声称，对于人的看法我们历经了四次颠覆：哥白尼革命颠覆了"人类与宇宙"之间的界限，达尔文的生物进化论颠覆了"人与动物"之间的界限，弗洛伊德精神分析理论颠覆了"理性与非理性"之

---

① W. 库珀：《互联网文化》，载［英］弗洛里迪《计算与信息哲学导论》，商务印书馆2010年版，第226页。

间的界限，而现代信息技术则颠覆了"人与机器"之间的界限。在某种重要意义上，现在我们都是赛博人，而人类成为赛博人的历程必然导致巨大的观念上的格式塔式的转换，以至于在人和机器的关系中，既可以在人体中嵌入技术设备仪器，而作为技术的机器又更趋于人性化和智能化，技术与人已经是"你中有我，我中有你"。人和机器，谈不上谁替代谁，甚至两者之间谁在进行制造，谁又是被制造的，也变得无从区分，呈现出一体化的趋势。由于赛博人的归属本身就具有模糊性，所以"我们"的准确"选区"依然是一个悬而未决的问题。① 这样的看法使我们对人的理解呈现出流动性和开放性，也被视为对传统本质主义的人类界定方式的一种解构。

随着电子器官的肉体化、内在化，人与机器、主体与客体之间原有的绝对分明的界限正在消亡。《计算机革命的哲学新意》一文的作者意味深长地说：当身体的界限和神经系统的边界变得不那么明晰的时候，哲学不得不把灵魂/肉体问题作为灵魂/网络问题加以重新概念化，这样可以为未来的可能世界留下更大的余地：精神与生命为什么要限于含碳有机物，电子人为什么不能成为猿猴进化的新版本？②

美国人工智能学家雷·库兹韦尔从人工智能的未来发展揭示定义人将会面临的困难。他看到技术孕育出电脑，电脑是技术的精髓③；当技术进化的速度超越了生命进化的速度之后，人类智能与机器智能、人类灵魂与机器意识之间的关系就成为技术进化的焦点。库兹韦尔认为电脑智能最终超过人类智能，它不仅高出人类智能一万倍，而且还将具有灵魂，成为真正的"灵魂机器"，并使人类社会进入"灵魂机器的时代"，届时人就不再是地球上最有智慧的"万物的灵长"，于是如何定义人就成为一个基本的哲学问题④。计算机的发展过程就是从"越来越像人"走向"类人机"的过程，当机器超过人类时，是将人类定义为"新机器"、还是将"灵魂机器"定义为"新人类"，就成为令人困惑的问题；当计算机将不再是冷

① D. Haraway, *Simians, cyborgs, and women: thereinvention of nature*, New York: Routledge, 1991, pp. 152 – 177.

② 参看桂起权《计算机革命的哲学新意》，载乔天庆、陶笑眉《计算机与世界》，武汉出版社 2002 年版，序二，第 1—6 页。

③ ［美］雷·库兹韦尔：《灵魂机器的时代》，沈志彦等译，上海译文出版社 2005 年版，第 26 页。

④ 同上书，序言 2—3 页。

冰冰的机器而是有意识的物体并具有了人的品质和情感时，它们会声称自己是"人"。① 到 2099 年"人类"这个概念已经脱胎换骨，从人类智能的扩展模型衍生出来的智能机器也要求被称为"人"。②

随着当代信息技术对人所"施加"的影响甚至改造的作用越来越大，人之为人的"本体论"问题或"人本学"问题必然变得尖锐起来，我们的心中难免会产生种种疑惑：人成为技术化生存物时会不会丧失自己的本性，人创造的技术反过来又影响和改造人，人被技术潜移默化影响得越来越像机器，同时机器被制造得越来越像人。就是说，从两个方向上实现着人和技术的互渗，人和非人的界限又在哪里，真的如同哈拉维所主张的那样没有必要进行这样的分界了吗？人作为"类"的含义是否发生了变化，应该如何认识这种变化？在这样的背景下，"人"恐怕就不再只是分为技术繁殖的和自然繁殖的两类，而是要分为"全自然的"、"半自然半技术的"、"全技术的"几种不同的类型，甚至还要细分出"x/y 自然的（y－x)/y 技术的人"，如"1/4 自然的加上 3/4 技术的人"，或者干脆用对自然人和技术人的"隶属度"来表达，还有，即使全部由技术制造的人中，也会有人工作用的深度不同，如是在器官水平上制造，还是在基因水平上制造，或是在智能的维度上制造？

从前面的分析我们已经看到，一方面这意味着"人是什么"的答案将更加多样化，内容将更加丰富多彩，并更富于思辨性；另一方面，这也意味着人和非人的界限将难以划分，"人权"、"人性"等将面临更多的新问题。也就是说，当代信息技术以及与其会聚的其他高新技术将人带到了一种从自己的本质上都越来越不确定的境地，这既是"机遇"，也是"挑战"。机遇在于人可以有更多可能的方式去生存，"挑战"在于"非人"的方式也可能成为人的生存方式，即有可能出现"人将不人"的"未来世界"。在信息技术和其他技术的介入下，人的非人化与非人的人化，两个方向发起了人与非人界限的解构，"人是什么"的技术含量和自然成分之间的平衡不断被打破。

"人是什么"所面临的新疑惑、人之为人的难以界定，也可以视为人

---

① ［美］雷·库兹韦尔：《灵魂机器的时代》，沈志彦等译，上海译文出版社 2005 年版，第 75 页。

② 同上书，第 302 页。

的发展的一个结果,是人的能力向外扩张时必定要增加的丰富性;这一结果还可以看作是技术和人不仅在体外融为一体,而且在体内也融为一体。在这里,实际效果是最重要的判据,界定只是一个附带的问题。

甚至技术性的人工所为与天工性的自然所为之间的界限也可能不是绝对的。也就是说,在人的产生过程中,由于技术的制造而带有的技术痕迹是否可以通过遗传而成为自然的东西,比如通过基因工程改变的基因性状(一种人工的基因)可不可以成为自然的东西?并且,判断其成为自然的东西的标准是什么?是否成为可以世代遗传并能够适应环境的性状?

如果把我们已经习惯的对人界定的标准称为一种"人文认同"的话,那么当代信息技术对人的改造均是对这种人文认同的一种冲击,过于坚守已经习惯的人文认同有可能阻碍对人的科学认识和技术改进,就如同历史上曾经发生过的阻碍那样;但同时,技术用操作的手段对人改造时对传统的人文认同的每一种突破都必须谨慎,并非每一次突破都是积极的或具有人文价值的,尤其是当这种改造关涉到"人是什么"这样的"大是大非"问题之时,关涉到动摇人类对自身认同的标准问题时,就更是如此。

四 基于信息技术的人之生存与发展方式

如前所述,信息的重要性是由信息技术的重要性所"招致"的,信息技术和一般技术一样,对人的生存和发展具有极为重要的意义。由于"技术对人类活动而言不仅仅是辅助工具,而且是重塑人类行为及其意义的强大力量"[1],因此新的技术革命和文明形态的出现就意味着人类生活方式的新变迁,从而全面影响人的工作和生活,并改变深层的思想观念和文化习性,使得前面所说的"信息大于物质"的价值取向也深刻地反映在人的生存与发展方式之中。

如前面所列举的人类的基本生存需求从"衣食住行"发展到"衣食住行网"就是如此。最早的人类最基本的需求就是"食";随着早期人类从非洲向其他地区尤其是寒冷地区的迁徙,为了御寒的"衣"便成为一种新的基本需求;后来伴随农业文明时代的到来,人的生活范围从依山傍水、以洞穴为居所的地域向广阔的平原扩展,使得建造房屋作为居所的

---

① Langdon Winner. *The Whale and the Reactor*: *A Search for Limits in an Age of High Technology*, Chicago: University of Chicago Press, 1986. p. 11.

"住"也列入了基本的需求之列；人类进入工业文明时代后，跨地域的交往成为普遍现象，使得仅靠步行难以方便和迅速地达至商业或其他活动的目的地，依赖交通工具之"行"随之成为生存之必需。在信息文明时代的今天，在上述基本需要之外无疑又有了新的扩展，这就是互联网正在成为人们生活中不可缺少的一个重要方面。据2015年发布的《第26次中国互联网络发展状况统计报告》显示，截至2015年6月，我国网民规模达6.68亿；2014年底，中国网民的人均周上网时长达26.1小时，互联网对个人生活方式的影响进一步深化，从基于信息获取和沟通娱乐需求的个性化应用，发展到与医疗、教育、交通等公用服务深度融合的民生服务。

信息时代人在生存方式上的信息大于物质，最直观的表现就是越来越多的人在网上的生活或者说面对信息世界的时间越来越多于面对现实世界的时间。他们清醒的时候，多数时间是在"屏读"中浏览各种信息，不断在各种电子荧屏（手机屏、电脑屏、电视屏）中切换，与各种电子信息（微信、微博、博客、视频、电子游戏等等）"纠缠"在一起。据美国早先的一项使用媒介的调查：一天中人们约有30%的清醒时间在专注地使用媒介，另外39%的时间在使用媒介的同时还在从事其他伴随性活动，即70%的时间都在使用某种形态的媒介，只有不到21%的时间在专心地工作，而即使这种专心的工作，也仍旧可能是面对电脑进行的信息操作①；当智能手机问世后，我们还看到，人们的生活更是依赖于手机。据清华大学新闻与传播学院沈阳的一项调查发现，每个有手机的中国人平均每天要摸手机150次；从生活离不开电视到生活离不开网络；尤其是对于那些废寝忘食、不眠不休地沉溺于网络世界的"新新人类"或"数字一代"来说，如果没有网络，很难想象他们将如何生存下去，对于他们来说，"我上网故我在"已成为一种新的人生哲学。凡此种种，均是"数字化生存"中所展现的不同程度的"信息大于物质"。

人的生存方式的变化，就是人的整体性文化存在方式的变化；信息时代的文化方式就是信息文化占据支配地位的新文化方式，而这种新文化无疑是由新的信息技术或新媒介所造就的。信息或媒介技术对文化的影响，在表层上表现为强化了文化的传递、保存功能等，而在深层影响上则是造成了人的生存文化的改变，使得信息技术的不同形态与人生存和发展的不

① ［美］詹姆斯·波特：《媒介素养》，李德刚译，清华大学出版社2012年版，第4页。

同形态之间具有内在的对应关系。例如，历史上文字的出现、第二次信息革命的发生，就使人从蒙昧的"野蛮人"进化为"文明人"；这也是对人类发展的一个关节点的看法：没有文字的民族就没有真正脱离动物界，或永远只能处于原始社会中，而不能进入文明社会。第三次信息革命之后，随着工业化进程的推进，"文明人"进一步从"古代人"发展为"现代人"。今天，由于电子信息革命的发生，当代信息社会则进一步使"现代人"增加了其丰富性，即"后现代"的许多特征也出现在现代人身上，例如不再单纯地强调理性、逻辑、真理、基础和本质，而是也看重和倡导多元性、开放性、创造性、和谐性（人与人、人与自然的和谐、协调）等，从而成为具有"后现代性"的现代人，一种"新型的现代人"。哈贝马斯也表达过类似的思想，他认为交往行动因为 20 世纪发展起来的大众交流的电子媒介而导致一种对现代性加以超越的后现代文化："一旦人们理解了数据库中体现的表征形式，就可以把它与信息方式中的其他区域加以比较，如看电视、电脑写作、打电话、录音录像等。这些文化技术的每一种都具有话语效应，可以认为这些效应的总和正在慢慢地建立一种与现代性迥异的文化基础。无论是何情形，连贯、稳定、理性中心的主体都受到异质性、分散、不稳定性、多重化的对抗。数据库是规模更大范围更广的文化转型的一部分，这种文化转型把主体定位在自由主义和马克思主义理论取向可以获得的可见性框架之外。难怪利奥塔在《后现代状况》中所宣称的'对元叙事的不信任'能引起人们的共鸣。"① 换句话说，对于今天，"人类创造了电脑，接着电脑又创造新类型的人，这也许正在悄然发生。"② 可以说，不同的信息技术造就了人的不同时代和不同发展阶段，当今天我们用"书写的一代"、"电视的一代"、"互联网的一代"（"网络世代"）来区分人群时，就表明了信息技术对人的"代际区分"的重要意义。

今天，人类在电子信息技术为文化基础的生活方式与先前的生活方式发生了极大的文化转型，如"网络文化"之"超越物理环境、文化差异和时区限制的能力都已大大提高"，它"更像一个不同邻居的巨大集合，

---

① ［美］马克·波斯特：《第二媒介时代》，范静哗译，南京大学出版社 2000 年版，第 126 页。

② ［美］马克·波斯特：《信息方式》，范静哗译，商务印书馆 2001 年版，第 11 页。

具有共同兴趣的人能够共享信息、共同工作、讲故事、开玩笑、讨论政见、互相帮助或者玩游戏"①，从而为人类创造出一种新的生存方式、活动方式和思维方式。新的沟通方法带来了新的行为特征、互动规则和思想意识，也就是造成了文化生活中的新特征。

从一种更广阔的视野看，人的生存方式上的"信息大于物质"在今天还突出地表现为"人的发展方式"的转型，这就是"人的数字化发展"的出现并占据主导地位。人的数字化发展主要是指人借助数字信息技术使自己得到的增强和发展。随着信息技术的不断进化，人的数字化发展日益普遍和深化，它极大地延长了人的大脑，从而增强了人的能力和自由程度。这一发展的高级形式在未来还可能是人对自己进行"数字化处理"后实现的发展，甚至是人将自己转化为、对象化为数字化信息后的发展，其侧重面当然在于人的精神方面，例如作为精神自我的数字自我可以在新的载体上被加以合目的的改造而成为"新人"。从广义上，人的数字化发展包括借助数字技术的体外延伸，到植入数字技术的体内提升，再到意识信息的外在数字化后的离体性增强发展，如此等等。心智数字化是数字化的一种重要扩展。更进一步，在心智数字化中还可以实现从智力数字化到心灵数字化的扩展。在此基础上可以实现"自我意识"的数字化从而创造出完整的心智上的"数字自我"，这或许也是"人类的每一代都会比上一代更加数字化"②的必然趋势，也是不同阶段的信息技术所"造成自我的不同状态"③。

总之，人本哲学与信息哲学和信息技术哲学的视界相互交汇，使得人与信息之间、人与信息技术之间的互相规定和理解呈现出日趋增多的丰富性。

① ［英］戴维·克里斯特尔：《语言与因特网》，郭贵春译，上海科技教育出版社 2006 年第 39 页。

② ［美］尼葛洛庞帝：《数字化生存》，胡泳、范海燕译，海南出版社 1997 年版，第 272 页。

③ ［美］马克·波斯特：《信息方式》，范静哗译，商务印书馆 2001 年版，第 13 页。

第六章 信息哲学的地位研究

对信息的哲学研究，形成了信息哲学；但信息哲学产生后，实际上形成了两种不同的理解，一种是狭义的理解，将其理解为"关于信息的哲学"（philosophy of information），即用哲学的眼光或视域去研究信息的含义、特征和价值等等；另一种则是广义或扩张的理解，将其解释为"信息性的哲学"（informational philosophy），即认为哲学随之发生了"信息转向"，并产生了"全新的变革"，从此整个哲学都将以信息为核心来建构，全部世界都要从信息的角度去加以说明，由此形成了"信息主义"的世界观和哲学理论。因此，关于后一种信息哲学是否代表了信息哲学的真实地位，就成为一个需要认真对待的问题。

第一节 信息哲学与信息主义之间

信息哲学产生后，随着信息范式的重要性被越来越充分地认识，一种将其功能和地位加以凸显甚至无限夸大的哲学信息主义也随之产生。虽然哲学信息主义是关于信息哲学重要性的一种表达，但由于信息主义具有多种含义和层次，因此信息哲学与信息主义之间也具有复杂的关系，尤其需要明确的是，并不是所有的信息哲学都主张一种本体论信息主义。

一 从信息到信息哲学

信息哲学使得"信息"具有了哲学性，成为一个世界观问题。

"信息"从一个日常的交流或交往的术语，变成一个科学概念，再由信息论中"狭义信息"上升为一个哲学范畴即"广义信息"后，对信息的解释就经常会触及到哲学世界观的问题。它既不是物质，也不是能量，这一属性被看作是漂浮在唯物主义世界观"万里晴空"上的一片乌云。"随着信息在社会生活中地位的日益提高，自然科学界和哲学界目前正在提出一个问题，即材料（物质）、能量、信息三者当中，何者更基本一些，重要一些……既然世界是物质的，而物质内部又有自己的结构，结构又表征着或包含着信息，那么，是否信息比物质更为基本，更为重要？"①这样，从信息需要加以哲学解释的意义上，表明了信息问题已经成为一个世界观问题；而目前已经形成的对信息的各种哲学解释，则进一步表明不同信息观已成为不同的哲学世界观的体现或组成部分。

对信息的哲学定义也反映了一定的哲学世界观。如何定义信息，可以看到其中秉持什么哲学，主张什么世界观。而对信息的定义，就是对信息的看法，构成所谓的"信息观"。在解释什么是信息时，不仅这种解释要受世界观的影响，而且把信息解释成什么本身就是一种世界观，使得世界观的内容在今天通常也要包含信息观的部分。于是，如何从哲学上解释信息概念，现在已成为唯物主义与唯心主义争论的重要问题之一。也如同弗洛里迪所说："宇宙自身在本质上是否就是由信息构成的……这要看如何处理信息的概念了"②，其中的意思包括：信息观与宇宙观相连；或者说，在对世界的总体性看法中，今天通常也要包含对信息的看法。

对信息的哲学探讨中必然出现了信息哲学，信息哲学通常可界定为"对一般信息现象的哲学研究"，它是专门以"信息"为对象的部门哲学，或者说是对信息的哲学探讨，或者再加上价值评价的色彩：它是"一种新的哲学范式"③。可以说，信息哲学的基本问题就是探究信息的本质，而扩张的任务则要为各种新老哲学问题提供信息理论的哲学方法，其起点是将信息问题视为哲学问题。

二　信息哲学与信息主义间的复杂关系

信息哲学出现的同时，还兴起了信息主义，两者之间则具有复杂的关系。

我们知道，信息时代中一种全面的文化转型必然导致一种深刻的哲学

① 王雨田主编：《控制论、信息论、系统科学与哲学》，中国人民大学出版社 1988 年版，第 364—365 页。
② ［英］弗洛里迪：《信息哲学的若干问题》，刘钢编译，《世界哲学》2004 年第 5 期。
③ ［英］弗洛里迪：《什么是信息哲学》，刘钢译，《世界哲学》2002 年第 4 期。

观念转型，甚至一场哲学革命，由此形成一种"从信息角度来观察事物的迫切需要"①。如果说工业时代导致了崇尚物质和能量的世界观及相应的主导性哲学——物质论和机械论，信息时代就必然导致崇尚知识和数据的另一种世界观和另一种主导性哲学——信息主义。可以说，凡是将信息视为一个重要的哲学范畴，或以信息作为观察世界的基点，以信息思维看待现象和分析问题的理论学说，均可视为哲学信息主义。因此，从哲学上主张信息主义的种种观点并不完全相同，所持立场有强有弱，视野也有宽有窄，可以视为哲学信息主义的不同层次。

第一个层次，是将信息问题视为哲学问题，或认为哲学应该关注信息问题，强调信息作为哲学研究对象的重要性，从而认为需要有一种"信息的哲学转向"或"哲学的信息转向"，它可以归结为一种对以前被关注不够的"信息世界"加大研究的"哲学呼唤"。这是最初级的或"最低纲领的"哲学信息主义，也是最弱或最温和意义上的哲学信息主义。

第二个层次，视信息问题为哲学的核心问题，认为哲学就是信息哲学，或信息哲学是"第一哲学"，信息思维是最重要的思维。在此基础上有的学者全面展开了对信息思维、信息方法、信息本体论、信息认识论、信息价值论等等的研究。这样的哲学信息主义具有一定的"信息崇拜"倾向，但不涉及哲学本体论的根本转换，仍可在传统的物质或精神本体的解释框架中对信息的本质加以说明，我们可将其归于较弱或较温和的哲学信息主义。

第三个层次，视信息为超出物质和意识的本体，或认为信息是统一世界的基础，在本体论上形成对传统哲学的根本性改造，从而走向本体论信息主义。例如认为"信息正在被认为是心、物和意义所有这些现象的基础，并最终将把它们统一在某个专门的理论中"②；K. 塞耶尔的"信息实在论"甚至认为信息比无论物理性的还是心理性的现象都更实在；弗洛里迪则说在泛计算主义者的眼中，信息世界是一个真实的、实在的世界，而物理的、有形的世界倒是应当由信息得到说明的东西。在这个层次上的信息主义者看来，信息是一切现象的来源和可以用来说明一切的终极原

① [美]约翰·布朗等：《信息的社会层面》，王铁生等译，商务印书馆2003年版，第22页。

② D. C. Dennett and J. Haugeland，"Intentionality"，in Richard. L. Gregory（ed.），*The Oxford Companion to the Mind*. Oxford：Oxford University Press，1987，p. 384.

因，世界的本质就是信息。这样的信息主义似乎可称之为"唯信息主义"，它将信息本体化、本源化，将物质和世界的一切最终归结于或"换算"为信息。这是最彻底、最激进的信息主义。

哲学上的强弱信息主义之分，其边界往往很模糊，如有的观点既认为信息仍离不开物质，但又认为"在一定意义上确实可以近似地讲信息是独立存在的，即它所依赖的物质成分可以忽略不计"，以至于两者中"'信息'与'物质'相比处于主导地位"①。不同层次的哲学信息主义体现了信息对视界的不同融入程度。最温和的哲学信息主义是在观察世界的视镜上，不去掉原有色彩再加上一层信息的色彩；激进的哲学信息主义则是用信息的色彩基本或完全替换原有的色彩；而较温和的哲学信息主义介于两者之间，在"色彩"上既有叠加也有替换。从某种意义上，不同层次的哲学信息主义都倾向于哲学的"信息转向"，但显然有的倡导的是"弱转向"，而有的倡导的是"强转向"。

从总体上，"弱信息主义"、"温和信息主义"更多的是认识论信息主义，他们的信息眼光是一种"容他性"的眼光，视信息为认识世界的补充，将信息视角作为传统世界观的"辅助"，从"方法"和"信息思维"的功用上去理解信息主义的价值。而"强信息主义"更多的是本体论层次的信息主义，他们将信息视角作为世界观的"主导"，用信息去构造一切，其信息眼光是一种"排他性"的眼光。这样的信息主义也被称为"唯信息主义"。

哲学上的信息主义还可以根据其指向的主要目标区分为"价值论信息主义"、"认识论信息主义"和"本体论信息主义"，以信息与物质的关系为例可形成如下的区别：

价值论信息主义主张信息大于物质，以"信息资源是比物质资源更重要的资源"为典型观点，这是人类进入信息时代后普遍流行的价值观，至少成为当今经济哲学和政治哲学中的主导观念；这种观点在本体论上并不涉及是否承认物质是信息的载体和基础的问题。

认识论信息主义主张"信息决定物质"，如后面要提到的"辩证虚物论"（张青松）的"虚物主导实物"，以及在通常的认识论意义上认为

---

① 董光璧等：《信息、知识与社会》，《自然辩证法研究》1998年第5期。

"信息"与"物质"相比处于主导地位①，即所谓"信息引导物质"，这实际上是观念引导人工物、目的引导造物活动（building）的另一种说法。

本体论信息主义主张"信息来源于物质"，前面所介绍的惠勒的"万物源于比特"，"一切皆信息"就是这样的本体论主张，此外中国学者王江火所认为的"信息是宇宙之本，物质是信息的集合体"、沈新曦的"信息生成世界，宇宙是一种信息的演绎过程"等也是这样的本体论信息主义，这种观点认为信息不仅是实在的，而且是唯一的实在，比物质更实在：信息不仅不需要以物质为载体，而且是世界的原初存在形式，物质是信息的派生物，世界先有信息，后有物质；信息是世界的本源。

此外还有方法论信息主义，主要隶属于价值论信息主义和认识论信息主义，但在极端的情况下方法论信息主义也会走向本体论信息主义，即在寻求信息作为解释一切的方法论根据时走向把信息作为"终极原因"来看待，就成为一种本体论信息主义。拉斐尔对这样的信息主义提出了质疑："这样的信息科学其边界在哪里？"或者说，"把信息作为一个理解现实的基本概念，它的边界在哪里？"②

目前的各种哲学信息主义，无论是认识论信息主义、方法论信息主义还是价值论信息主义等，大都停留在工具主义的层面，而本体论信息主义则是力求以信息为基石而建立一种新本体论，这也是哲学上的"强信息主义"。

可见，信息哲学通常是要通向信息主义的，但由于信息主义的含义和层次不同，所以信息哲学与什么样的信息主义结缘也是有多样化的表现的。一种信息哲学如果持第一个层次上的信息主义，这种信息哲学就是前面所说的"关于信息的哲学"（philosophy of information）；一种信息哲学如果持第三个层次上的信息主义，这种信息哲学就是前面所说的"信息性的哲学"（informational philosophy）；持第二个层次信息主义的信息哲学可以说是"关于信息的哲学"和"信息性的哲学"之间的"混合态"。所有这些差异中的关键，就是看一种信息哲学是否主张本体论上的信息主义。

---

①　董光璧等：《信息、知识与社会》，《自然辩证法研究》1998 年第 5 期。

②　Rafael Capurro, Peter Fleissner and Wolfgang Hofkirchner, Is A Unified Theory of Information Feasible? A Trialogue, in *The Quest for A Unified Theory of Information*, The Netherlands: Gordon and Breach Publishers, 1999, pp. 9 – 30.

其实，信息哲学既可以持本体论信息主义的主张，也可以不表现为一种以信息为本的主张，而是囊括不同视野、不同主张即不同"主义"的关于信息问题的哲学研究领域。前者是站在本体论信息主义的立场上来研究信息哲学，例如大部分国外的信息哲学研究者所持的就是这种立场。相反，国内更多的信息哲学研究者虽然承认信息是一种重要的现象并将其纳入哲学研究的视野，但并不认为信息是最基础的现象，也不一定主张什么哲学的"信息转向"，或将信息哲学视为"第一哲学"；或者他们虽然对信息哲学的核心问题"信息是什么"进行了探讨，但并没有走向一种唯信息主义的信息观和世界观，而可能是走向一种唯物主义的信息观，如认为"信息是物质的属性"，"信息离不开物质"等等，这样与其先前主张的物质本体论并不矛盾。甚至，对信息主义的本体论和认识论批判也是一种信息哲学（如对计算主义的批判就是一种计算哲学从而也隶属于信息哲学）。或者说，当某人在信息哲学中主张信息是物质的属性、特征和表现形式并依赖于物质时，他就是信息哲学领域中的唯物主义者而不是信息主义者。在这样的意义上，研究信息哲学就不一定必然走向本体论信息主义。当然，在这个问题上也可能出现复杂的情况，如一些信息哲学研究者既认为信息仍离不开物质，但又认为可以近似地把信息视为独立存在的，即它所依赖的物质成分可以忽略不计，或者认为信息与物质、意识、存在等概念"同等重要"，这就表现了在唯信息主义和唯物主义之间的徘徊。

由此看来，即使在信息哲学内部，我们也需要看到从信息的角度谈信息哲学和从信息主义的角度谈信息哲学之间的差别与联系，而且更要看到本体论信息主义与认识论信息主义和价值论信息主义的差别与联系。例如，有无可能在认识论上主张信息主义而在本体论上主张物质主义、或在价值论上主张信息主义而在本体论和认识论上主张唯物主义？这些研究范畴是否有各自相独立的不能互相取代的价值？

当我们强调信息主义与信息哲学的不一致性时，就表明了，思想可以是复杂要素的集合体，对信息的功能和重要性可以采取有限度的承认，而不是不分场合地"一以贯之"。

而当我们强调两者之间的关联时，则是揭示了从一种视域过渡到另一种视域的可能性，抑或是需要清晰地认识我们对信息问题的主张究竟秉持的是哪一个层次、领域和强度上的主张，尤其是我们是否要避免一种过于极端的主张？这种关联还展示了两者之间可以具有的一种开放性的互补关系：信息哲学要对信息主义加以评价，对人们究竟是否接受信息主义或接受什么样的信息主义提供建议；而信息主义对信息哲学的研究提供启示，通过展示多种形式的信息主义来启发信息哲学对信息问题复杂性的深入认识。

在以上分析的基础上笔者认为：如果提倡一种有限的、狭义的、相对的、温和的信息主义，或许比无限的、广义的、绝对的、激进的信息主义更为合理。这样，即使提倡一种信息主义，也不是绝对排他的一种本体论主张。于是，当我们说信息主义和信息哲学都是信息时代的产物时，也并不意味着信息时代的唯一主导哲学和主导观念只能是信息哲学和信息主义。因为"信息时代"即使是信息和信息技术的功能和作用更加凸显的时代，也不意味着它们与其他现象和技术的绝对分离和完全替代，例如我们还是会将工业技术视为信息技术的基础，将物质视为信息的基础，从而意味着信息时代与物质和材料技术时代的不可分离甚至仍然是以其为根基的。同理，是否需要以及是否可能使信息哲学成为一种"全新"的哲学范式，也是值得商榷的。或许正是这种有包容性的信息主义和信息哲学——一种智力成果被激情呼唤之后再被冷静地置于恰当位置——才会是更有广阔前景的信息主义和信息哲学。

第二节　回归信息哲学的合理地位

如前所述，不同的信息哲学对信息的含义和其他种种信息问题进行哲学探讨时，不可避免要和信息主义发生关联，虽然他们并不一定都会坚持本体论上的信息主义，但在方法论、认识论和价值论上的信息主义通常则是很明显的。当然也有少数学者还是明确主张本体论信息主义，还有的是主张变相的本体论信息主义，尤其是涉及对信息革命的哲学评价时，就更是如此。他们认为信息进入哲学的视野从而形成的信息哲学，导致了一种"新的哲学范式"，甚至导致了一种"全新的世界观"和"全新的哲学革命"。

一　信息视角是否导致了全新的世界观？

为了强调信息问题的重要性，尤其是在哲学层次上的重要性，有学者主张："信息给人们带来了对世界认识的全新图景，这就在整体上改变了人们世界观的具体样态。"① 这样的看法是唯信息主义的一种典型观点。

我们的分析可以从"信息不是什么"开始。

当"信息"成为一个使用频率最高的术语之一后，人们对"信息是什么"的兴趣随之急剧升温，使得信息的定义如雨后春笋般地涌现出来，但是，虽然迄今有不下 200 多个关于信息是什么的定义或说法，但却没有一个能够得到大家的公认，也就是几乎难以从正面上取得关于信息的共识。在"信息是什么"问题上的众说纷纭，使得信息尽管已经成为当代哲学的一个核心概念，但却并没有形成对这个概念的哲学共识，然而，控制论的创始人维纳关于"信息不是什么"的说法却为大家所认可："信息就是信息，既不是物质又不是能量。"② 对这个否定式的说法几乎不存在什么分歧，说明目前只能这个角度对信息所加以的说明才是令人信服的，也说明信息确实是物质、能量之外的另外一种现象，或者说是区别于物质和能量的一种基本存在。

"信息不是什么"从根本上说明了信息是不能等同于质能现象的另外一种现象，甚至被认为是与物质和能量并列的客观世界的三大要素，相应的技术——材料技术、能源技术、信息技术——则被视为当代社会的三大支柱技术。

虽然信息与物质和能量有千丝万缕的联系，但只要是认定为信息现象，就一定存在着物质和能量所不具有的特征。例如：信息的可共享、并在共享中可增殖的特性，就是物质和能量所不具有的。这就是通常所说的，物质和能量均是越用越少，而只有信息是越用越多。又如信息不具有任何"实体"的属性，所以也不具有空间的广延性。

信息作为哲学范畴所具有的"不是物质"或"不是物质本身"的归属，在一般的意义上并不引起什么"世界观"的变革。因为如果将信息视为归根到底依赖于物质的东西，即坚持唯物主义的"信息观"，那么由此所构成的世界观仍然是唯物主义的，并没有引出一种"全新的世界观"。

但问题是，许多哲学家并不这样看待信息，而是从"信息不是物质"中引出了"信息"与"物质"并列的关系，更有甚者视信息比物质更根

---

① 邬焜：《信息哲学问题论辩》，西安交通大学出版社 2008 年版，第 42 页。
② ［美］维纳：《控制论》，郝季仁译，科学出版社 1962 年版，第 133 页。

本，由此而形成的信息观确实可以导致以物质为基石的世界观的"全新变革"。

例如，还在20世纪80年代，就有苏联学者提出的信息是"第三者"，即认为信息既不是物质，也不是精神（意识）现象，而是独立于物质和精神之外的第三范畴、第三种现象；是既非物质又非意识的"第三态"，"它的天职是消灭唯物主义与唯心主义之间的对立"，他们在《机器的意识控制论的形而上学》（1957）一书中，把维纳的命题加以引申：既然信息不是物质，也"不是精神或主观的东西"，同时，又不可将信息分开，一部分划给主观，一部分划给客观。因此，他们提出："与物质和意识并列，可以假定第三种根本的东西，即信息"。为了论证这一点，他们认为传统的两分法把事物分为物质性东西与精神性东西是"太粗糙"、"太原始了"，就像二值逻辑要被三值逻辑所代替一样。因此斯托伊克进一步明确地说："把整个现实还原为意识和物质时，还剩下一种根本的东西"，这种东西既不是物质，也不是意识，而是信息"①。克劳斯对此既提出了批评，同时采用了其中一些合理的成分，肯定上述提法有助于理解心身关系的中介作用。他写道："如果 M（心）与 B（身）是绝对划分为两类的，它们之间没有任何过渡，没有任何中介，没有任何共同点，他们之间也就不可能有任何相互作用。"②

于是，在这个层次上理解信息时，通常就会提出"是否需要范式转换"的问题，即"超越"唯物与唯心的对立，因此不少人认为，由于信息现象即不属于物质也不属于精神，所以传统的唯物论及其本体论的基本范式（即作为哲学基本问题的物质与精神范畴）已经无法包括和确认信息现象的本体论归属，使得信息也就被传统本体论的基本范畴排除在外，亦即不再适宜用唯物唯心加以分析。在论及类似的现象"虚拟实在"时，也引出了这样的观点：虚拟存在"把真实的世界与虚拟的世界之间的界限变得异常模糊，以至于从根本上改变了我们的认识方式，因此哲学物质观就不能再以物质和精神的关系来硬套虚拟现实，而应该考虑用新的范畴

---

① ［德］M. 斯托伊克：《哲学根本问题和信息概念》，《自然科学哲学问题丛刊》1979年第1期。
② ［德］G. 克劳斯：《从哲学看控制论》，梁志学译，中国社会科学出版社1981年版，第64页。

去反映它的本质。"①

　　信息哲学家弗洛里迪的如下问题更是明确反映了这一趋向："信息——不同于物理/物质和精神（假定人们可以用笛卡尔的二分）——是一个独立的本体论范畴吗？……如果信息不是一个独立的本体论范畴，它向哪个范畴还原？如果它是一个独立的本体论范畴，它与物理/物质和精神之间具有什么关系？""是否可以说，信息位于第三世界，可以由智能生物以智力的方式存取，但却不是本体论意义上依靠它们（柏拉图主义）呢？"最后他认为在西方哲学的框架里很难为"信息"在本体论上找到一种可以为人接受的可能，因为长期以来西方哲学处于心物二元论的"人格分裂"之中。②

　　也就是说，信息与物质能量不同，并且与精神意识也不同，使得如果我们将看世界的"基点"或出发点选取了信息，就可以形成不同于"物质世界观"（唯物主义）或能量世界观（唯能主义）以及精神世界观（唯心主义）的新世界观——"信息世界观"。就如同哥伦布发现新大陆一样，信息概念的提出似乎使我们发现还有一个不同于物质世界和精神世界的信息世界，而且是一个更真实、更基本的世界，对这个"新世界"的把握当然就形成了一种新的世界观。

　　可见，"信息不是什么"某种意义上给信息留下了更大的哲学解释空间，这种"不是"也就包含"超越"乃至"统一"它所"不是"的东西，包括"传统"意义上的物质和精神。例如，由于它横跨物质和精神两大类现象，所以具有两者的双重属性，甚至成为兼具物质和意识双重属性的"中性"现象。作为物质与意识之外的"第三者"，使得信息具有了特殊的功能，"信息正是联结认识与实践、客观与主观、物质与意识的重要中介。信息成为生物界、人类社会、机器体系等广泛领域普遍联系的纽带，成为沟通自然与社会、物质与精神、此岸与彼岸的媒介，是信息亦物质亦意识、非物质非意识的特殊属性决定的。作为物质与意识之外的第三个哲学基本范畴，信息的这种特殊存在形态对信息所具有的中介纽带作用和矛盾整合功能有决定性影响，而且信息的中介属性和整合功能是其它事物或现象无法代替的独特存在。……所以我们说，正是信息的非物质非意

　　① 王路军：《网络影响的哲学问题研究追踪》，《人民日报》2001年8月11日。
　　② ［英］弗洛里迪：《信息哲学的若干问题》，刘钢译，《世界哲学》2004年第5期。

识、亦主体亦客体的特殊属性，成全和造就了客观世界与主观世界的联系，而且借助于信息的中介作用和整合功能实现物质与精神、自然与人类的无缝连接和水乳交融。"① 这无异于说"世界统一于信息"，的确用信息造就了一种"全新的世界观"。"信息世界观"，即用信息的眼光、从信息的角度去看世界，从而认为信息是世界的基础或始基，世界在本质上是信息等等。

然而，如果我们坚持信息的属人观、建构观或意义观，即认定信息不过是具有感知、辨识和控制机能的主体所进行的一种活动，那么信息在本体论上就并无新意，因为"信息不是物质和能量"并不能说明它是否独立于其他现象而成为一种全新的本体论现象；在看到信息不同于物质和能量时，也必须看到信息要依存与物质和能量；而这样的特点也正是意识或精神或心智所具备的。而如果在承认这样的信息观后还认为世界是统一于信息的，那么这样的世界观就无异于"传统的"唯心主义。

在"全新世界观"的主张中似乎面临两难的问题：是否要将信息还原为物质？如果还原，则信息的本体论地位就被淹没，"信息世界观"就无非是一种"物质世界观"；如果不还原，则信息的独立性又很成问题，或很难作为一种坚实的支撑去构造一种全然不同于传统世界观的全新世界观。即使认为信息主义提供一种崭新的世界观，也是在极端化地理解信息概念的基础上做出的。而那样的理解，如同前面所分析的，是不能令人信服的。

不少学者主张本体论上的信息主义是一种唯心主义的哲学。如黎鸣认为，"人类对物质的认识从来就是从三个方面去把握的。这就是物质的惰性、运动性能和相互作用信息。三者的永不可分的时空渗透即是人们认识图景中的物质。这就是质、能、信息的三位一体。历史上的唯物主义事实上不过是唯实物主义，唯心主义则是唯信息主义的前身（信息的前身是力，力的前身是神），另外还有唯能主义。传统对于哲学的分类正在逐渐失去其合理的基础，新的物质观必然要求适应以新的哲学观；而新的哲学也只能在新的'物质'土壤中发芽、成长、开花、结果。"② 夏甄陶也主张信息主义是一种唯心主义：有人把信息概念神秘化，说信息是比物质和

---

① 陈建民：《论信息对主客体的矛盾整合功能》，《现代情报》2005 年第 6 期。
② 黎鸣：《恢复哲学的尊严：信息哲学论》，中国社会出版社 2005 年版，第 63 页。

意识的概念更为广泛的概念，"它的天职是消灭唯物主义和唯心主义之间的对立"；哲学上的唯信息主义者妄图利用信息概念作武器消灭唯物主义倒是真的，所以他们扬扬得意地宣称，信息概念赐给唯物主义者"痛苦"，信息概念"证明辩证唯物主义是站不住脚的"；但是他们并不想消灭唯心主义，因为说信息比物质更为广泛，就表明物质是从属于信息的，而不依赖于物质并且超出于物质之外的信息，就只能是某种绝对精神之类的东西，或者是"非物质的精神实体的特性"，这就十分清楚地表明了唯信息主义是一种唯心主义。①

　　或者说，本体论信息主义，基于对信息的不同理解，对其是否归属于传统的本体论以及如果可以归属那么归属于哪一种传统本体论，也是存在分歧的。迄今为止在关于本体论信息主义和传统本体论流派（唯物主义或唯心主义）关系上有三种观点：一是认为它是唯物主义的一种新形式（Rafael Capurro）；二是认为它是唯心主义的一种新形式（苗东升）；三是认为它是唯物主义和唯心主义之外的第三种形式（沈新曦）。从哲学上如何理解信息，决定了我们对上述本体论信息主义如何评价。由于信息并不等同于物质，所以将本体论信息主义视为唯物主义的一种形式是不成立的。在我看来，由于信息的存在既离不开物质也离不开人的意识（即信息不是物质和意识之外的第三种存在），所以将本体论信息主义视为超越唯物主义和唯心主义的第三种本体论学说也是不成立的。信息可视为物质的虚在形式，属于心智世界的现象，只不过是强调传播和语义功能的心智现象。这样理解信息，那么本体论信息主义就是唯心主义的一种新形式，就是信息时代的唯心主义。如果你是一个唯物主义者，当然就不会同意这样的信息主义。

　　可见，即使将信息世界观贯彻到了哲学的根基上，也仍属于传统世界观中的一种。

　　从唯物主义的角度看来，迄今还没有发现可以有脱离任何物质载体的"裸信息"的存在，只有把这样的裸信息作为世界的基础，即把信息定义为可以脱离任何物质而存在的现象，才是"标准的"、"严格意义上的"信息主义世界观，才是一种"全新的世界观"，显然只要看到信息必须以物质为载体才能存在，就不可能赞同这样的世界观，因此，信息由于其

---

① 夏甄陶：《关于目的的哲学》，上海人民出版社 1982 年版，第 70 页。

"先天的" 对于物质的依赖性，也不可能带给我们什么全新的世界观。

二　信息世界观是否改变唯物主义的形式？

"信息" 从一个科学概念、信息论中 "狭义信息" 上升为一个哲学范畴即 "广义信息" 后，对信息的解释就经常会触及哲学世界观的问题，维纳关于信息不是物质和能量的说法被认为是对唯物论提出的 "警告" 甚至 "诘难"：如果唯物论者不能驱散信息这朵 "乌云"，那么，就很难保证维纳的话不变为现实。① 如果对信息的归属问题得不到圆满的解答，那么，谁又能够保证唯物主义一元论能够在唯心论和二元论的进攻中立于不败之地？形势确实严峻。但是，正像为了驱散飘浮在 19 世纪物理学上空的两朵乌云，促成了现代物理学的大发展一样，为了驱散飘浮在 20 世纪唯物主义哲学上空的这朵乌云，就必须极大地推进唯物主义哲学的发展。②

发展唯物主义的一个 "典型方案"，就是将辩证唯物主义推进到 "辩证虚物主义"，其根据是，恩格斯曾经说过，"甚至随着自然科学领域中每一个划时代的发现，唯物主义也必然要改变自己的形式。"③ 那么随着信息革命的发生，唯物主义也应该在当代发生根本性的变化，那就是从辩证唯物主义发展到了 "辩证虚物主义"④。

"辩证虚物主义" 的倡导者认为，辩证虚物主义是继朴素唯物主义、机械唯物主义和辩证唯物主义之后的唯物主义 "第四形态"。信息时代的唯物论是一种虚物本体论，它使唯物主义关于 "世界的物质统一性" 得到了新的回答，那就是将信息和精神都归结为 "物"（但是虚物而不是实物），这样，唯物论的 "唯" 就不再只唯实物而不唯虚物，唯物论的 "物" 也不再是只讲实物而不讲虚物。这样一来，就改变了 "传统的唯物论" 所主张的 "实物主义" 或实物型的本体论，而传统的 "也就是说物质与精神关系上的唯物论（及其形式）是不能反映信息现象及其时代精神的精华的"，于是我们就走向了信息时代的唯物论："虚物主义" 或虚物型本体论，"这种信息时代的唯物论（即唯物论的第四形态）既承认虚

---

① 海龙：《信息子论：关于宇宙本体的新探索》，中国工人出版社 1998 年版，第 1 页。
② 同上书，第 2 页。
③ 《马克思恩格斯选集》第 4 卷，人民出版社 1995 年版，第 228 页。
④ 张青松：《虚物主导性与唯物论第四形态探讨》，《理论探讨》1998 年第 5 期。

物与实物是同在的，实物是物的基础物，同时也承认虚物是实物的主导物支配物"①。总之，世界是虚物主导化的世界，虚物和实物的本体论关系是"虚物主导实物"，这也是辩证法在信息时代的体现：唯物辩证法在新的时代既要讲实物与虚物的两点论，更要讲虚物主导和支配实物的重点论。

那么虚物为什么能主导实物呢？因为"虚"的东西更自由、更有创造性的"力量"：虚物是一种无形的存在，它在传递和运行中不遵守能量守恒定律，具有不确定量并在相互作用中自行增殖，所以才成其为无形的无穷的无限的力量。而且每一种虚物都主导和支配自己的对象性实物，因此它不仅是客观存在而且是第一存在即主导和支配其他实物存在的存在。② 其实就是因为信息之"虚"而可以主导物质之"实"还有，如果把"规律"也看作是一种虚物的话，由于一切实物现象都受其内部规律即内质虚物的支配，所以实物宇宙实际上是一个虚物主导化的世界。

在这个称谓中，既要保持信息与"物"的关系，并且是与"唯物主义"的关系，又用一个"虚"作为"物"的前缀来使其区别于"传统的物"，起一种"怀旧的新奇"之效果。其新奇的地方在于：虚物主导实物、虚拟世界主导现实世界，即信息主导物质；其"怀旧"的地方在于，他认为虚物和实物的关系仍然是精神与物质的关系，尽管他认为前者取代了后者。

其实，这无非是又一种在信息与物质之间的折中观点：既认为信息仍离不开物质，但又认为"在一定意义上确实可以近似地讲信息是独立存在的，即它所依赖的物质成分可以忽略不计"，以至于两者中"'信息'与'物质'相比处于主导地位"③。

那么，这样的一套概念系统和观点看法，是不是令"唯物主义"改变了形式？具体说，"信息"作为"虚物"纳入唯物主义的视野后，是否就使"辩证唯物主义"改变了自己的形式而成为了"辩证虚物主义"？

其实，在自然界中是否存在"虚物主导实物"即信息主导物质，还是一个颇受质疑的问题，因为就连自然界是否存在信息即是否有"自然

① 张青松：《虚物主导性与唯物论第四形态探讨》，《理论探讨》1998年第5期。
② 同上。
③ 董光璧等：《信息、知识与社会》，《自然辩证法研究》1998年第5期。

信息"都还是一个问题（即"虚物"是否客观地存在着还是一个问题）。而对于人工世界中的"虚物主导实物"，则早就在 20 世纪 50 年代国内学界讨论"桌子的哲学"时就涉及了，那就是一切人工制品作为"实物"的出现，肯定是受先于该实物而存在于人脑中的"观念"的主导的，这里的"观念"就是"虚物"，就是以主观信息的形式存在的关于人造物的构想。这种认识和实践活动中的"观念指导"，无非是意识的能动性的一种表现，这恰好是辩证唯物主义所主张的立场。而从"终极"的意义上说，从最初的"谁先谁后"的意义上说，虚物（信息）则是依赖于实物的。因此只要"虚物主导实物"不是不分场合一概而论的说法，那么它并没有超出辩证唯物主义的观点，更遑论是替代了辩证唯物主义的唯物主义新形态了。另一方面，如果通过将"虚物"归结为物的途径去解决世界的物质统一性问题，那就更是回到了"庸俗唯物主义"的老路上去了，也体现不出什么唯物主义的新形态来。

　　总之，如果将"辩证虚物主义"视为一种全新形式的唯物主义的话，就完全是从信息主义的视角看待"唯物主义"并将其加以"改造"的结果，因为作者就是将信息定义为（信源与信宿之间的）"共振虚物"（如实物的物息符号与意识符号两种虚物的共振），并认为没有虚物观念就不可能适应和反映这个时代；并相应地以"实物与虚物"范畴取代"物质与精神"范畴。所以在"虚物＝信息"的意义上，所谓"辩证虚物主义"就是"辩证信息主义"，而实质上就是一种信息主义的视角。

　　另一个发展唯物主义的方案是所谓"信息子"理论。

　　在《信息子》一书中，作者认为要找到一个概念来解决物质、能量和信息的关系问题，既要起到物质概念在唯物主义中起到的作用，又要取代"世界是一个物质的世界"这一古老命题中的"物质"概念——这就是信息子。建立在这个概念基础上的哲学理论既不否定唯物论，又要丰富和发展唯物论。

　　信息子理论的倡导者海龙认为，斯通尼尔（T. Stonier）在《信息物理学》一书中提出"信息子"（infors）作为构造万物的基础，由此形成的世界图景就是，"世界是由信息子构成的，世界是一个信息子的世界"①，而海龙认为这个新概念能够起到原来唯物主义一元论哲学上的物质概念所起的作用，即能够起到取代"世界是一个物质的世界"这一古老命题中的"物质"概念，成为唯物主义一元论哲学赖以建立的唯一基石，而又不否定唯物主义一元论哲学大厦，并能使唯物主义一元论哲学大厦更加雄伟，更加壮观。现在，这个概念终于被找到了，它就是——信息子。"信息子"这个概念，最早是由协同学创始人赫尔曼·哈肯提出的，但在哈肯那里，信息子指的是序参量，而在信息子哲学中，信息子却是一个最基本的哲学概念。这个概念的提出，被认为不仅实现了唯物主义哲学上的物质概念与自然科学上的物质概念的统一（即把唯物主义哲学上的物质概念统一到自然科学的物质概念中），使唯物主义一元论哲学有了自己的新基石，而且伴随着对信息子研究的展开，还使唯物主义一元论哲学放射出新光彩。在这霞光的照射下，那朵飘浮在20世纪唯物主义哲学上空的乌云正在逐渐消散。②

信息子是如何"驱散"唯物主义上空的乌云的呢？

该理论的提出者认为，所谓信息子（x），是指信息赖以附着的各种不同类别（类型）的物质单元和各种不同类别（类型）的能量单元。从这个定义中可以看出，信息子具有两个基本态，即物质态和能量态，由此决定了信息子可以划分为两个基本类别：物质态信息子（X—w）和能量态信息子（X—n）。前者是指信息赖以附着的各种不同类别（类型）的物质单元。一个夸克，是一个物质态信息子；一个原子，是一个物质态信息子；一个分子，是一个物质态信息子；一个细胞，是一个物质态信息子；一个人，一个集体，一个国家，整个地球，整个太阳系，都是一个个的物质态信息子。后者是指信息赖以附着的各种不同类别（类型）的能量单元。某个能够传递核力的，被称之为胶子的玻色子，是一个能量态信息子……③；而且信息子的分类也完全是物质的分类，如物质信息子共分为六个信息层次：在从内到外的第一个信息层次上，蕴含着"粒子"的

---

① Tom Stonier. *Information and the internal structure of the universe*：*an exploration into information physics*. London，New York：Springer-Verlag，1990. 海龙：《信息子论：关于宇宙本体的新探索》，中国工人出版社1998年版，序第3页。

② 海龙：《信息子论：关于宇宙本体的新探索》，中国工人出版社1998年版，第2—3页。

③ 同上书，第4页。

信息，第二个信息层次上，蕴含着"无机物质"的信息，第三个信息层次上，蕴含着"有机物质"的信息，第四个信息层次上，蕴含着"植物"的信息，第五个信息层次上，蕴含着"动物"的信息，第六个信息层次上，蕴含着"人"的信息。

这样定义的"信息子"被作者视为哲学的最基本概念，是建立唯物主义哲学大厦的新的基石。

可见，所谓信息子，无非是指某种物质具有信息的属性，或者指能够分析出信息的物质。而世界统一于信息，无非是讲世界统一于那个作为"子"（如原子、电子）的物质，而并不是修饰"子"的信息，可见，这里并没有产生什么"本体论"的革命，也并没有使唯物主义产生什么根本性的变化，只不过，将以前的"世界统一于物质"命题变为"世界统一于具有信息属性的物质"（所谓"世界是由信息子构成的"），这类命题其实从物质的其他属性也可以衍生，如根据物质具有运动属性、时空属性，可以类似地说"世界统一于具有运动属性的物质"、"世界统一于具有时空属性的物质"，亦即"世界统一于运动子"、"世界统一于时空子"，如此等等，但所有这些说法的背后，仍然说的是世界统一于物质！

苗东升教授在为该书写的前言中评论道："信息子概念在哲学上可能是很有意义的。但无论哈肯的界说，抑或海龙的定义，我都觉得不满意。本书所说的信息子实际就是通常说的客观事物，从微观经宏观到宇观的一切客观事物都是信息子，如此引入信息子概念的意义令人生疑。信息子的定义还有逻辑循环的毛病。一方面用信息定义信息子：信息子"是指信息赖以附着的各种不同类别（类型）的物质单元和各种不同类别（类型）的能量单元"[1]；另一方面又用信息子定义信息：以社会成员作为参照物，"信息实质是关于信息子（包括该社会成员自身在内）存在和变化的那些常识或秘密，"这样的相互解释显然是不恰当的。[2]

三　信息哲学是否带来了全新的哲学革命？

更进一步，不仅有上面所说的信息使得唯物主义进入一种新的形态，而且还使一般的哲学也完成了完全意义上的"转型"，这就是导致了所谓

---

[1]　海龙：《信息子论：关于宇宙本体的新探索》，中国工人出版社1998年版，第4页。

[2]　同上书，前言第10页。

的"全新的哲学革命",其标志就是"信息哲学"的诞生:信息哲学被看作是区别于所有其他哲学的一种元哲学或最高哲学,它把信息作为一种普遍化的存在形式、认识方式、价值尺度、进化原则来探讨,并相应从元哲学的高度建构出全新的信息本体论、信息认识论、信息生产论、信息社会论、信息价值论、信息方法论、信息进化论等等,在这些信息哲学的大领域之下还可以再包括若干分支哲学,从而派生出第二、第三或更低层次的信息哲学学科。基于对信息本质的不同认识,信息哲学也可能产生众多学派。于是,"信息给哲学带来了无量的前途",导致了"人类哲学形态的全新革命"①。与此类似,信息哲学的倡导者弗洛里迪也说:"由信息与计算科学和信息与通信技术引起的实践与概念的转换,正导致一场大变革,这场变革不仅发生在科学领域,而且也发生在哲学领域。""信息和计算机的概念、方法、技术和理论已经成为强大的'解释学装置'","通过它便可解释世界,它们已经形成一种元学科,具有统一的语言,这种语言已在包括哲学在内的所有学术领域畅通无阻";"信息哲学拥有哲学中前所未有的最强大的概念语汇之一。""在哲学上,这意味着任何问题实际上均可由信息的术语重新表述。""这表明我们在与一种有影响的范式打交道,该范式可以按照关于信息的哲学来描述。""这将代表哲学的信息转向。"② 信息的本性造就了信息哲学可以作为第一哲学:信息所具有的普遍而独特的品格,这种品格恰恰是信息哲学成为区别于所有其他哲学的一种"元哲学"、"最高哲学"、"第一哲学"的依据。信息在存在论意义上的本质规定,是确立新的哲学基本问题、哲学本体论、哲学认识论、哲学价值和伦理观、哲学演化发展观等的理论前提,是信息哲学成为真正意义上的"元哲学"、"最高哲学"、"第一哲学"的先决条件。③

　　这种全新的哲学革命也通过其他的方式表达出来。由于信息是虚物,虚物也是虚拟世界中的现象,而关于它们的哲学也被称为"虚拟哲学",它针对的是所谓"现实性哲学",而"从现实性哲学转换到虚拟性哲学,这将是我们时代哲学研究发生的最为巨大的历史性转换。""数字化时代的到来对主客二元式的本体框架和认知结构的消解,预示着现实性哲学需

① 邬焜:《信息哲学》,商务印书馆 2005 年版,第 14 页。
② [英]弗洛里迪:《什么是信息哲学?》,刘钢译,《世界哲学》2002 年第 4 期。
③ 程现昆、王续琨:《信息哲学:从历史走向现实》,《大连理工大学学报》(社会科学版) 2005 年第 3 期。

要向虚拟哲学转化"。"由于电脑网络这种新的生产操作方式比以往任何生产操作方式对人类思维方式变革的影响都更为深刻和广泛，因此，一场新的哲学革命是可以期待的"①。

也有用哲学的"信息转向"来表达这一意思的。当代信息哲学的问世并提出"信息转向"的初衷就是强调信息的基础性地位，而语言哲学、哲学解释学所倡导的"语言转向"、"解释转向"、"修辞转向"都应隶属于"信息转向"，只不过它们将信息狭义地理解为专属于人所有的语言符号信息而已，而它们的强表达就是要"呼唤"一种完全不同于以往哲学的"全新哲学"。

具体地说，站在信息主义的角度看待"信息"进入哲学的视野时从而产生出"信息哲学"时，往往会夸大这种"进入"的意义，将其视为哲学的一种范式转换，甚至是"全新的哲学革命"。因为他们根据"哲学是时代精神的精华"的论断，认为每一时代都有自己时代精神的精华，于是农业文明时代有农业文明时代精神的精华，工业文明时代有工业文明时代精神的精华，而信息文明时代也应该有信息文明时代精神的精华。这就是说，每一时代都有自己的哲学，它们不应该也不可能互相替代。②

然而，如果承认信息哲学作为信息时代的哲学就是全新哲学革命的标志，那么和"信息哲学"对应的代表先前时代的哲学是什么？是不是工业时代的哲学就是"工业哲学"、农业时代的哲学就是"农业哲学"？我们知道，即使存在"工业哲学"和"农业哲学"，那也是在"部门哲学"的意义上使用的，由此"信息哲学"的称谓并能在"全新的哲学革命"意义上使用；而只能是"关于信息的哲学"或"以信息为对象的哲学"的意义上说的，在这个意义上，它无非是将过去未被重视的信息现象纳入到了自己的视野。如果"信息哲学"对应的是"物质哲学"、"能量哲学"，那么信息哲学的兴起是否必定以另外的哲学（如"物质哲学"或"能量哲学"）的衰落为代价？显然，作为"物质哲学"的唯物主义的那些传统哲学分析视角和方法，仍然是信息哲学所不能不采用的，如在对信息进行哲学研究的时候，仍然要基于哲学的基本问题、基本范畴（如信息是否具有实在性、是一种什么样的存在）来对信息进行分析。这样，

① 陈志良：《虚拟：哲学必须面对的课题》，《光明日报》2000年1月18日。
② 张青松：《虚物主导性与唯物论第四形态探讨》，《理论探讨》1998年第5期。

信息哲学即使有开拓性，它"开拓"的无非是一个新的哲学领域或分支哲学，而不是什么"全新的哲学"。就如同"生态哲学"、"女性主义哲学"等一样。

哲学上的"全新革命"似乎需要一个最起码的标准，那就是对传统本体论的突破，否则就谈不上"全新"，最多只能是"半新"，甚至一点都不新。也就是说，只有坚持本体论信息主义的信息哲学才是"全新"；而坚持唯物主义或唯心主义的信息哲学都不是全新；而真正坚持本体论信息主义的信息哲学，就只能视信息为超出物质和意识的本体，或认为信息是统一世界的基础，这样才能在本体论上形成对传统哲学的根本性改造，才可能"称为"所谓"全新的哲学革命"。而目前强调信息哲学具有"全新"性的国内学者，并不主张一种全新的信息主义本体论，即并不主张可以有脱离物质而存在的信息，也不明确认为先有信息后有物质、物质源于信息，甚至明确主张物质是信息的载体，信息的存在依赖于物质，也就是在哲学的根基上所坚持的仍然是物质本体论。当"本体论"都没有发生丝毫变化时，何以谈"全新的哲学革命"？

目前，信息和物质之间的本体论转换，即原子和比特之间的"自由"兑换，还没有显现出实在的前景。在国内哲学界有说世界是物质的、是精神的，甚至是人的实践的，但还未见说"世界是信息的"。所以信息主义可以作为一种哲学视野，但不像唯物主义、唯心主义那样是最基本的哲学视野；或许可以像"实证主义"、"历史主义"、"意志主义"那样构成次一极的哲学视野，这一级的哲学视野所寻找的世界的"终极解释"，不具有普遍的公认的终极性，只具有持有者和赞同者的终极性。这样，可以把信息主义看作是一种哲学派别，它本身不是一种独立的本体论，但可以结合不同的本体论哲学，形成不同哲学基石的信息主义。就是说，它不能超越传统的本体论问题，也统一不了有分歧的本体论哲学，它自己反倒需要有更基础的哲学基石。如果持这种观点，那么哲学中的强信息主义的本体论立场就是值得怀疑的，或至少是没有充分根据的。这样，信息哲学无论是否承认信息本体论，都没有也不可能完成一种"全新的哲学革命"。

还有，交叉学科能成为第一学科吗？弗洛里迪一会儿说"信息哲学是第一哲学"，一会儿又反复强调，"信息哲学不可避免地是交叉性学科"，"信息哲学被视为处于许多问题的交叉点上"，应像"生物化学或认知科学那样是交叉学科"①。

信息哲学对传统哲学尤其是形而上学来说，只能是"部门哲学"，因为即使承认信息是和物质（其实是实体）、能量一样构成世界的三大要素，那么它也还是更大的一个存在领域（整个世界）的一个方面，因此它的研究对象总没有以整个世界为对象的一般哲学（形而上学）那样大，而只是其中的一个部分，即所谓"信息世界"部分，由此形成"关于实体的哲学"、"关于能量的哲学"与"关于信息的哲学"的几大局部哲学，从而和以整个世界为对象的哲学比较起来，以信息世界为对象的信息哲学理所当然就是针对传统的整体哲学来说的局部现象的哲学，如同先前就有的"自然哲学"、"社会哲学"、"心智哲学"等等一样。

也可以说存在着"两种信息哲学"："关于信息的哲学"（philosophy of information）和"信息性的哲学"（informational philosophy），后者才起到了更换视界的作用，将以前所谓物质性或实体性的哲学变成了以信息解释为基石的哲学，而不像前者那样仅仅对信息现象加以哲学研究、说明信息的哲学含义之类的部门性的工作。就像"实践哲学"，可以有"关于实践的哲学"（philosophy of practice）和"实践性的哲学"（practical philosophy），后者是一种"实践世界观"，而前者是一种"哲学实践观"。与此类似，"关于信息的哲学"所达到的最高成果是"哲学信息观"。这样的例子在"科学哲学"中也可以看到："关于科学的哲学"（philosophy of science）所达到的最高成就是形成哲学的科学观，解决哲学意义上的"科学是什么"的问题，即科学划界的问题；而"科学性的哲学"（scientific philosophy）则是要走向一种（自然）科学世界观，即科学主义的世界观，形成的是科学主义。

所以"关于信息的哲学"从本质上作为一种局部哲学，是掀不起一种哲学上的本体论风暴从而导致所谓"全新的哲学革命"的，除非将其转换为"信息性的哲学"，走向信息主义世界观，但通常的信息哲学倡导者们又不愿意明确承认这一点，所以形成了一种悖论性的处境，一种没有本体论根基的"哲学全新革命"，实际上是不成立的。

或许可以将上面的问题"软化"为：信息和信息技术究竟在多大程度上改变了哲学，改变了人们的社会观和世界观？信息问题对哲学的影响

---

① ［英］弗洛里迪：《什么是信息哲学？》，刘钢译，《世界哲学》2002 年第 4 期。

和改变是肯定存在的，问题是其性质如何？是一种"丰富性"的改变，还是一种转向性的改变？还是一种根本性的转变？对此或许可以像《数字凤凰——计算机如何改变哲学》中的评价，该专刊是美国哲学会哲学与计算机分会在 1997 年完成的哲学普查总结，首次确认信息哲学是哲学的一股新生力量，改变了哲学家理解的那些诸如心智、意识、经验、推理、知识等诸多哲学基础和概念的方式。因此哲学这门古老的学科对于信息的研究也取得了不少的成绩，信息哲学这门新兴的学科给哲学界带来了新的空气；也就是说，在新的信息时代，哲学的丰富和发展是存在的，但"全新的哲学革命"并不存在，即使是信息哲学、虚拟哲学、赛博哲学、数字哲学等等可以百花齐放出来，那也是哲学百花园中增加了新的品种，而不是取代和横扫了"旧物种"的那种革命；或者说，可将信息哲学视为哲学的"一股新生力量"①，但并不是对以前哲学的一股摧毁性力量。

或者还可以从非本体论革命的意义上来强调信息哲学作为"第一哲学"的含义。从笛卡尔的"第一哲学沉思录"开始，谁强调什么哲学时通常就称那种哲学为第一哲学，如胡塞尔称自己的现象学为第一哲学（在他的《第一哲学》中将自己的哲学作为一门全新的哲学之整体向世人展示出来，并提出要赋予现象学以第一哲学发展形态的历史任务），列奥·斯特劳斯则认为"政治哲学是第一哲学"。李泽厚也持这样的观点：现在来讲，政治哲学是第一哲学，无论现在还是将来，在中国在世界上都会成为显学；政治哲学是伦理性的；甚至还有人认为也许在未来美学可能会成为第一哲学；这个和教育学有关。可以说这都是在一般的重要性意义上所说的，而不是从本体论意义上说的。在这个意义上，强调生成论的还可以把生成哲学视为第一哲学，强调系统论的则会把系统论称为第一哲学。"第一哲学"导致的就是各种"主义"的兴起，于是就有了"政治主义"、"现象学主义"、"生成主义"、"系统主义"等等，而"信息主义"也如果在这个意义上产生了它的能指和所指，信息哲学如果在这个意义上成为"第一哲学"，那么还是具有一定的合理性的。这样，信息哲学无疑是一种"新哲学"，但并不是什么"全新的哲学"，也没有引发一场什么"全新的哲学革命"。就是说，可以认为信息革命导致了哲学的许多更新，

---

① Terrell Ward Bynum and James H. Moor. *The Digital Phoenix*, *How Computer are Changing Pphilosophy*, Wiley-Blackwell, 1998, p. 1.

但说它导致了"全新的哲学革命"则是言过其实。

或许对信息哲学的"核心价值"可以采取另一种解读：信息优位的哲学。

如果避开本体论上的非此即彼来谈信息优位还是物质优位，可能更能反映一些"信息哲学"的本来意义。而且这种信息与物质之间的优位问题，实际也是信息与材料之间谁更优位的问题，并且是从相对的、局域性的意义上来谈论的。

这样，信息哲学就是信息优位的哲学。这个意义上的解读实际上是要显现在什么情况下信息是优位的？这个命题又进一步扩展为：如果信息是优位的，那么是针对谁而优位的？这种优位是事实上的优位还是价值判断上的优位？是实际如此，还是我们认为如此？

如果将信息的优位理解为非本体论的优位而是认识论上的优位、非实在论的优位而是价值论上的优位，那么就是要从哲学上看到信息非常重要，它无非是价值论信息主义的一种哲学表述。对其优位的理解也不是绝对的，而是相对的，尤其是当物质条件具备后，信息的优位甚至可以起决定性的作用才显现出来。当然，如果要结合本体论来解读，信息的决定作用无论如何也是第二性的决定作用，是以物质为基石的决定作用，是"万事俱备，只欠东风"的那种决定性作用，即有条件的、在特定语境下的决定作用。就如同有了武器以后，瞄准的问题才成为决定性的；但如果没有武器，瞄准这种信息问题就根本不存在！更是起不了决定性的作用了。也如同说：一个人如果有了好身体，那么其是否聪明就对其生涯发展起决定作用。

可见，信息的重要性都是奠立在一定基础之上的，只是基础、前提、条件具备之后，就不感觉其存在了，而越是作为"短板"的信息就越显得重要了。也就是解决了信息存在的基础条件之后，信息的重要性才为一个问题，否则连决定什么都没有对象，甚至连"信息是否重要"的问题都不会存在。

结合前面关于信息哲学与信息主义的关系来看，信息哲学如果在某种程度上是一种信息主义，那么就会有多种不同的信息哲学；而信息哲学是否带来了全新的哲学革命，要看是否持本体论信息主义的立场，仅持价值论和认识论信息主义立场，还不足以带来全新的哲学革命；甚至即使持一种本体论的立场，那么基于本体论信息主义的信息哲学也无非是唯心主义的变种，并不是什么全新的哲学体系。

第三节 信息哲学并未带来全新的哲学革命
——就三篇文章与邬焜先生商榷

邬焜先生对信息哲学的研究在近年来发表的三篇文章①中加以新的归结，尤其是对"信息哲学带来了全新的哲学革命"进行了再度的阐释和发挥，其核心主张就是只要承认了对世界进行物质、精神和信息的三元划分而无论认为其中谁是世界的本体，就意味着对哲学进行了全新的革命，同时他还重申了"信息是物质与精神之间的中介"以及"信息是标志间接存在的范畴"等观点，他用这些主张和观点正在构建自己的信息哲学体系。但笔者认为这一哲学体系并未带来全新的哲学革命。

一 物质和精神作为基本的存在领域划分是否过时？

邬焜先生认为，传统哲学坚持的都是心物二分原则，都认为世界上的所有事物和现象可以归结为两大领域，即物质现象和精神现象，其中物质是客观实在的存在，而精神是主观不实在的存在。但随着信息现象的被发现，"客观世界除了实在的存在之外，还有不实在的存在，如果用客观实在来规定物质的话，那么，客观不实在就不再能够属于物质现象了，这一现象只能用客观信息来描述"②。因此需要"把信息看作是与传统哲学所揭示的物质现象、精神现象相区别的第三种现象"，因为"信息世界的发现迫使传统哲学所描述的由物质世界和精神世界已经瓜分完毕的全部存在领域让出一块地盘，它必须容纳一个新的与传统物质世界和精神世界所不同的世界——信息世界"③。他认为由此一来就对存在进行了"一分为三"的全新的划分，并且"与这一新的存在领域分割理论相一致，哲学基本问题的具体解读方式发生了根本性的转换。哲学对存在领域的划分方式不

---

① 邬焜：《哲学基本问题与哲学的根本转向》，《河北学刊》2011 年第 4 期；《存在领域的分割和信息哲学的"全新哲学革命"意义》，《人文杂志》2013 年第 5 期；《从信息世界看哲学的发展及其根本转向》，《中国人民大学学报》2014 年第 3 期。

② 邬焜：《存在领域的分割和信息哲学的"全新哲学革命"意义》，《人文杂志》2013 年第 5 期。

③ 同上。

再是物质和精神的二元分割方式，在物质和精神之间增加了一个客观信息的世界，这样，对哲学基本问题的回答不仅要说明物质和精神的关系，而且要说明物质和信息、信息和精神的关系问题。所谓哲学的根本转向，正是基于打破传统哲学关于物质和精神二分世界的基本理念的基础之上的"①。他进而认为这种看法的提出导致了一种"新的哲学范式"，甚至导致了一种"全新的世界观"和"人类哲学形态的全新革命"②。

这种将存在"一分为三"的分法粗看起来确实有理，当物质被界定为客观实在类的存在、精神被界定为主观精神类的实在后，再将信息界定为"客观不实在"的实在类型，就既不同于物质、也不同于精神，成为独自的第三类存在。

但是，如果对"客观"和"实在"的含义稍加明确，我们就会看到，所谓"客观不实在"的现象早就被归入了精神类存在之中。在哲学中，"实在"主要表示某种"真实的事情、事实、事件、状态或性质"、"某种独立于观念存在的东西"；而"不实在"就是不能独立于观念而存在的东西，或者说就是观念中的东西，可以在头脑中随意想象的东西，也就是精神。至于"主观"和"客观"，简单地说就是"自己的观念"和"独立于自己观念的外部世界"，由此来进行组合，"客观不实在"无非就是指自己之外的观念性存在，简单地说，就是别人的观念。别人在想什么，不是我主观范畴中的东西；但即使是别人的观念，也是精神性的存在，所以也是不实在的。由此所谓"客观而不实在"，并不是"信息"概念发明出来后才找到了承载的对象，早在介绍上述哲学基本概念的含义时就已这样或那样地涉及了，它并不构成一个什么独立的存在类型，不过是精神现象中的"客观精神"而已。

可见，这里也涉及一个哲学方法论问题：消除"二元论"是否就一定意味着要消除"物质"与"意识"的二元划分？搞二元对立或"物质和意识的绝对分离"肯定不对，但由此用"信息"来消除明显具有区别性的两种现象之间的"划界"问题，恐怕又会走向"相对主义"。无论如何，物质和精神的区分是迄今最具有哲学内涵和特征的视角，是其他任何

---

① 邬焜：《从信息世界看哲学的发展及其根本转向》，《中国人民大学学报》2014 年第 3 期。

② 邬焜：《信息哲学》，商务印书馆 2005 年版，第 14 页。

视角都无法与之匹敌的，甚至任何别的视角最终还是以这一视角为依托来展开的，例如邬文所多次提到的"客观而不实在"的信息，其中实在不实在如果离开物质和意识的视角又如何去判别和定义呢？或者说，当邬焜先生还要继续使用"实在"和"不实在"的哲学划分时，本身就是在使用物质和精神的二元划分框架；而且当他把"信息"归于"不实在"之中时，本身就是将信息归于了精神世界！他原本想在前面加上"客观"来使"不实在"模糊化，殊不知"不实在"的精神本身就是可以有"主观"和"客观"之分的，进而不实在的信息也是可以这样去划分的，例如我自己知道的信息就是主观的，而我不知道但别人知道的信息就是客观的，且邬焜教授自己对信息也有类似的划分①。既然如此，那么邬焜先生就不应该将信息仅仅看作是客观而不实在的东西，他为了将世界一分为三所设置的"信息类存在"在这里显然是不严谨的：到信息自身分类时，就至少有一半（作为精神的信息）是无法"分割"为独立的现象了。为此也必须补充道：客观而不实在的并不是一切信息，而只是我头脑之外的那些信息，比如别人正在进行的信息活动。

当然在有些场合，为了避免上述的明显混乱，邬焜教授限定了一分为三时所需的信息，将其仅仅限定为信息的一部分，即"自在信息"（有时他也用"客观信息"）。其实，只要对信息进行了自在（客观）信息与精神信息的划分，他实际上仍是"落入"传统二分的"窠臼"，说明物质和精神作为两种基本的存在类型是我们分析哲学问题时难以摆脱的"视角"，这甚至也是哲学思维的基本特征。

退一万步说，假如承认了这种对存在领域的三分法，那么还存在哲学的基本问题吗？如果存在，如何去对这一"新哲学基本问题"加以表述？由对其不同的回答所形成的哲学派别又是什么？如果认为"信息"或"客观信息"是万有的本原，而这种"信息"或"客观信息"既不是物质、也不是意识，那么这种本体论上的唯信息主义显然就既不是唯物主义，也不是唯心主义，而构成为本体论上的"独立"的"第三条路线"，那么邬焜先生承认自己是在走"第三条路线"吗？如果是，为什么又要称自己是"新唯物主义"呢？

当然，邬焜先生面对这一"新问题"时又进一步发展了自己的观点，

① 邬焜：《哲学基本问题与哲学的根本转向》，《河北学刊》2011 年第 4 期。

即先把本体论立场淡化而将"分类"视为最高原则，认为提出"关于存在领域的分割方式的这一哲学的最高范式的变革"①　或者对存在领域"分割模式的创新"②　才是最重要的，并指出只要这样去分割，无论分割后谁占"主导"地位，都同属"全新革命"的阵营。在这里，他认为"将世界分为几部分"比"世界究竟是什么"更为重要，这其实是"外延重于内涵"、"形式大于内容"的思维方法。正因为如此，所以他才在本体论立场上随意变换，如在 2013 年《人文杂志》的文章中称："在我的具体解读中，物质世界仍然是世界的本原，信息世界是由物质世界派生出来的，并依附于物质世界而存在的世界，"他将这一本体论归结为"新唯物主义"；但在 2014 年《中国人民大学学报》的文章中，则将先前的三元论进一步推向"新的二元论"，即在把传统哲学的"存在 = 物质 + 精神"的一般信条改变成"存在 = 物质 + 信息"的同时，认为"所有的物体乃至整个宇宙都是一个二重化的存在，它们都既是物质体，又是信息体"；"基于世界的这种物质（直接存在）和信息（间接存在）的双重存在性，我们便可以建立一种全新的哲学本体论学说——信息本体论。"③　不知这是否意味着他对自己"新唯物主义"立场的放弃而走向物质和信息相互依赖的"物信主义"，甚至还要继续走向"万物源于信息"的"唯信息主义"？因为一旦持"信息本体论"的立场，按哲学的语用习惯，就理所当然是主张一切源自信息，就如同"物质本体论"指谓的是将物质作为宇宙的基石、"实践本体论"指谓的是将实践作为世界的根源那样。我们至少从邬焜先生的这三篇文章中，可以看到作者为了来一场全新的"哲学革命"，而意识到先必须来一场"本体论革命"，即颠覆物质本体论而树立信息本体论；而他的信息定义中又是将信息视为物质的间接存在及其显现，那么此种本体论一出，确实使我们的"观念"产生了颠覆性的改变：间接的东西比直接的东西更根本、显现比显现者更根本，也就是"虚拟"比实在更实在。这种不合逻辑的"颠覆"如果算是"哲学革命"的话，那也早在鲍德里亚那里搞过了。

---

①　邬焜：《存在领域的分割和信息哲学的"全新哲学革命"意义》，《人文杂志》2013 年第 5 期。

②　邬焜：《哲学基本问题与哲学的根本转向》，《河北学刊》2011 年第 4 期。

③　邬焜：《从信息世界看哲学的发展及其根本转向》，《中国人民大学学报》2014 年第 3 期。

二 如何理解信息作为物质与精神之间的"中介"？

与邬焜教授对世界的一分为三相适应，他还将信息的功能界定为物质与精神之间相互作用的"中介"："物质和意识之间通过自在信息的中介相互过渡和转化。这样，物质和意识的关系便不再是简单的纯粹对立的两极，而是通过自在信息的中介关联起来了，由于信息世界的发现，物质和精神的关系被描述为一个通过自在信息的中介而相互作用和相互转化的过程，从物质到精神、从精神到物质也便可以描述为一个有中介的相互作用和相互转化的过程"；而"把物质到精神、精神到物质的活动描述为一个有中介的过程，从而合理地消解物质和精神的二元对立的割裂，并由此实现人类哲学的根本转向"①。或者说，正是这一中介的发现，才使得物质与精神的相互作用成为可能，才摆脱了过去哲学一直将它们分裂开来的二元论困境，才给哲学的发展带来了新的希望和光明的前景。

其实，就笔者所知，实践哲学早就不再坚持物质和意识的二元对立，物质可以变精神、精神可以变物质也并非是有了"信息哲学"之后才产生的看法，在这个意义上，所谓消除二元对立的"根本转向"（如果承认的话）也并不是"信息哲学"的专利。更广义地说，即使承认物质与精神之间有中介，也不是有了信息哲学发现信息的功能后才形成的共识，许多哲学都在寻找沟通物质和意识的桥梁并给出了种种不同的"方案"，如身体哲学就将"身体"视为主客观的中介，符号哲学则将"符号"视为这样的中介，因为符号的"指称"功能可以将人的思想与作为所指的对象连接起来，人面对符号由其"唤起"所指称的对象时，人的思想就被"引渡"到对象上去②；甚至笛卡尔的"松果体"早就试图起这个作用；而信息哲学只不过是在诸多方案中又增加了一种方案（假如承认其解释是可接受的）。当邬焜先生认为先前所有哲学的缺陷就是"未能找到物质作用于精神、精神作用于物质、客体通达主体、主体作用于客体的信息中介环节"③，这无疑是一种过度的"信息崇拜"，完全抹杀了其他方案对物质和精神之中介的探索所作的贡献。

---

① 邬焜：《从信息世界看哲学的发展及其根本转向》，《中国人民大学学报》2014 年第 3 期。

② 肖峰：《试论以符号为直接起点的认识》，《哲学研究》1988 年第 6 期。

③ 邬焜：《哲学基本问题与哲学的根本转向 》，《河北学刊》2011 年第 4 期。

　　所谓"中介"，既是分界面，也是接合部：既把不同的东西区隔开来，从而形成"界面"，也把它们连通起来成为一个整体，从而成为消除界限的桥梁。客观地说，在上述各种方案中，充当物质和精神中介的要素或现象各有优劣，能说明或解释的问题各有千秋，并不见得"信息"能解释的要比"实践"所能解释的更多、更合理；在实践具有"跨界"的特性以及能集合主观与客观于同一过程之中的意义上，通过它来将物质与意识联系和贯通起来的解释力远比一个飘忽不定的"信息"强。这样，如果某一范畴能打破"物质和精神的二元分割方式"就能起到使哲学"根本转向"的作用，那么与其说是"信息"，不如说是"实践"，即"主观见之于客观"的实践。

　　再结合本节第一部分谈论的问题，不能因为起某种东西起中介作用就将其归入"第三种存在"，因为"中介"的存在是普遍的，任何"界面"、"接口"装置，都有中介的功能；邬文引用了列宁的一段话："一切……都是经过中介连成一体"①，其实中介和中介的任何一端之间，也应该还有中介……否则这句话就不具普遍性；而且两端中的任何一端，本身也可视为更长链条的相互作用的中介，例如我现在坐在椅子上，不仅我和椅子之间有中介，而且椅子本身也是我和地面之间的中介。如此分析中介，可以使中介无穷无尽地呈现出来。这也符合邬焜先生的"多级中介说"。因此，如果认为信息起到了物质和精神之间的中介作用，那么无论是物质与信息之间、还是信息与意识之间，都还可以再"中介下去"，甚至"无穷中介下去"。所以，如果非要因为有些现象在物质与精神之间可能具有亦此亦彼（假如承认这种现象的存在）而具有中介的地位进而否定世界的哲学二分，那么为什么一定是"三分"而不是"四分"、"五分"以至"N分"呢？因为假如信息就是那种亦此亦彼的现象，难道信息与物质之间、信息与精神之间就再没有亦此亦彼的现象而成为其中介了吗？所以，对存在完全可以有更多的分类，可以再提出基于更多分类的"N元"论，但那都不是基本的哲学分类，充其量是偏向某种具体科学对世界的分类。从哲学上，无论是"信息"还是"自在信息"或"客观信息"，无论在物质和精神之间加入多少中介，显然最基本的分类还是物质与精神两大类，因此中介的存在无法改变物质与精神作为两种基本存在的

———————
① 《列宁全集》第55卷，人民出版社1995年版，第85页。

分类事实，正如桥梁作为河的两岸的中介将两岸连接了起来，但桥梁的存在并没有改变两岸还是两岸的事实，谁也不会将桥称为"第三岸"；再如国界也是地理上两个国家之间的中介，但并不因为有了这个中介两国就变成了三国。因此认为信息作为中介就否认了"传统"的二分法，是不成立的。

"中介"还具有相对性，例如工具是人与自然的中介，但工具归根到底还是客体部分。当然，当工具在人的"感觉上"融入人体时，也可变成主体的一部分，这就是"人—工具—对象"模式可能发展为这样两种形式：人—（工具—对象），或（人—工具）—对象，它们表明中介归根到底可以"分解"到两端中去。拿邬焜先生所认为的"认识发生的相应中介有四个：客体信息场、主体自身的神经生理结构、主体先已建构起来的认识结构、主体认识的物化手段（工具、仪器、设施）"①，其中就归根结底也是分属两端的，如仪器等就归根到底属于物质世界，而认知结构就归根结底属于精神意识世界，因此它们并不构成真正意义上的"第三"领域现象。类似地我们对"人—信息—对象"［信宿（主体）—信道（中介）—信源（对象）］的中介模式，最后可发展为如下两种模式："（人—信息）—对象"和"人—（信息—对象）"，前一种模式主要表征人的实践过程，即人将自己的信息附加到对象上去；后者主要表征人的认识过程，即人从对象中"提取"出自己所需的信息，形成"关于对象的信息"。

可以说，用信息、中介来消解物质和意识的对立，目前仍然是"黑箱式"的解决方案。将"信息"中介化，也意味着信息经常只能是一个"过渡词"，甚至经常充当"遁词"或"避难所"的作用：凡是我们从物质机制和现实作用上还暂时解释不了的东西，就把它们说成是"信息"。尤其是"信息"作为"中介"之后，就更成为一个万能的解释工具，是一个什么"转化"都能解释的工具，但解释完后仍改变不了"信息量为零"的状况。当然，一旦科学搞清楚那些相互作用的机制后，就不再将其视为"信息"或"中介"的功劳。就像以前"力"所起过的作用一样。

---

① 邬焜：《从信息世界看哲学的发展及其根本转向》，《中国人民大学学报》2014 年第 3 期。

三　"信息哲学"不可能掀起什么"真正的哲学革命"

自从信息革命、信息文明、信息社会或信息时代到来后，"信息"引起了人们越来越多的重视，在此背景下产生出"信息哲学"完全是时代的需要和必然。将"信息"引入哲学的视野加以分析确实具有很重要的意义，但这一意义如果像邬焜先生那样评价为是哲学发展中史无前例的"根本性改变"或"真正意义上的根本性的理论转换"①，那就是夸大其词。

其实，只要从事某种哲学，就认为那种哲学最重要，就把那种哲学说成是"第一哲学"，这种职业倾向从感情上是可以理解的，但也仅限于帮助人们认识到"那种哲学非常重要"或"引起人们的关注"就可以了，而大可不必非要把其他的哲学分支排到"第二"或更低而后快。同样，历史上的种种哲学转向都认为自己是开天辟地彻底改变了哲学，以至于在发现某种现象值得进行哲学研究后，便恨不得把全部哲学都变成以该现象为对象的哲学，并走向以该现象命名的"XX 主义"，如"结构"之于"结构主义"、"道德哲学"之于"道德主义"、"科学哲学"之于"科学主义"、"语言哲学"之于"语言主义"……而一旦冷静下来，或跳到圈子以外去看，就会发现自己所奉为唯一重要的对象只不过是哲学需要或可以研究的诸对象之一，是哲学视角多元化的表现之一，也正是这种多元化，才有哲学的"不断转向"，而且没有哪一种转向具有"前无古人"、"后无来者"的地位，信息哲学也不例外。而真正具有"第一哲学"意味的迄今只有"形而上学"，那些包括信息哲学在内的多种分支或部门性研究，可视其为应时代的需要而或特殊的智力背景所造成的"专门出场"。但这种研究只要还是哲学性质的，最终还是要通向具有"形而上学"性的终极问题，即我们所观察的或所言说的对象（如"信息"）究竟是实在的、还是不实在的，即是物质性的还是精神性的？邬焜先生在谈论和解释"信息"时也是如此，最终还得在实在不实在、主观客观之间选项。可以说这是无论如何也绕不过去的"哲学问题"，在引入"信息"后想要绕过它去进行一场"哲学的根本变革"或"全新革命"，期盼不再用物质和精神的"双视野"或"双眼"去看世界，而要再加上"信息"之后的"三

---

① 邬焜：《哲学基本问题与哲学的根本转向》，《河北学刊》2011 年第 4 期。

眼"看世界,这个世界就只能被看花,形成不了什么清晰图景。

从"价值论"上说,一定条件下信息可以在功能上"大于"物质,正如信息资源在今天比物质资源更加重要或精神世界可以引导物质世界一样;但信息绝不会比物质在哲学属性上更"根本"。而且信息之所以在今天变得这么重要,还是因为作为人工的物质器具——计算机和互联网的出现所使然,因此仍然是物质世界发展到一定阶段所"显现"出来的。信息尽管重要,对信息的哲学研究从而信息哲学也很重要,但无疑是解决或基本解决了前提性问题之后才显得其重要的;从一般的哲学认识论上讲,是有了对象,才有了对于对象的认识和把握,从而才有了关于对象的信息。也可以说,信息哲学的兴起可以具有认识论意义、价值观意义、社会观意义,但并不具有本体论意义,本体论上的"唯信息主义"绝不会比"唯心主义"有更多的内涵。

这样来认识信息哲学,并不意味着就要否认信息革命的价值和意义,正如我们说信息文明取代工业文明、信息技术取代机器技术具有划时代的意义,但我们还是要将信息文明纳入到文明的范畴、将信息技术纳入到技术的范畴,绝不会因为在范畴的归类上没有脱离原来的范围就认为不可能具有"革命"的意义,只不过要使用所谓"全新革命"的词汇时,还是要慎重点为好,否则一点继承性都没有的革命只能是从现实的"有"变为彻底的"无",那样的状态下还有可谈论的对象、甚至还有谈论者本身吗?

四　从信息究竟是什么看信息哲学的意义

邬焜先生上述的所有看法,都是建立在其信息的定义上:"信息是标志间接存在的哲学范畴,它是物质（直接存在）存在方式和状态的自身显示。"[①] 然而,这样一个定义和他所持的上述主张之间,存在着很多不周延的地方,最明显的就是前面所指出的:当信息是"间接"的存在时,如何在本体上能够与它所要表达的直接存在"平起平坐",甚至主张间接比直接更为根本的"信息本体论"呢?

其实,笔者也在某种意义上赞同邬焜教授关于信息的界定,只不过认为他并不能在建构其信息哲学理论时始终贯穿自己的定义,而是围绕

---

① 邬焜:《哲学基本问题与哲学的根本转向》,《河北学刊》2011 年第 4 期。

"根本变革"的需要，随意变换自己对信息的规定，为的是将信息说成是一种万能的可以解释一切的"存在"。

其实，说得通俗点，信息与物质的最本质区别，就是"虚"和"实"的区别，无论将信息说成是"客观而不实在"，还是"间接存在而非直接存在"，都不如更简洁明了地说信息是一种"虚在"。在这里，传统的"虚实两界"的划分并未过时，信息就属于"虚界"的存在，物质属于"实界"的存在，当然精神、意识、思维、灵境之类等也属于虚界，不能说把本属于虚界的东西（如信息就属于虚界）归于虚界的看法划归为唯心主义，正如不能把凡主张意识归于虚界（可以以人的意志为转移）者划归为唯心主义一样；如果把信息划归为实界中的存在，就如同把意识划归为物质一样，就是取消了信息和意识作为有别于物而存在的特性。

那么说"对象包含信息"或"对象传递给我们信息"是否意味着信息可以是一种不依赖于人的实在呢？实际这些说法都是指我们通过认识活动而获得了"关于对象的信息"，正如当我们说属性是物的信息时，其实是我们对于物的属性的把握。信息通常具有对象性，总是关于某对象的信息，但该对象并不直接就是信息，这个"关于"就包含了"显现"、"把握"、"反映"等等过程，而一旦进入这个过程，就进入了精神活动的领域。

结合本节第一部分所谈的问题，将信息作为独立于物质和意识的第三类存在，在很大程度上也是基于对信息的误解。例如"客观信息"在被视为客观事物的"显现"时，就常常将其颜色作为客观事物本身显现出来的信息，其实颜色并不是客观事物本身固有的，其固有的仅仅是能够辐射或反射特定波长的电磁波，这些电磁波作用于我们的视觉系统，最后才在我们的视觉中枢形成颜色的主观感觉。所以关于对象的"颜色信息"，其实可以分解为两个部分，一是作为"颜色"载体的光线；二是作为"颜色"效果的感觉，前者属于物质世界，后者属于"精神世界"。所以，当我们谈论"颜色信息"时所指的部分可能并不相同，但最终都可以落脚于两个"传统世界"中的一方。对于"信号"、"符号"（常被误解为就是信息）也是如此，它最终可分解为两个部分，一是其物质部分，即可直观到的载体部分；二是意义或精神部分，即从符号中我们可以读出的内容。所以，"信息"并未引入一个全新的本体论现象或种类，从而在其基础上也不可能创建出什么全新的本体论，也就无从谈起要继而建构起什么全新的哲学。

从我们关于"信息"的许多日常用法中，也能体会到作为哲学概念的信息所具有的精神属性。如我们常说在信息时代，"信息是比物质更重要的资源"，这无疑表明信息是不同于物质的，所以在哲学上也不能以任何方式将信息归结为物质，那种认为物质对象中本身就存在或包含着信息的看法，就是将信息视为物质世界的一部分，从而以"包含"的方式将信息归结为物，那么信息资源也就成了物质资源的一部分，哪还有它比物质资源更重要一说呢？

再如，物质没有"真假"问题，但信息却有真假问题，即有"真实信息"和"虚假信息"之分，而真假问题是认识论问题，这就表明信息是一个认识论范畴。至于"information"一词的另外译法"资讯"、"情报"等，就更具认识论的属性了。而当我们说"信息是消除了的不确定性"时，这里的确定性不确定性也可简单通俗地理解为"知道不知道"，由此获得信息就是使我们从不知道到知道的过程，即一种认识过程。

信息与知识的关系是争论较多的问题，例如"信息经济"常常就被视为"知识经济"，此时信息和知识是被视为等同的；当然也有"信息不等于知识"的看法，主张对信息的加工才能形成知识，或知识是信息升华的成果，从而是一种"浓缩的系统化了的信息"，这里主张的是信息为知识的前身，知识是信息的更高级存在方式；基于这种理解，如果在信息和知识构成的链条两端再做延伸，就形成一个更长的链条：……数据……信息……知识……（智能）……智慧……，其中智慧的前身是智能，智能是运用知识解决问题的能力，是激活了的知识；所以艾略特有诗曰：（一些人）有了信息，却没了知识，有了知识，却没了智慧……当信息被视为介于数据和知识之间的现象时，无疑是将其归入到与物质实在不同的另一类存在——精神现象之中。

还有，我们是如何获取"信息"的？我们并不是像机械唯物主义主张的那样是"被动"地接受"对象发送而来"的信息，而是主动地"提取"或"摄取"信息，这也意味着信息是"制造"出来的。没有信息处理系统，就无法从对象中提取信息来；信息处理系统不同，面对同一对象所"提取的信息也不同"。如前面分析"颜色信息"的形成时所述，信息不是包含在或既存于物质对象之中的东西，物质对象传递给我们的并不是信息，而是这种或那种物质性的作用，这种作用通过我们的感官最后在大脑中才形成关于对象的信息。信息生成的机制就是意识、感觉生成的机制。所谓"来自宇宙深处的信息"，实质就是人对来自遥远天体的物质（如辐射等）进行分析后得出的认识，客观上那就是某种特殊的宇宙射线对我们仪器的物质性作用所形成的显现。由此可见，对象是否"有"信息以及"有什么"信息，并不仅仅取决于对象，而且也取决于提取者，或信息反映系统；提取也是感觉器官与中枢神经系统的"联合作业"。信息是看不见摸不着的，是经过机体的神经机体"联合作业"后从看得见摸得着的东西中提取出来的。必须再次强调，符号或信号并不是信息本身，而是信息的载体，信息是我们从符号和信号中"读出"的东西，或是通过"赋义"附加到它们之上的东西；这个"读出"或"赋义"的过程也就是上面所说的"联合作业"的过程。

因此，在这些理解的基础上，所谓"本体论信息"或"自在信息"无非就是信息载体，就是把信号之类的信息载体与信息本身混为一谈。说本体论信息就是客观对象中包含信息，实际上是将客观对象作为信息的载体与我们可以从客观对象中提取出信息混为一谈，就是把对象和关于对象的信息混为一谈，于是才把信息看作是物质发出的信号。其实，客观对象作为信息的载体，只意味着客观对象包含着被人信息化的可能性，即对象在我们的反映系统中转化为信息存在（虚在）的可能性，而不意味着它本身就是一种虚在！换句话说，我们可以虚化对象、信息化对象，但并不等于对象本身就是虚的，或对象本身就包含虚在。

所以归根到底，信息无非是我们对对象传递给我们的物质性作用（或我们与对象的相互作用）的理解。"物质性的作用"作为载体是信息产生的必要条件，而"对这种作用的理解"才是信息产生的充分条件。信息作为对象的"虚化"存在方式，是和物质不同的另外一种存在；同时，信息又是离不开物质的，是需要依赖于物才能存在的，是物的派生现象，和精神属于同一序列的存在，它构不成一个独立的"第三类存在"，也没有在存在的分类上带来什么"根本性的变革"，对信息的哲学分析也绕不开"传统"的哲学视角，同样需要以"实在"、"不实在"、"主观"、"客观"作为哲学分析的框架，所以它并没有给我们带来什么"全新的哲学革命"。

五 我们需要什么样的信息主义和信息哲学？

回归到信息主义的本来含义，如同本章前面指出过的，信息主义具有多种层次和多个层面，仅就哲学层面来说，就包括本体论、认识论、方法论、价值论信息主义等。如果信息主义是一个具有多面性的范畴，那么当我们谈论到信息主义时，就必须进一步追问所谈论的是什么样的信息主义，是一种特殊的还是一般的信息主义、认识论的还是本体论的信息主义、狭义的还是广义的信息主义……这种统一性中的多样性，也使我们会面临这样一个问题：即使我们加入了"信息转向"的行列，即使我们真正融入了信息主义的信息思维，也要进一步问我们倾向于接受或"走向"一种什么样的信息主义？进而还要问从何种意义上，信息主义是一个可以接受或不可以接受的概念？

显然，如果走向一种本体论上的"强信息主义"，将一切还原为信息，或只承认信息主义范式的唯一合理性，认为信息主义的视角可以取代其他一切视角，从而走向"唯信息主义"或"信息主义崇拜"，就会过于强化信息的解释功能，并将其绝对化而走向与既有智力传统完全对立和排斥的偏激立场上去，而目前用信息取代物质等传统的本体论承托的根据显然是不充足，纯粹的信息还难以"胜任"万物的起源，也无法视信息为超出物质和意识的本体，或认为信息是统一世界的基础，就像我们并不能证明"裸信息"可以存在一样，因此从本体论上，至少目前为止，"强信息主义"的说服力远不如唯物主义。例如从功能和作用上看，信息只是对物质能量起调控作用的，而且这种作用的实施还要通过物质能量来完成。

而在"一切都与信息相关"的意义上，采用认识论的或温和的信息主义立场，将其作为一种方法，那么信息主义的兴起，无疑给我们增加了观察世界的新视角和新内容。尤其是信息主义作为策略的有效性，如在分子生物学中、认知可计算主义中的有效性。这些都是方法论意义上的信息主义，也是"温和的"信息主义。它使我们看到一切对象在我们介入时所具有的信息属性或信息相关性，揭示和利用这种信息属性或相关性，将使我们对事物的认识和改造达到新的境界。因此，这种意义上兴起的信息主义，无疑形成了与其他视角的互补，在此基础上与既有的智力传统和理论范式也形成了某种程度上的"视界融合"，并构成一幅更完整的世界图景。

一定意义上，从信息的视角看世界，用信息的方法去分析和解决问题，形成"信息方法"，但也有的将"信息方法"的功能无限夸大，使其成为无所不能的"点金术"，并认为它导致了"方法论革命"，由此形成所谓"方法论信息主义"。我们知道，科学方法被扩大化后，将自然科学的方法应用到人文学科中去，就形成了"科学方法万能论"的唯科学主义，也就是方法论科学主义。同理，方法论信息主义也可视为对信息方法的扩大化、或称"泛信息方法论"，当其被强化到一定程度后，必定要将信息方法加以根基化，视信息方法为一切方法的基础，是所有方法中最重要的方法，一切方法都是从信息方法中派生出来的，都需要从信息方法中得到说明，如此等等。例如，如果认为过去是所谓"质料的时代"和"力的时代"，现在是"信息时代"，由此导致了"方法上的全新革命"，就必然会认为信息方法取代了过去的一切方法。只见系统的信息，而不见系统中的其他；以为我们所谈论的一切系统问题，都是信息世界中的系统问题，或都是信息化后的系统问题。或者以为搞清了系统中的信息，就搞清了其中的一切。

方法论信息主义有时自觉或不自觉地走向本体论信息主义，如本来是用信息方法分析自然现象，结果反过来把自然现象就看作是信息。方法论信息主义的扩大化，就是将只能说明信息现象的方法也拿去说明物质现象，这样就会走向世界观信息主义，走向一种强信息主义。一位有辩证法思想的苏联学者写道，"信息方法并不是普遍性的认识手段，而是十分专门化的认识手段。因其有片面性，所以必须和其他'非信息'方法结合起来。例如在设计信息技术时不能忘记物质—能量方面。信息方法能很好地反映系统客体的结构—功能属性，但历史唯物主义原则即发展原则又是和它格格不入的。人工智能问题突出地证明了信息方法的局限性，因为信息方法在这里虽然是必要的，但却不是充分的。"①

方法论信息主义将信息作为万能的解释装置，即使对于所谓"终极实在"也试图用信息的方法去解释，如认为宇宙的本质就是宇宙大爆炸时原始火球中信息的展开过程……信息成为解释一切的"阿基米德点"；它即使不从"载体"意义上行使本体论的功能，也从"终极原因"上行

---

① ［俄］A. 索科洛夫：《信息是现象，是功能，还是假象?》，《世界哲学》1991 年第 2 期。

使本体论的功能，就类似于"第一推动"那样的本体论功能，类似于"主宰"、"灵魂"那样的本体论功能。此时，虽然从直接层面上物质还是信息的载体，但从终极层面上信息则成为物质的载体，物质不过是"帮助"信息实现自己的手段。然而，如果信息本身并不被视为一种终极存在，又如何可以作为一切现象的终极解释？当我们用信息来解释一切之后，又用什么来解释信息？

信息时代必然导致"信息繁荣"的现象，其表现之一就是《信息的社会层面》一书所说的"以信息开头的造字热"：书本被描述为信息容器，图书馆被描述为信息仓库……把人看作是信息处理员……，"你做的任何东西以及你想要的任何东西都能转变为信息"，"价值存在于信息之中，信息能从物质世界的粗糙且令人不感兴趣的外壳将该价值提炼出来。"① 信息主义的兴起就更是信息繁荣的标志之一，它代表了一种对信息无以复加的重视程度，像信息崇拜、信息拜物教（拜信教）、信息乌托邦、信息万能论、信息至上主义、信息迷信与信息神话、唯信论（唯信息主义）；以及信息霸权主义、信息殖民主义、信息恐怖主义、信息消费主义、信息资本主义等等，尽管多属"贬义"，但也是与信息主义相关的现象，是信息主义兴起的另一幅图景。

其实，"信息"作为一种"虚在"，并不是实在的东西；不实在就是虚幻，就是想象，信息多少就是具有这类特性的存在现象。正是这一特征，使得信息极易被泛化。信息被泛化的一种表现就是认为"信息是无所不包的，如运动、时间、质量、能量等等所有物质存在方式、属性、状态、特征，都是靠物质的信息属性来揭示的。由此可见，这一定义的范围极广，可以用于一切方面。"② 于是形成了间接意义上的"一切皆信息"，它替代了"一切可表现为信息"的说法，成为语义转换后的信息主义世界观。

截至目前，各方面以及不同的人把同一过程的不同阶段或环节、同一事物的不同方面或部分都有定义为信息的，更有人把世界上的一切都叫作信息，于是整个人类和整个世界，都是信息昌盛的杰作：人类随信息启蒙

---

① ［美］约翰·希利·布朗等：《信息的社会层面》，王铁生等译，商务印书馆2003年版，第21—22页。

② 李学英：《信息接受论》，湖北教育出版社1994年版，第113页。

而奔向文明，生命由信息驱动而莺歌燕舞，万物因信息导引而生机盎然；总之，一切都笼罩在信息的光环之下，信息似乎是"天籁之音"，似乎是宇宙之谜，似乎是生命真谛，也似乎是万有之源。

于是认为信息资源可以代替其他一切资源，"好像单纯的信息可以拼凑出任何东西"；人们已经习惯地认为不仅自己的基因，而且自己的意识和个人的心理都是"程序化"的；过去的时代曾被称为"信仰的时代"、"理性的时代"和"发现的时代"，今天的时代则被称为"信息时代"，"与'信仰'、'理性'和'发现'不同，信息具有舒适、安全、模棱两可的含义。它既不使人紧张也没有高尚的追求。它从本质上就是平淡的，正因如此也就无懈可击。"① 这就是"信息繁荣"时代的到来：信息主义形成了几乎横扫一切领域之势。

一阵一阵的信息热浪被我们掀起之后，难免形成虽是绚烂多彩却多少是空洞乏实的信息泡沫。也就是说，当信息被抬高到无以复加的地位、被扩展到无处不在的领域、被描述和赋予了无所不能的功用后，才发现其中的神奇和万能多是人造的神话堆积起来的，或者是通过语言游戏与修辞手段"虚在"地建构起来的，甚至在许多地方"信息"就如同"皇帝的新衣"是子虚乌有的东西，是一厢情愿者们"需要出来"的，用今天的流行语来说，是"被信息"的结果。正是非信息现象的大量、普遍地"被信息"，使得人们在对信息的重视和颂扬中，也有不切实际的夸张，形成虚假的信息繁荣。

如果把信息主义看作是认识世界的一个阶段，是认识世界成果的一个组成部分，是多维世界的一个侧面的描述，这或许是值得称道的。因此在走向信息主义时要避免极端的、单向性的信息主义，而是一种科学与人文接缘、信息技术与社会文化互动的信息主义，一种可以与其他的合理视界兼容的视界，而不是排斥其他一切视界的"独断性"的信息主义。

从修辞学上看，如本章一开始所指出的，如果将信息哲学定位于"关于信息的哲学"（philosophy of information），那么就像各种既有的分支哲学一样，它将一种过去被忽略的现象或对象纳入了哲学的视野，从而创立了一门新的分支哲学或哲学分支；如果将其定位于"信息性的哲学"

---

① ［美］罗斯扎克：《信息崇拜》，苗华健等译，中国对外翻译出版公司 1994 年版，第14—15 页。

（informational philosophy），即全部哲学都因信息这一现象的引入而彻底改观、整体变性，那么就有言过其实之嫌。在哲学史上，这样的"案例"不止发生过一次，其中最为突出的就是"科学哲学"在 20 世纪二三十年代经历逻辑实证主义阶段时，也曾将其定位为"科学性的哲学"（scientific philosophy），即要用自然科学的标准和范式来彻底改造"人文属性"的哲学，使之完全"科学化"、"实证化"、"精确化"，但行之不远，即遇困境，此后只能重新定位为"关于科学的哲学"（philosophy of science），作为一门从哲学的视角去研究科学的含义、特征、发展规律等等问题的"分支哲学"，由此才使其获得了恰当的发展空间，并带来了学科的兴旺和繁荣。鉴此，信息哲学也需要有这样的恰当定位，即探讨它应该探讨的问题，而不是用"信息"去推翻人类千百年来积累起来的所有哲学财富，谋求一种不切实际的或异想天开的"全新的哲学革命"，才可能获得它应有的学术收获，成为一个真正为学人认可的具有发展前景的新兴哲学分支学科。

主要参考文献

Frederick Adams，The Informational Turn in Philosophy，*Minds and Machines*，Nov. 2003，Vol. 13，Issue 4.

［法］鲍德里亚：《象征交换与死亡》，车槿山译，译林出版社 2006 年版。

［英］阿雷恩·鲍尔德温等：《文化研究导论（修订版）》，陶东风等译，高等教育出版社 2004 年版。

［美］丹尼尔·贝尔：《后工业社会的来临》，高铦译，新华出版社 1997 年版。

［英］乔纳森·比格内尔：《传媒符号学》，白冰，黄立译，四川教育出版社 2012 年版。

［美］布鲁斯·宾伯：《信息与美国民主：技术在政治权力演化中的作用》，刘钢等译，科学出版社 2010 年版。

［美］波斯特：《信息方式》，范静哗译，商务印书馆 2000 年版。

［美］波斯特：《第二媒介时代》，范静哗译，南京大学出版社 2000 年版。

［美］詹姆斯·波特：《媒介素养》，李德刚译，清华大学出版社 2012 年版。

［美］约翰·希利·布朗等：《信息的社会层面》，王铁生等译，商务印书馆 2003 年版。

T. W. Bynum，"Philosophy in the Information Age"，in *Metaphilosophy*，Vol. 41，No. 3，Oxford：Blackwell Publishing Ltd.，2010.

Rafael Capurro，Peter Fleissner and Wolfgang Hofkirchner，Is A Unified Theory of Information Feasible？A Trialogue，in *The Quest for A Unified Theory of Information*，The Netherlands：Gordon and Breach Publishers，1999.

曹顺仙编著：《世界文明史》，北京理工大学出版社 2012 年版。

陈忠:《信息究竟是什么》,《哲学研究》1984 年第 11 期。

Peter Checkland, Sue Holwell. *Information*, *Systems and Information Systems*: *making sense of the field* . Chichester: John Wiley & Sons Ltd. , 1998.

崔保国:《信息社会的理论与模式》,高等教育出版社 1999 年版。

〔英〕达米特:《语言的转向》,载陈波主编《分析哲学》,四川教育出版社 2001 年版。

G. Davis, M. Olsont, *Management Information Systems*: *Conceptual Foundations*, *Structure and Development.* New York: McGraw-Hill, 1985.

〔法〕德里达:《论文字学》,汪堂家译,上海译文出版社 1999 年版。

〔法〕德里达:《声音与现象　胡塞尔现象学中的符号问题导论》,杜小真译,商务印书馆 1999 年版。

〔美〕彼得·德鲁克:《从资本主义到知识社会》,樊春良等译,珠海出版社 1998 年版。

董焱:《信息文化论》,北京图书馆出版社 2003 年版。

董光璧等:《信息、知识与社会》,《自然辩证法研究》1998 年第 5 期。

F. Dretske, *Perception*, *Knowledge and Belief*, Combridge, Combridge University Press, 2000.

Alexei L. Eryomin , Information Ecology—A viewpoint, *International Journal of Environmental Studies*, Apr. 1998, Vol. 54, Issue 3/4.

F. Ferre, *Philosophy of Technology*, Athen & London: University of Georgia Press, 1995.

〔法〕福柯:《词与物》,莫伟民译,上海三联书店 2001 年版。

〔俄〕弗兰克:《实在与人》,李昭时译,浙江人民出版社 2002 年版。

〔英〕弗洛里迪:《信息哲学的若干问题》,刘钢译,《世界哲学》2004 年第 5 期。

〔英〕弗洛里迪:《计算与信息哲学导论》,刘钢等译,商务印书馆 2010 年版。

〔美〕詹姆斯·格雷克:《信息简史》,高博译,人民邮电出版社 2013 年版。

Patrick Grim, etc. , Information and Meaning: Use-Based Models in Arrays of Neural Nets, *Mind and Machine*, 2004.

郭建波等:《信息技术词典》,化学工业出版社 2004 年版。

［德］海德格尔：《存在与时间》，陈嘉映、王太庆译，生活·读书·新知
　　三联书店 2006 年版。

［德］海德格尔：《林中路》，孙周兴译，上海译文出版社 2004 年版。

［德］海德格尔：《形而上学导论》，熊伟译，商务印书馆 1996 年版。

［德］海德格尔：《路标》，孙周兴译，商务印书馆 2000 年版。

［德］海德格尔：《诗·语言·思》，彭富春译，文化艺术出版社 1990
　　年版。

海龙：《信息子论：关于宇宙本体的新探索》，中国工人出版社 1998
　　年版。

［美］迈克尔·海姆：《从界面到网络空间虚拟实在的形而上学》，金吾仑
　　等译，上海科技教育出版社 2001 年版。

［法］海然热：《语言人：论语言学对人文科学的贡献》，章祖建译，生
　　活·读书·新知三联书店 1999 年版。

黄小寒：《从不同领域信息学的比较研究再论信息的本质》，《自然辩证法
　　研究》2005 年第 12 期。

［德］胡塞尔：《逻辑研究》（第 2 卷第 1 部分），倪梁康译，上海译文出
　　版社 2006 年版。

［德］胡塞尔：《纯粹现象学通论》，李幼蒸译，商务印书馆 1992 年版。

［美］保尔·霍肯：《未来的经济》，方韧译，科学技术文献出版社 1986
　　年版。

［英］斯图尔特·霍尔：《表征》，徐亮等译，商务印书馆 2003 年版。

［德］霍克海默、阿多诺：《启蒙辩证法》，渠敬东、曹卫东译，上海人民
　　出版社 2006 年版。

［德］伽达默尔：《真理与方法》，洪汉鼎译，上海译文出版社 1999 年版。

姜奇平：《新文明论概略》，商务印书馆 2012 年版。

［美］曼纽尔·卡斯特：《网络社会的崛起》，夏铸九等译，社会科学文献
　　出版社 2001 年版。

［美］詹姆斯·凯瑞：《作为文化的传播》，丁未译，华夏出版社 2005
　　年版。

［美］罗伯特·考特等：《法和经济学》，施少华等译，上海三联书店
　　1991 年版。

［德］克劳斯：《从哲学看控制论》，梁志学译，中国社会科学出版社

1981 年版。

［英］戴维·克里斯特尔：《语言与因特网》，郭贵春等译，上海科技教育出版社 2006 年版。

［美］托马斯·库恩：《科学革命的结构》，李宝恒、纪树立译，上海科学技术出版社 1980 年版。

［美］雷·库兹韦尔：《灵魂机器的时代》，沈志彦等译，上海译文出版社 2005 年版。

［美］保罗·莱文森：《数字麦克卢汉》，何道宽译，社会科学文献出版社 2001 年版。

李晓辉：《信息权力研究》，知识产权出版社 2006 年版。

黎鸣：《论信息》，《中国社会科学》1984 年第 4 期。

黎鸣：《恢复哲学的尊严：信息哲学论》，中国社会出版社 2005 年版。

［加］戴维·克劳利、保罗·海尔：《传播的历史》，何道宽等译，北京大学出版社 2011 年版。

［德］拉普：《技术哲学导论》，刘武等译，辽宁科学技术出版社 1986 年版。

李世东等：《信息革命与生态文明》，科学出版社 2013 年版。

［英］理查德·利基：《人类的起源》，上海科学技术出版社 1995 年版。

［美］埃德·里吉斯：《科学也疯狂》，张明德等译，中国对外翻译出版公司 1994 年版。

刘长林：《论信息的哲学本性》，《中国社会科学》1985 年第 2 期。

［法］让－弗郎索瓦·利奥塔：《后现代状况 关于知识的报告》，岛子译，湖南美术出版社 1996 年版。

Olimpia Lombardi, What is information, *Foundation of Science*, 2004, Vol. 9.

［美］罗斯扎克：《信息崇拜》，苗华健等译，中国对外翻译出版公司 1994 年版。

罗先汉：《物信论——多层次物质信息系统及其哲学探索》，《北京大学学报》（自然科学版）2005 年第 3 期。

卢俊卿等：《第四次浪潮 绿色文明》，中信出版社 2011 年版。

吕公礼：《语言信息新论》，中国社会科学出版社 2007 年版。

［英］K. J. 麦克格雷：《信息环境的演变》，丰成君等译，书目文献出版社 1988 年版。

［加］马歇尔·麦克卢汉：《麦克卢汉如是说理解我》，何道宽译，中国人民大学出版社 2006 年版。

［英］迈尔－舍恩伯格、库克耶：《大数据时代》，盛杨燕等译，浙江人民出版社 2013 年版。

［英］乔治·迈尔逊：《哈拉维与基因改良食品》，李建会等译，北京大学出版社 2005 年版。

［法］梅洛－庞蒂：《知觉现象学》，姜志辉译，商务印书馆 2001 年版。

［法］梅洛－庞蒂：《知觉的首要地位及其哲学结论》，王东亮译，生活·读书·新知三联书店 2002 年版。

［法］马塞尔·莫斯：《社会学与人类学》，佘碧平译，上海译文出版社 2003 年版。

［荷］约斯·穆尔：《赛博空间的奥德赛》，麦永雄译，广西师范大学出版社 2007 年版。

［美］尼葛洛庞帝：《数字化生存》，范海燕译，海南出版社 1996 年版。

［英］约翰·诺顿：《互联网从神话到现实》，朱萍等译，江苏人民出版社 2001 年版。

［美］普特南：《理性、真理与历史》，童世骏等译，上海译文出版社 2005 年版。

［英］亚当·乔伊森：《网络行为心理学》，任衍具等译，商务印书馆 2010 年版。

Jennifer Rowley, What is information?, *Information Services & Use*, 1998, Issue 4, Vol. 18.

［美］戴维·申克：《信息烟尘》，黄锫坚等译，江西教育出版社 2001 年版。

［美］斯蒂伯：《我们改变了互联网，还是互联网改变了我们?》，李昕译，中信出版社 2010 年版。

［德］M. 斯托伊克：《哲学根本问题和信息概念》，《自然科学哲学问题丛刊》1979 年第 1 期。

［苏］索科洛夫：《信息是现象，是功能，还是假象?》，舒白译，《世界哲学》1991 年第 2 期。

宋继杰主编：《BEING 与西方哲学传统》，河北大学出版社 2002 年版。

孙周兴：《说不可说之神秘》，上海三联书店 1994 年版。

［美］斯皮格伯格：《现象学运动》，王炳文、张金言译，商务印书馆
　　2011 年版。

［美］汤姆·斯托尼尔：《信息财富》，吴建民译，中国对外翻译出版公司
　　1987 年版。

［美］泰普斯科特：《数字化成长（3.0 版）》，云帆译，中国人民大学出
　　版社 2009 年版。

［美］阿尔文·托夫勒：《第三次浪潮》，朱志焱等译，新华出版社 1996
　　年版。

王力：《中国现代语法》，商务印书馆 1985 年版。

王雨田主编：《控制论、信息沦、系统科学与哲学》，中国人民大学出版
　　社 1986 年版。

王素、汪胤：《从经验主义到现象学：一种新的信息哲学观》，《上海交通
　　大学学报》（哲学社会科学版）2007 年第 3 期。

［美］维纳：《控制论》，郝季仁译，科学出版社 1963 年版。

［美］维纳：《维纳著作选》，钟韧译，上海译文出版社 1978 年版。

［美］维纳：《人有人的用处：控制论与社会》，陈步译，商务印书馆
　　1978 年版。

邬焜：《信息哲学》，商务印书馆 2007 年版。

邬焜：《信息认识论》，中国社会科学出版社 2002 年版。

［美］丹·希勒：《信息拜物教》，邢立军等译，社会科学文献出版社
　　2008 年版。

［英］罗杰·西尔弗斯通：《电视与日常生活》，陶庆梅译，江苏人民出版
　　社 2004 年版。

萧诗美：《是的哲学研究》，武汉大学出版社 2003 年版。

萧诗美：《论"是"的本体意义》，《哲学研究》2003 年第 6 期。

［奥］阿尔弗雷德·许茨：《社会实在问题》，崔桂桓译，华夏出版社
　　1998 年版。

杨富斌：《信息化认识系统导论》，军事科学出版社 2000 年版。

［加］伊尼斯：《传播的偏向》，何道宽译，中国人民大学出版社 2003
　　年版。

岳剑波：《信息环境论》，书目文献出版社 1996 年版。

俞宣孟：《本体论研究》，上海人民出版社 2005 年版。

余潇枫等:《"信息人假说"的当代建构》,《学术月刊》2007 年第 2 期。

钟义信:《信息科学原理》,北京邮电大学出版社 2002 年版。

邹诗鹏:《"Ontology"格义》,《南京社会科学》2004 年第 12 期。

后　记

　　技术哲学一直是笔者的主要学术研究领域。在对技术本体论、认识论、社会建构论等"总体性"的技术哲学进行了若干年的探究后，我深感要使技术哲学走向更加兴盛，必须像科学哲学那样在分支学科上进行拓展，由此"信息技术哲学"以及相应的"信息主义"、"信息文明"等研究便成为我探讨技术哲学的延伸方向；而在这些领域的研究中，均涉及了"信息"本身的哲学含义，使得我进一步意识到信息哲学也是上述研究无法回避的领域，一定意义上还是这些研究的基础，例如，如果不明晰"信息"的哲学含义等，你所谈论的"信息技术"、"信息主义"、"信息文明"等就失去了根基，就成为飘忽不定、随意变换的"能指"，从而也就使人不知其所指。因此，由技术哲学延伸而来的上述研究，必须和关于信息的哲学研究相结合，才能使其奠基于坚实的学术基底之上，鉴于此，对信息哲学的相关问题加以思考也成为笔者近年来的主要关注点。在对这方面的成果进行清理和归结后，形成了本书的框架。需要指出的是，书的目的不在于建构一个完整的信息哲学体系，而是从几个在我看来既必要也有兴趣的维度去进行一种"关于信息"的哲学研究，使得信息与哲学之间的构词可以更加多样化；同时也是呼唤更多的学人加入这个基础性的学术工作，使得在这个基础之上的"信息学科大厦"获得更坚实的根基，从而使这座大厦可以建得更高，使"登厦人"可以看得更远。

肖　峰

2016 年 4 月